◇高等学校保险学专业系列教材

人寿与健康保险

（第 2 版）

刘金章　王晓珊　编著

清华大学出版社
北京交通大学出版社
·北京·

内 容 简 介

本书共14章,全面地阐述了人寿与健康保险的基本原理及其具体实务内容,包括人寿保险、人身意外险、健康保险。本书是在2015年我国第四次修正的《保险法》正式实施后定稿的。本书不仅可作为高等院校金融保险本科专业的主干教材,亦可作为高知层次以及金融保险界从业人士和广大投保者自学参考用书。

本书封面贴有清华大学出版社防伪标签,无标签者不得销售。
版权所有,侵权必究。侵权举报电话:010 - 62782989　13501256678　13801310933

图书在版编目(CIP)数据

人寿与健康保险/刘金章,王晓珊编著. —2版. —北京:北京交通大学出版社:清华大学出版社,2015.8 (2019.1重印)
(高等学校保险学专业系列教材)
ISBN 978 - 7 - 5121 - 2341 - 0

Ⅰ. ①人… Ⅱ. ①刘… ②王… Ⅲ. ①人寿保险-高等学校-教材　②健康保险-高等学校-教材　Ⅳ. ① F840.62

中国版本图书馆 CIP 数据核字(2015)第 181326 号

责任编辑:吴嫦娥　特邀编辑:林夕莲
出版发行:清华大学出版社　邮编:100084　电话:010 - 62776969　http://www.tup.com.cn
　　　　　北京交通大学出版社　邮编:100044　电话:010 - 51686414　http://www.bjtup.com.cn
印　刷　者:北京时代华都印刷有限公司
经　　　销:全国新华书店
开　　　本:185×260　印张:15.5　字数:387千字
版　　　次:2015年8月第2版　2019年1月第3次印刷
书　　　号:ISBN 978 - 7 - 5121 - 2341 - 0/F•1525
印　　　数:5 001~7 000册　定价:34.00元

本书如有质量问题,请向北京交通大学出版社质监组反映。对您的意见和批评,我们表示欢迎和感谢。
投诉电话:010 - 51686043,51686008;传真:010 - 62225406;E-mail:press@bjtu.edu.cn。

总　序

2008年美国金融危机爆发后，迅速在全球蔓延。金融危机对保险业造成的影响与损害，同样是令人触目惊心的。全球保险巨头美国国际集团（AIG）的濒临倒闭和日本大和生命保险的破产等均给保险业的健康发展提供了经验、教训和难得的警示。因此，在编写这套"高等学校保险学专业系列教材"时，编者不得不对有些传统的保险理论和国外一些保险公司的业务"创新经验"进行认真的思考和科学辩证的审视。

同时，中国的保险业经过改革开放30年特别是近10多年来的发展，已步入到一个新阶段，站在了一个新的起跑线上，呈现出一些新的特征（如市场体系初步形成；市场主体快速发展；服务能力逐步提高；监管体系初步建立等），更需要结合中国的实际，进行科学的总结和在理论上的规范与提升。特别是修订后的新保险法[1]，对我国保险业发展中一些已不适应的法律条款均做出了重要的修订。这些新修订的法条亦需要我们进行诠释与解读。

"高等学校保险学专业系列教材"包括《保险学导论》《财产与责任保险》《人寿与健康保险》《海上货物运输与运输工具保险》《保险经营与管理》《再保险理论与实务》《保险精算基础》《保险会计》《保险中介理论与实务》《保险营销》等。

这套教材的特点主要表现在以下方面。

（1）立足我国的现状和发展前景，概括介绍国内外一些成熟的理论与做法，坚持"古为今用"、"洋为中用"、"有比较"、"有鉴别"的原则。

（2）力求全面介绍与本专业相关的基础知识、基本理论和基本方法，注重理论与实践的有机结合。拟撰写的系列教材既注重各书之间的有机联系和分工，同时也注意突出各自的个性特点与实用性。

（3）从总体上注意使每部教材能在继承前人研究成果的基础上，力求有所发展、有所完善、有所创新。创新是推动保险理论与实践不断向前发展的真正动力，并指导新的保险理论、学说层出不穷。

鲁迅先生曾说："在要求天才的产生之前，应该先要求可以使天才生长的民

---

[1] 2009年2月28日十一届全国人大常委会第七次会议通过了修订后的《中华人民共和国保险法》，国家主席胡锦涛签署第11号主席令，公布了修订后的《保险法》，该法自2009年10月1日起施行。

众。譬如想有乔木，想看好花，一定要先有好土。"

希望这套教材能成为这样的泥土——"零落成泥碾为尘，只有香如故"这就是保险学系列教材编委在教学、科研工作异常繁忙之余，仍愿挤出时间参与到这一编写队伍中，为金融保险专业的学生和广大金融保险从业者编著此套教材的真正初衷。

刘金章
2015 年 5 月

丛书主编简介

刘金章，男，河北省人，中共党员。毕业于天津财经大学前身天津财经学院金融专业，毕业后留校工作至今。曾任系主任、副校长等职。现任天津财经大学金融、保险学教授，研究生导师，校咨询委员会委员，天津天狮学院经济管理系主任，兼任厦门大学金融研究所特邀研究员，马来西亚赛世学院客座教授、美国俄克拉荷马市荣誉市民、中国市场学会理事、天津市无形资产研究会常务理事、天津市社联委员、天津老教授学会理事等职。

在著作方面，自 1980 年以来先后出版专著 9 部，主编教材 17 部，主编工具书 6 部，参编教材、系列丛书 10 部，发表学术论文百余篇。其论著获国家级及省级奖励 12 项。在金融保险方面的代表作有：《保险学原理综论》（1994 年）、《现代涉外保险综论》（1994 年）、《保险学教程》（第 1 版 1997 年、第 2 版 2003 年）、《金融风险管理综论》（1998 年）、《现代保险辞典》（2003 年），以上 5 部著作均由中国金融出版社出版。《保险学基础》（普通高等教育"十一五"国家级规划教材，2007 年第 2 版，高等教育出版社出版）、《责任保险》（2007 年，西南财经大学出版社出版）、《现代金融实务综论》（2006 年，上海财经大学出版社出版）、《财产与人身保险实务》（2005 年，中国财政经济出版社出版）、《现代金融理论与实务》（2006 年，清华大学出版社、北京交通大学出版社联合出版）、《现代保险知识实用大全》（1998 年，天津科学技术出版社出版）等。

第2版前言

弹指一挥间，《人寿与健康保险》这部教材，自2010年3月出版至今已经五个年头了。该书问世后，得到了广大读者，特别是同行专家的基本肯定，并被多所设有保险及相关专业的院校选用。

社会在进步，经济在发展，保险改革也在不断深化。过去的2014年可以说是中国保险业深化改革取得重大成就的一年。中国保险业经历了前所未有的挑战，但也迎来了难能可贵的发展机遇。通过主动适应经济发展新常态，全面深化改革，使我国的保险市场获得了从未有过的高速增长。2014年8月，国务院颁发的"新十条"将保险业发展提升到了一个国家战略的高度。继而国务院又专门针对商业健康保险正式发布了《关于加强发展商业健康保险的若干意见》，（简称《若干意见》），通过顶层设计对商业健康保险发展作出了全面战略部署。《若干意见》明确提出了要充分发挥市场机制作用和商业健康保险专业优势，扩大健康保险产品供给，丰富健康保险服务，使健康保险在深化医药卫生体制改革，发展健康服务业，促进经济提质增效升级中要发挥"生力军"作用。由此可以预知健康保险市场必将又会迎来产业发展的又一个春天。

这次修订，仅对原书内容所涵盖不够全面的一些问题进行补充与调整，并专门增添了"人身意外伤害保险"实务一章，并对每章的习题进行了较多幅度的修改，丰富了每章习题。

人寿、意外伤害与健康诸保险商品作为现代市场商品的一些重要形式，在现代经济中处于非常重要的地位。因此，如果本书能对我国保险市场新常态下，高速发展的保险商品交易研究与实务运作、普及有所帮助，则是笔者的极大欣慰。当然，对本书不妥之处，也渴望得到同行专家及广大读者的指正。

作 者
2015年6月

前言

《人寿与健康保险》一书是"高等学校保险学专业系列教材"中的第三部，也是该专业丛书中的核心教材之一。本书是于我国新颁布的《中华人民共和国保险法》（2009年2月28日经全国人民代表大会常务委员会第七次会议修订通过）实施之日，即2009年10月1日编写完成并正式定稿的。此时，正值新中国60周年盛诞庆典之日，笔者感慨万千，谨望能以本书的蕴涵之意祝愿我们伟大的祖国"寿比南山，康宁永铸"！

本书的编写在思路上突出了新《中华人民共和国保险法》的精神、规则及业务内容；反映了寿险领域各类险种60年所走过的曲折历程；体现了我国寿险业在新时期、新阶段，业务改革的新要求和新内容；充分彰显了《中华人民共和国保险法》的规范与监督功能。

本书在编写原则上本着尊重保险学科的基本理念和理论体系，重点介绍该学科国内外的基本原理与主要实务内容，力求概念及理论的科学性、准确性、规范性和可操作性。本书作者多年从事保险学科的教研工作，有一定的教学经验与体会，为了拓宽读者的视野与兴趣，在不同的章节论述中适当增添了一些"知识链接"、"案例分析"及"阅读材料"等。

本书由刘金章教授与王晓珊讲师共同策划撰写。在编写过程中参考了一些已面世的相关书籍，在此谨向这些作者表示谢意！

本书的编写出版得到了清华大学出版社、北京交通大学出版社的大力支持，在此也表示衷心的感谢。

作　者

2010年2月1日

目　录

第1章　人身保险概述 ··· 1
1.1　人身保险的概念和特征 ·· 1
1.2　人身保险的分类 ··· 4
1.3　人身保险的功能 ··· 6
◇　本章自测题 ··· 10

第2章　保险的基本原则 ··· 13
2.1　保险利益原则 ·· 13
2.2　诚实信用原则 ·· 16
2.3　损失补偿原则 ·· 19
2.4　近因原则 ·· 22
◇　本章自测题 ··· 24

第3章　人身保险合同 ··· 31
3.1　人身保险合同概述 ·· 31
3.2　人身保险合同的构成要素 ·· 36
3.3　人身保险合同的订立、变更与终止 ·· 44
3.4　人身保险合同的履行与争议处理 ··· 48
◇　本章自测题 ··· 55

第4章　人寿保险 ·· 62
4.1　人寿保险的概念及特点 ·· 62
4.2　人寿保险的类别划分 ··· 66
4.3　人寿保险常用条款 ·· 68
◇　本章自测题 ··· 75

第5章　人寿保险实务之一——传统型险种 ·· 79
5.1　死亡保险 ·· 79
5.2　生存保险 ·· 83
5.3　两全保险 ·· 84
◇　本章自测题 ··· 88

第 6 章 人寿保险实务之二——投资型险种 91
- 6.1 分红保险 91
- 6.2 投资连结保险 93
- ◇ 本章自测题 100

第 7 章 人寿保险实务之三——养老年金保险 104
- 7.1 商业养老保险概述 104
- 7.2 养老保险的主要险种及条款 107
- 7.3 补充型养老金——企业年金 112
- ◇ 本章自测题 117

第 8 章 人身意外伤害保险 121
- 8.1 人身意外伤害保险的含义及其分类 121
- 8.2 人身意外伤害保险的特征 122
- 8.3 意外伤害保险的保险责任及给付方式 124
- ◇ 本章自测题 131

第 9 章 健康保险 133
- 9.1 健康保险概述 133
- 9.2 健康保险的类别划分 135
- 9.3 健康保险常用条款 136
- ◇ 本章自测题 139

第 10 章 健康保险实务之一——医疗保险 143
- 10.1 医疗保险概述 143
- 10.2 医疗保险的主要险种与条款 146
- 10.3 医疗保险改革 150
- ◇ 本章自测题 159

第 11 章 健康保险实务之二——重大疾病商业保险 164
- 11.1 重大疾病商业保险概述 164
- 11.2 重大疾病商业保险主要险种及条款 168
- ◇ 本章自测题 177

第 12 章 健康保险实务之三——失能收入损失保险 181
- 12.1 失能收入损失保险概述 181
- 12.2 残疾收入损失保险条款及保险计划 184
- ◇ 本章自测题 187

第 13 章　团体人身保险 · 191
13.1　团体人身保险概述 · 191
13.2　团体人寿保险 · 196
13.3　团体健康保险 · 201
13.4　团体意外伤害保险 · 204
◇　本章自测题 · 208

第 14 章　人寿与健康保险的新发展 · 212
14.1　人寿保险的新发展 · 212
14.2　人寿保险与健康保险的综合险种 · 217
◇　本章自测题 · 229

附录 A　部分习题参考答案 · 233
参考文献 · 237

第1章 人身保险概述

本章重点提示

通过本章的学习,要求理解人身危险及其相关概念,重点掌握人身保险的概念及特征,熟悉人身保险的种类,认识人身保险对个人、家庭、企业和社会的重要意义。

引言

人身保险是在生产社会化的市场经济条件下,应付人身风险的一种重要对策。

1.1 人身保险的概念和特征

1.1.1 人身危险的概念

在明确人身保险概念之前,必须首先界定人身危险的概念。危险是指损失发生及其程度的不确定性,以危险损失的后果为依据。人身危险是指人的生命或身体方面遭受损害的危险,主要是生命危险和健康危险。

1. 生命危险

生命危险包括早逝危险和退休危险。早逝危险是指死亡发生时还有其他人依赖死者收入的危险;退休危险是指个人虽然生存但已不能赚取收入的危险,即是指那些退休时没有积蓄来满足退休期间的个人或家庭生活费用之需的危险。

1) 早逝危险

死亡不会自动导致经济损失,因为死者并不承受损失。损失是由那些依赖死者收入的人承受的。早逝之所以会造成收入损失危险,首要原因就是那些由于死者的死亡而承受损失的人还活着。死亡可以导致两个方面的经济损失:①与死亡本身相关的费用,主要包括丧葬费用、偿还死者所欠债务;②死者生前所获收入的丧失,这是一种潜在损失。此外,还有相关人精神和心理上的损失,这种损失是无法用金钱来衡量的。

2) 退休危险

退休危险主要表现在两个方面:①个人到退休时没有积蓄,从而负担不起个人及其家庭的生活;②个人虽然有积蓄但不够维持余生,即退休积蓄不足的危险。

2. 健康危险

健康危险包括疾病危险和残疾危险。这类危险对个人或家庭经济方面的影响主要表现在两个方面:一方面是医疗费用危险,意想不到的疾病和伤害可能会给个人及其家庭带来灾害性的医疗费用负担；另一方面是收入损失危险，由于疾病或残疾非但不会减少人对收入来源的需要，而且病人在生病期间、残疾者在残疾期间对收入的需要可能还会提高。

1) 疾病危险

在人类所面临的多种人身危险中，疾病危险是一种危害严重、涉及面广、复杂多样，且直接关系到每一社会成员基本生存利益的特殊危险。

首先，疾病危险的危害具有严重性。疾病危险发生后，会给人们的生活、工作带来困难和损失，甚至是不幸。疾病危险的危害对象是人，它对人体健康造成伤害，造成暂时性或永久性劳动能力的丧失甚至死亡。其次，疾病危险具有普遍性。疾病危险对于每个人或每个家庭而言都是无法回避的，其发生频率较高。再次，疾病危险具有复杂性。最后，疾病危险具有社会性。

2) 残疾危险

残疾危险是指由于疾病、伤害事故等导致人身机体损伤、组织器官缺损或功能障碍等的危险。从经济角度，残疾这种危险所带来的问题可能比真正的死亡要更为严峻。如果是家庭中的主要赚取收入者死亡，则其结局仅仅是家庭一部分收入来源的终止；但如果其残疾，则其家庭的部分收入来源不仅终止，而且由于家庭总体消费水平未变，同时家庭的收入需求通常还要增加（如残疾者医疗费用、生活自理辅助设备的购置等），残疾给残疾者家庭带来的经济问题显然会比前者更严重。因此，如果残疾者所在家庭中的其他人都是依赖于这份失去的收入来源而生活的话，情况会变得更加糟糕，残疾给个人和家庭造成的经济负担也就更大。

1.1.2 人身保险的概念

1. 人身保险的含义

人身保险是以人的身体或生命为保险对象的一种保险。其基本内容是：投保人与保险人订立保险合同确立各自的权利和义务，投保人向保险人缴纳一定数量的保险费；在保险期限内，当被保险人发生死亡、残疾、疾病等保险事故，或者被保险人生存到期满时，保险人向被保险人或其受益人给付一定数量的保险金。因此，凡是与人的生存或死亡，以及人的身体健康或健全程度有直接关系的商业保险形式均可称为人身保险。从人身保险的定义中可以看出以下几方面的含义。

（1）人身保险的标的是人的生命或身体。人的身体被作为保险保障的对象时，是指人的健康和生理机能、劳动能力等状态的存在与否；人的生命被作为保险保障的对象时，是指人生存或死亡的两种状态。

（2）人身保险的保险责任。人身保险的保险责任包括生、老、病、死、伤、残等各个方面，即人们在日常生活中可能遭受的意外伤害、疾病、衰老、死亡等各种不幸事故。

（3）人身保险的给付条件。在保险期内，由于被保险人遭受保险合同范围内的保险事故而造成了被保险人伤残、死亡等；或者保险期满，被保险人生存，保险人就要承担给付约定保险金的责任。

2. 可保人身危险

可保危险是指在理论上或在当前技术条件许可下能够由保险人加以承保的危险。具体来说，可保人身危险必须具备的条件如下。

(1) 人身危险的发生是偶然的、意外的。人身危险发生的偶然性是针对单个危险主体而言的，是指危险的发生与损失程度是不可知的、偶然的，具有随机性。人身危险成为可保危险的必要条件是它的发生与否具有偶然性。同时，人身危险的发生应该是由不可预料的事件所导致，或者是由被保险人非故意引发的事件所导致的。

(2) 人身危险损失必须是明确的。可保危险损失在时间和金额上都要求是可以明确界定的，亦即保险人必须明确规定保险金额和保险金的给付时间。

(3) 人身危险必须是大量标的均有遭受损失的可能性。

(4) 人身危险应有发生重大损失的可能性。

阅读资料

保 险 广 告

星期天上街的时候，有人往我手里塞保险广告："您去投我们公司的人寿保险吧，这样，如果您的手不小心弄断了，您就能得到两万元的赔偿；如果是您的脚扭断了，您就会得到五万元；如果您的脖子不幸扭断了，那您的家人就是全市最富有的人了。"

资料来源：轻松保险网，2006-10-03。

1.1.3 人身保险的特征

人身保险是以人的身体和生命为保险标的，而人的身体和生命不同于财产保险标的，因而，人身保险与财产保险相比，具有以下一些特征。

1. 人身保险是一种定额保险

对于财产保险，保险金额的确定以保险标的在投保时的实际价值为客观依据。这个实际价值可以是标的的账面价值，也可以是投保时的市场价格或重置价值。因此，财产保险的保险金额确定是有客观价值标准的。而人身保险是以人的生命和身体为标的，是无价的，无法用金钱来衡量其价值的大小。因此，人身保险的保险金有着特殊的确定方法。

(1) 生命价值法。生命价值法是指一个人的收入与其支出之差额的资本化价值，可视为其对整个家庭的实际经济贡献。

(2) 人身保险设计法。人身保险设计法也称需要与可能确定法，是从两个方面来估算保险金额，首先确定"需要"是多少，一般包括丧葬费用、子女教育费、家庭生活费、家属抚恤费等；其次要考察客户的实际缴费能力。一般是由保险人或保险中介人事先拟订一份询问计划，然后向客户进行详尽切实的实地调查，即人身保险设计。

2. 人身保险是给付性保险

财产保险的保险金额以财产实际价值为限，当保险事故发生使被保险人遭受实际损失时，保险人支付赔偿金，而赔款金额不超过实际损失金额。因此，财产保险遵循损失补偿原则。而人身保险除了医疗保险的个别险种外，实际上是定额保险，即无论是否发生经济上的损失，也无论损失程度，只要是在保险合同范围内的事故或根据保险合同约定期限届满，支付约定的保险金额。因此，人身保险属于给付性保险。但在人身保险中，仅有医疗保险的给付既可以采用定额给付方式，也可以采用补偿方式。在采用补偿方式给付的场合下，适用补偿原则，保险人对被保险人给付的医疗保险金，最高不超过被保险人实际支出的医疗费用。

3. 人身保险利益的特殊性

在财产保险中，保险利益不仅是保险合同有效的前提条件，也是保险合同履行支付赔款的条件，而且财产保险的保险利益有明确的量的规定。而人身保险中，保险利益只是订立保险合同的前提条件，而不是维持合同有效或给付保险金的条件，人的生命和身体是无价的，理论上没有保险金额的限制，没有量的规定，因此人身保险主要考察投保人对被保险人是否具有保险利益，无论其金额多少。当然，在实际业务中，要受投保人缴费能力等因素制约。

4. 保险费确定方式的特殊性

财产保险中保险费率是根据损失概率再加上业务附加费进行计算得到的。人身保险费率的确定，要考虑到被保险人的生命周期及分散风险的需要，通常采用"平准保费法"来制定费率。在人身保险中，尤其是人寿保险，依据人的死亡率为基础测算，随着人的年龄的增长，死亡率会不断上升。在保险经营中，风险小则收费少，风险大则收费多。被保险人年龄越大，保费越高，从而往往是在人们晚年最需要保险保障的时候因无力缴纳高额保费而退出保险。在健康保险中，当身体健康的人考虑费率上升而退出保险，体弱多病者由于危险增大而坚持投保的"逆选择"，将使保险经营者的风险难以分散。因此，人身保险一般采用"平准保费法"，通过初保时多收保险费来弥补以后年份少收的保险费，以均衡的费率代替每年更新的自然保险费率。

5. 保险期限的长期性、储蓄性

财产保险合同期限一般不超过一年。而人身保险（除意外伤害保险外）合同期限具有长期性，保险有效期可以持续几年，甚至几十年，投保人所缴纳的保险费，保险人最终将以各种形式返还给被保险人或其受益人。人身保险合同是一种给付性质的保险合同，只要发生合同订明的事故或达到合同约定的期限，保险人都要给付保险金。因此，对于投保人来说，它是一种储蓄与投资手段。人身保险基金实际上属于被保险人所共有，保险人只是起金融机构的作用。被保险人每期缴少量固定保险费，若干年后保险期满，加上利息，可以获得一笔可观的保险金给付，等于零存整取的定期储蓄。而普通财产保险则为单纯的营业性，限于补偿损失，目的是保障财产的安全。事实上，财产保险不是每年都会发生赔偿事故，由于保险期限短，大部分保单因期满而失效，既不赔偿，也不退还保险费。

1.2　人身保险的分类

1.2.1　按保险标的所保障的范围分类

人身保险是以人的生命或身体为保险标的的保险，它可以按照不同的分类标准划分为不同的种类。《中华人民共和国保险法》（以下简称《保险法》）第九十五条规定：人身保险业务包括人寿保险、健康保险、意外伤害保险等保险业务。

1. 人寿保险

人寿保险是以人的生命为保险标的，以保险人在保险期限内生存或死亡到保险期满为保险责任的一种人身保险。人身保险合同期限一般较长，根据合同规定的不同，人寿保险可以分为定期寿险、终身寿险、两全保险、年金保险。

在人身保险业务中，人寿保险占绝大部分。因此，人寿保险是人身保险中主要和基本的种类。但有人因此将人寿保险等同于人身保险，这不够科学，也有失准确。

2. 人身意外伤害保险

人身意外伤害保险是以被保险人因在保险期限内遭受意外伤害造成死亡或残疾为保险事故的一种保险。意外伤害保险在全部人身保险业务中所占比重虽然不大，但因其保费低廉、保障程度高、投保简便、不需办理体检等复杂手续，因而投保人次较多。

3. 健康保险

健康保险是以人的身体为保险对象，保证被保险人在疾病或意外事故所致医疗费用支出或收入损失为保险事故的人身保险。健康保险的保险标的是人的身体健康，保险责任包括疾病、生育和意外伤害，被保险人因疾病等原因需要支付医疗费、护理费，因疾病造成残疾，以及因生育、疾病或意外伤害暂时或永久不能工作，从而减少劳动收入为保险事故的一种保险。

1.2.2 按投保主体分类

在人身保险中，一张保单可以保险一个或多个被保险人，据此可将人身保险分为个人人身保险和团体人身保险。

1. 个人人身保险

个人人身保险是指一张保险单只承保一个被保险人的人身保险。这种保单的投保人或被保险人都是个人，都要与保险人或代理人直接见面，承保时便于排除不可保个体。如果投保份数达到某一规定，要求被保险人到指定医院进行体检。

2. 团体人身保险

团体人身保险的被保险人不止一人，是在一张总保险单下承保多个被保险人的人身保险。团体人身保险的投保人往往是单位，被保险人就是该单位的职工个人，一般收费较低，无须体检，投保手续简便。团体人身险可分为团体人寿保险、团体意外伤害保险和团体健康保险。

1.2.3 按被保险人的风险程度分类

在具有人身保险需求的人群中并非每一个人面临的风险都相同，对于那些风险程度稍大于其他个体的人，保险人也可以附加一定条件后酌情承保。根据被保险人的风险程度大小可以把人身保险分为标准体保险和非标准体保险。

1. 标准体保险

标准体保险是指对于身体、职业、道德等方面没有明显缺陷的被保险人，保险人按照所制定的标准或正常的费率来承保的保险。

2. 非标准体保险

非标准体保险是不能用标准体或正常费率来承保的保险。此类保险的被保险人发生保险事故的可能性较高，超过了正常人的标准，若使用正常费率将增加保险人的赔付率，只能用特别条件来承保，如保额削减法、年龄增加法和附加保费法。

阅读资料

亨曼先生被派到美国新兵培训中心推广军人保险。听他演讲的新兵100%都自愿地购买了保险，从来没人能达到这么高的成功率。培训主任想知道他的推销之道，于是悄悄来到课堂，听他对新兵讲些什么。

"小伙子们，我要向你们解释军人保险带来的保障。"亨曼说，"假如发生战争，你不幸阵亡了，而你生前买了军人保险的话，政府将会给你的家属赔偿20万美元。但如果你没有买保险，政府只会支付6 000美元的抚恤金……"

"这有什么用，多少钱都换不回我的命。"下面有一个新兵沮丧地说。

"你错了，"亨曼和颜悦色地说，"想想看，一旦发生战争，政府会先派哪一种士兵上战场？买了保险的还是没有买保险的？"

资料来源：轻松保险网，2006-11-01。

1.2.4　按保单能否分红分类

人身保险合同期限长，尤其是人寿保险单是一种有价证券，持有人可以凭借获得一定经济收益。有些种类的保单持有人除了可以在保险事故发生后获得经济补偿外，还可以在保单有效期内获得类似于股息那样的红利。所以，根据持有人能否分红为标准，可将人身保险分为分红保险和不分红保险。

1. 分红保险

分红保险是指保单持有人能定期分享保险人经营利润的人身保险。这种险种具有投资作用，提供的保障更优厚，分红保险的费率一般较高于不分红保险。

保单持有人可分得红利的主要来源是：利差益、死差益和费差益。

2. 不分红保险

不分红保险是指被保险人在保费缴付后没有盈利分配的保险，只能获得保单规定的基本风险保障。不分红保险的费率低于分红保险的费率。

1.3　人身保险的功能

1.3.1　人身保险的一般功能

商业保险是社会保障制度的重要组成部分。随着我国经济的发展，保险在国民经济中的地位呈上升的趋势。人身保险作为保险的一种，具有积聚保险基金、组织经济补偿的功能。

1. 风险分散功能

人的一生面临老、病、死、伤残等危险，对于个人，要完全防止危险的出现或回避危险事故造成的损失几乎是不可能的。一方面，个人经济力量不足；另一方面，防范风险的技术手段也极为有限。而通过保险，可以将少数受害者的损失分摊在处于同样危险中的多数人身上，对于个人来说，这就是保险的风险分散功能，体现保险的基本职能。

2. 保险金给付功能

人的生存、年老、死亡、伤残等均不能用货币估价，保险人只能根据被保险人面临的人身危险的一般特征和具体情况确定投保费率，征收保险费，建立保险基金。保险当事人双方事先要对保险的条件、期限和金额标准达成协议，保险人按照协定一次或分期付给被保险人保险金。在现代市场经济条件下，劳动力要素需要正常运行，工资收入具有保障劳动力扩大再生产的功能。人一旦患病、伤残、老年或是丧失了劳动能力，就会使被保险人本人或家属失去经济来源，如果参加人身保险就可以获得相应的保险金给付，在一定程度上能维持劳动力扩大再生产的需要。

3. 调节收入分配功能

保险通过投保人缴纳保险费，使分散的资金集中起来，建立人身保险基金，而保险人根据保险合同履行保险金给付责任。人寿保险的长期性，累积了大量保险基金，保险公司可以进行投资活动，增加投保人的储金价值，起到调节国民收入再分配的作用，使危险事故发生后通过人身保险及时得到经济补偿，保证社会的安定，促进社会的发展。

4. 融通资金功能

人身保险合同的长期性，随着保险基金积累的增多，可以积极运用保险资金，按照一定渠道投资，保证资金的保值增值。一般采用存款，购买债券、股票或不动产，进行期货交易，还可以直接投资经济领域，扩大社会再生产规模，促进经济增长。

1.3.2 人身保险的作用

人身保险的主要目的是保证经济生活的安定，使遭受人身危险后能得到一定的补偿和给付，这在一定程度上能够迅速恢复给经济生活造成的负面影响。

1. 对个人和家庭的作用

人身保险对于个人或家庭具有提供经济保障和投资理财的作用。死亡、伤残、疾病、衰老等危险对每个人都是客观存在的，一旦发生会给个人和家庭带来经济困难，人身保险为减轻个人和家庭对人身危险的忧虑，提供经济保障。另外，人身保险也是一种个人投资手段。

(1) 经济保障。保险最重要的功能是保障，人身保险可以把个人、家庭的人身危险转嫁给保险公司，投保人缴纳确定金额的保险费以后，在被保险人发生死亡、伤残、疾病、衰老等人身危险时，从保险公司领取一笔保险金可以保证家庭生活的稳定，人身保险的经济补偿作用总能在一定程度上缓解当事人的经济困难，抚慰精神伤害，解除人们的后顾之忧。

(2) 投资手段。由于长期人寿保险从具有储蓄性质的险种到投资分红性质的险种，都体现出投保长期人寿保险除了具有经济保障作用外，还具有投资的作用。保险人能将社会上的闲散资金聚集起来，利用保险公司专业投资人的信息来源广泛且及时、集体决策准确度更高等规模优势，能及时化解许多个人投资者无法克服的投资风险，最大限度地保证资金投资的安全性和收益性。

(3) 税收优惠保单所有人和受益人可以享受税收的减免。一般国家税法规定，在被保险人死亡时给付的人寿保险金可以免交所得税。付给受益人的保险金还可以全部或部分免交遗产税。对年金收入也只征收适量的所得税，即只对其中的利息收入部分征税。

2. 对企业的作用

企业员工除了参加社会保险外，企业还可以为职工投保工伤事故或意外事故造成的残疾或死亡商业保险，考虑到员工年老退休投保年金保险，从而稳定企业支出，提高员工福利，增强企业凝聚力。

3. 对社会的作用

（1）有助于稳定社会生活。人身保险是通过为家庭成员提供人身危险保障，来保障个人和家庭生活的稳定，从而维系了整个社会生活秩序的稳定。因此，可以说人身保险是社会和家庭的"稳定器"。

（2）有助于扩大社会就业。人身保险作为一种特殊商品，提供的是风险保障，是对未来的一种承诺，相对于有形商品来说，销售的难度大，这就需要有专业知识的人员去推销保险理念和保险产品。因此，在保险业，需要大量的保险中介人员从事保险推销工作，从而为社会创造了就业机会。

案例分析

退保损失的责任究竟由谁来承担

林某原系某厂职工，下岗后与先于他下岗的妻子租用了一邻街的房屋，开了一个食杂店，经过几年的辛勤劳动，积累资金约 4 万元，但基本都占用在商店的货物上。2003 年 9 月，在营销员于某的宣传鼓动下，林某投保了平安长寿险，被保险人为林某，保险金额为 100 万元，趸缴保费为 80 400 元。

投保后半个月，林某到保险公司申请贷款（贷款用于因缴纳保费所欠亲友款 5 万元和用于扩大商店规模），保险公司有关人员友好地接待了他，并告知平安保险条款规定，投保两年之后才能按保单现金价值的 90% 申请贷款。于是林某强烈要求退保。在投保两年之内不允许退保的规定下，考虑到他的特殊情况，保险公司还是为其办理了退保手续。这样林某得到退保金加上为其返回的营销员佣金共计 5 万元左右。林某对此不满，提起诉讼，状告保险公司和营销员于某，要讨回一个公道。

1. 当事人的各自说法

（1）投保人的话：我们投保并不是为了享受保险保障，而是取得贷款。我们家开这个食品店，资金太少，周转不过来，所以急于借点钱，多进点货，也好多赚点钱。营销员小于跟我们说保险好，并说买 100 万元保险能贷 90 万元的款，于是我们现张罗（借来）了 8 万多元，缴了保险费，入了保险。谁曾想投了保险，贷款没贷到，反而又损失了好几万元。

（2）营销员的话：我从来也没跟他们（指林某夫妇）说过，保 100 万元险可以贷 90 万元款，天底下哪有这样的好事。我只是说，投保两年后，如需要资金可按保单的现金价值的 90% 贷款，至于他们怎么理解那是他们的事情。而且保险合同订立后就在他们手里，条款都写得清清楚楚，假如想退保，有 10 天的"冷静期"为什么不退？

（3）保险公司有关人士的话：《平安长寿保险》条款第十八条规定：投保人如不同意本合同的内容，可于收到保险单后 10 日内退还本公司并申请撤销本合同，本公司应予以同意，并退还已收全部保险费。不知保户这段时间在想什么。

(4) 根据条款规定，投保两年内是不准许退保的，但考虑到保户的特殊情况，要求退保心情极为迫切，保险公司还是给退了，并把本应付给营销员的佣金也退给了保户。当然退保是不能返还全部保险费的，且不说退保是一种违约行为应该受到惩罚，即使不违约退保有一定扣除也是合情合理的，因为保险公司为此支出了宣传费、单证印制费、工资费等费用，也为已生效的保单承担了从投保到退保这一期间的保险责任。

2. 对本案的几点看法

1) 对本案当时的几种可能情况的推断

(1) 林某夫妇没有听明白，误认为保险金额100万元可以贷款90万元，实际上营销员确实没有这样说。由于我国公民的保险意识不强，对保险知之甚少，所以产生一些误解是正常的。

(2) 营销员没有讲清楚，这可能有以下两种情形。一种是故意不讲清楚。从我国目前保险推销的实践看，保险人主要是保险代理人（营销员），为了招揽业务、自己多抽取佣金和手续费，有时其行为有所偏颇，如在向投保人介绍保险时，只谈保险责任，不谈除外责任；只介绍投保人的权利，不谈投保人的义务，这种误导具有很大害处。本案营销员于某也可能是这种情况，她可能这样说：投保后缺钱可以按保险的90%到保险公司办贷款。若真如此，这句话模棱两可，理解起来弹性是非常大的。另一种是无意中没说明白，如上面那句话不是她有意的误导。

(3) 在"冷静期"内，林某找到营销员于某退保，但由于佣金、业绩等方面的顾虑，于某将此事拖了下来。

2) 本案的处理

在本案的处理中应退还投保人缴付的全部保险费。

其道理如下。

(1) 从常理上，林某家中只有4万元的资产，如果没有特殊的想法和需求，他们是不会花8万多元购买保险的。所谓特殊的想法和需求，或者像他们自己所说，买保险的目的是为了获得贷款，或者以投保为手段，在保险期限内以欺诈的方式获取不义之财。显然本案不存在后一种可能性。

(2) 人身保险的保险金额应与家庭的经济状况相适应，亦即承保金额的大小必须考虑支付能力，林某家根本不具备保费8万多元的支付能力。

(3) 在没有那么大的支付能力，又不可能取得贷款的前提下，林某投保100万元平安长寿保险的行为，就只能从营销员没解释清楚得到说明。《保险法》第十六条和第十七条规定：订立保险合同，保险人应当向投保人说明保险合同的条款内容。保险合同中规定有关于保险人责任免除条款的，保险人在订立保险合同时应当向投保人明确说明，未明确说明的，该条款不产生效力。

本案的结论性意见应该是营销员于某没有向投保人明确说明条款内容，责任在营销员。而营销员（代理人）是保险公司的代表，以保险公司的名义进行代理行为，因此，代理行为的法律后果应由被代理人（保险公司）承担。可见本案的最终责任者无疑是保险公司，应由保险公司如数退还投保人所缴付的保险费。

资料来源：中国保险网，http://www.china-insurance.com/anlidaquan/content.asp?id=134288，2009-09-06.

本章自测题

一、单项选择题

1. 从我国人身保险经营的实际情况来看，人身保险业务中占据主要和基本险种地位的险种是（　　）。
   A. 健康保险　　　　　　　　　　B. 人身意外伤害保险
   C. 人寿保险　　　　　　　　　　D. 万能保险

2. 按被保险人的年龄分类，人身保险的种类包括（　　）等。
   A. 老年保险和成人保险　　　　　B. 健体保险和标体保险
   C. 儿童保险和成人保险　　　　　D. 社会保险和商业保险

3. 丈夫为妻子投保死亡保险一份，五年后夫妻离婚，则离婚后保险合同的效力状况是（　　）。
   A. 立即失效　　B. 自动解除　　C. 继续有效　　D. 中止效力

4. 在人身意外伤害保险实务中，保险人区分和把握不可保意外伤害的要点是（　　）。
   A. 如果承保，是否将直接影响保险公司的承保质量
   B. 如果承保，是否将间接影响保险公司的社会信誉
   C. 如果承保，是否将立即影响保险公司的财务稳定
   D. 如果承保，是否将损害公众利益或违反法律要求

5. 在人身保险中，可以用来测定对人身保险需求程度的方法之一是（　　）。
   A. "生存价值"理论　　　　　　　B. "生命价值"理论
   C. "生活成本"理论　　　　　　　D. "生命意义"理论

6. 在人身保险中，人们通常将由于人体内在的原因而造成精神上或肉体上的痛苦或不健全称为（　　）。
   A. 疾病　　　　B. 失衡　　　　C. 缺陷　　　　D. 伤害

7. 在法律上发生效力的死亡有多种情况，其中，未订有失踪条款的人身意外伤害保险的保险人应该承担保险责任的死亡是（　　）。
   A. 宣告死亡　　B. 推断死亡　　C. 生理死亡　　D. 心理死亡

8. 在人身保险实务中，保险金额的确定无客观依据，通常采用约定的方式来确定。其考虑的主要因素之一是（　　）。
   A. 保险人的承保能力　　　　　　B. 代理人的推销力度
   C. 被保险人对保险的需求程度　　D. 受益人对保险的需求程度

9. 因被保险人风险程度属于正常标准范围，可以按照标准保险费率承保的人身保险被称为（　　）。
   A. 标准体保险　　B. 次标体保险　　C. 特优体保险　　D. 完美体保险

10. 在人身意外伤害保险中，意外事故的发生和被保险人遭受人身伤亡的结果之间存在内在的必然联系，即意外事故是（　　）。
    A. 被保险人遭受伤害的因素　　　B. 被保险人遭受伤害的原因

C. 被保险人遭受任务的结果　　　　D. 被保险人遭受伤害的构件

11. 人身保险业务有长期和短期之分。其中，短期人身保险业务所指的保险期限长度为（　　）。

　　A. 一年或一年以下　　　　　　B. 一年以上
　　C. 十年以上　　　　　　　　　D. 十五年以下

12. 按照我国《保险法》的规定，长期健康保险的经营机构是（　　）。

　　A. 财产保险公司　　B. 信用保险公司　　C. 责任保险公司　　D. 人寿保险公司

13. 下列不属于人身保险的保险事故形式的是（　　）。

　　A. 死亡　　　　B. 疾病　　　　C. 伤残　　　　D. 失业

14. 保险合同对双方当事人发生约束力的状态称为（　　）。

　　A. 保险合同生效　　B. 保险合同成立　　C. 保险合同作用　　D. 保险合同静止

15. 在保险合同中，投保人在保险标的上的保险利益被称为（　　）。

　　A. 保险合同权益　　B. 保险合同主体　　C. 保险合同客体　　D. 保险合同内容

16. 当投保人与被保险人为同一人时，则保险合同的当事人是（　　）。

　　A. 保险人、投保人和受益人
　　B. 保险人、被保险人和受益人
　　C. 保险人、投保人和代理人
　　D. 保险人、投保人和被保险人

17. 在各种合同形态中，合同双方当事人相互享有权利、承担义务的合同叫作（　　）。

　　A. 有偿合同　　B. 双务合同　　C. 射幸合同　　D. 附合合同

18. 保险双方当事人通过签订保险合同，或是需要保险保障的人自愿组合、实施的一种保险叫作（　　）。

　　A. 社会保险　　B. 政策保险　　C. 自愿保险　　D. 共同保险

19. 在团体人寿保险中，团体内每个被保险人的保险金通常按照统一的规定确定。这样做的目的是（　　）。

　　A. 简化经营手续　　B. 消除逆选择　　C. 保证公平、合理　　D. 体现团险特点

20. 在意外伤害保险中，当被保险人因遭受意外伤害导致残废时，保险人将按照伤残程度计算应给付被保险人的残废保险金金额。残废保险金的计算公式是（　　）。

　　A. 残废保险金＝保险利益×残废程度（％）
　　B. 残废保险金＝赔偿限额×残废程度（％）
　　C. 残废保险金＝保险责任×残废程度（％）

二、多项选择题

1. 按照保险业务的承保方式分类，保险可以区分为（　　）。

　　A. 原保险　　　　　　　　　　B. 再保险
　　C. 重复保险　　　　　　　　　D. 共同保险
　　E. 普通保险

2. 与商业保险不同，社会保险是国家立法强制实行的一种经济保障制度，其主要项目包括（　　）等。

　　A. 养老保险　　　　　　　　　B. 医疗保险

C. 失业保险 D. 工伤保险
E. 意外伤害保险
3. 与商业保险相比，互助保险的主要特点是（　　）。
   A. 以全社会公众为互助对象   B. 互助的目的是直接的
   C. 按照商品经济原则活动   D. 体现共济目的
   E. 以盈利为目的
4. 按风险转嫁方式分类，保险可分为（　　）。
   A. 强制保险   B. 再保险
   C. 原保险   D. 共同保险
   E. 自愿保险
5. 人身保险没有（　　）概念。
   A. 保险金额   B. 保险利益
   C. 保险价值   D. 保险期限
   E. 重复保险

三、判断题
1. 原保险合同是投保人直接与保险人订立的一般保险合同。（　　）
2. 无论是社会保险还是商业保险，同以风险的存在为前提条件。（　　）
3. 商业保险和社会保险的对象可以是人，也可以是物。（　　）
4. 根据我国《保险法》的规定，在保险合同中，投保人不得为无民事行为能力人投保以死亡为给付保险金条件的人身保险，但如果投保人投保，则保险人可以承保。（　　）

第 2 章 保险的基本原则

本章重点提示

通过本章的学习,要了解与保险原则有关专业术语的含义;理解、熟悉诚实信用原则、保险利益原则的内容,近因的认定、损失赔偿原则的实现方式及量的限定;掌握各项保险基本原则的具体运用。

引言

在人身保险发展的历史进程中,逐渐形成了一系列为人们所公认的、合同双方都必须严格遵守的基本原则。各国人身保险的实践证明,坚持和贯彻这些保险的基本原则,有利于维护保险双方的合法权益,能更好地发挥和体现保险的职能、作用,保证保险业有秩序地发展,保障社会经济生活的安定。

2.1 保险利益原则

2.1.1 保险利益原则的含义

保险利益是指投保人对投保标的所具有的法律上承认的利益,它体现了投保人或被保险人与保险标的之间存在的利害关系,如果保险标的安全,投保人或被保险人可以从中获益;而一旦保险标的受损,被保险人必然会蒙受经济损失。正是由于保险标的维系着被保险人的经济利益,投保人才会将保险标的投保以求转嫁各种可能发生的风险,而保险公司则可以通过风险分摊以保障被保险人的经济利益。

1. 保险利益的构成要件

保险利益的构成必须符合下列条件。

1) 必须为法律所认可的利益

法律所认可的利益又称为适法的利益,即得到法律认可或受到法律保护的利益受到损害才能构成保险利益。不法利益,如盗窃、非法占有、不当得利获得的利益,不能构成保险利益。法律上不予承认或不予保护的利益也不构成保险利益。

2) 必须是经济上的利益

经济上的利益是指可以用货币计算估价的利益,又称金钱上的利益。

保险的实质是对被保险人遭受的经济上的损失给予经济上的补偿。保险不能使被保险人避免遭受损失,也不能弥补被保险人遭受的非经济损失。如果被保险人遭受的损失不是经济上的，如政治利益的损失、竞争失败、行政处分、刑事处罚、精神创伤、感情痛苦等，虽然可能与当事人有利害关系，但这些利害关系不是经济上的，因此不能构成保险利益。当然，如果上述事情发生，造成了当事人的经济损失，则可构成保险利益。行政处分、刑事处罚虽然亦可以造成当事人经济上的损失，但从公共利益出发，对于这类经济损失，保险不予保障。

3) 必须是确定的利益

确定的利益包括以下两层含义。首先，这一利益是能够用货币形式估价的，如古董、名人字画可能价值连城，但如果投保则必须有一个确定的货币金额。而利益的多少就是以这一价格来确定。其次，这里确定的利益是指事实上的或客观上的利益，而不是当事人主观估计的利益。所谓事实上的利益，是包括现有利益和期待利益（又称预期利益）。现有利益比较容易确定，期待利益则容易引起争议。

2. 保险利益的法律效力及意义

各国《保险法》都有对投保人对其投保的"保险标的应当具有保险利益"的规定。也即投保人对保险标的不具有保险利益的，其与保险人签订的保险合同是无效的。

因此，依据保险利益原则订立保险合同（合同的成立），投保人以不具有保险利益的标的投保，保险人可单方面宣布合同无效；保险标的发生保险责任事故，投保方不得因保险而获得不属于保险利益限度内的额外利益。

保险利益原则有以下3个方面的意义。

1) 与赌博从本质上划清了界限

众所周知，赌博是一种危害社会的不良行为，已广为各国法律所禁止。赌博之所以对社会产生危害，是因为赌博可以使有的人骤然暴富，促使人们产生因侥幸而额外获利的心理。在这种心理驱使下，往往使赌徒孤注一掷，落得倾家荡产。而保险利益原则使被保险人不可能额外获利，保险基金又是通过大数法则由广大投保人分担。即使没有得到赔款，也不使投保人负担过重。这样，避免了保险成为赌博或类似赌博的行为。

2) 防止道德风险的产生

道德风险是指投保人投保的目的不是为了获得保险保障，而是为了谋取保险赔款。这种人人数极少，但危害极大，他们不是积极防止保险事故的发生，而是希望促使保险事故的发生，甚至故意制造保险事故。保险利益原则消除了产生道德风险的根源。根据保险利益原则，投保人必须对投保标的具有利害关系，因保险标的的受损会使其蒙受损失，投保人故意制造保险事故使自己受损，有违常理。因此，保险利益原则不仅是保险合同双方当事人的要求，也是社会利益的要求。

3) 限制保险补偿的程度

根据保险利益原则，不仅要定性，即投保人或被保险人对保险标的有没有保险利益，而且要定量，即投保人的保险利益有多少。投保人或被保险人对超过其实际保险价值的部分依然没有保险利益。例如，某车主将其价值10万元的汽车投保，则保险事故发生后车主最多只能得到10万元的保险赔款。即使他投保15万元的保险金额，除了多缴保险费外，他不得获得更多的保险赔款，因为他对超过汽车实际价值部分的金额没有保险利益，投保也是无效的。因此，保险利益原则不仅是保险合同有效的必要条件，而且是被保险人获得赔偿金额的最高标准。

2.1.2 人身保险的保险利益

人身保险的保险利益虽然难以用货币估价，但同样要求投保人对所投保标的（生命或身体）具有保险利益。根据我国《保险法》第三十一条规定，投保人对下列人员具有保险利益：

(1) 本人；
(2) 配偶、子女、父母；
(3) 前项以外与投保人有抚养、赡养或者扶养关系的家庭其他成员、近亲属；
(4) 与投保人有劳动关系的劳动者。

除前款规定外，被保险人同意投保人为其订立合同的，视为投保人对被保险人具有保险利益。订立合同时，投保人对被保险人不具有保险利益的，合同无效。

2.1.3 保险利益的时效转移与消灭

1. 保险利益的时效

订立和履行保险合同时必须坚持保险利益原则。在人身保险中，由于保险期限长并具有储蓄性，因而强调在订立保险合同时投保人必须具有保险利益，而索赔时不追究有无保险利益。即使投保人对被保险人因离异、雇用合同解除或其他原因而丧失保险利益，也不影响保险合同的效力，保险人仍担负给付被保险人保险金的责任。

2. 保险利益的转移

1) 保险利益转移的含义

保险利益转移是指在保险合同有效期间，投保人将保险利益转移给受让人，而保险合同仍然有效。

2) 保险利益转移的原因

在人身保险中，被保险人死亡，如属死亡保险、两全保险，保险人即应承担保险金给付责任，保险合同终止；如属其他人身保险合同或因除外责任的原因死亡，则因保险标的消灭，同样保险合同终止，不存在保险利益转移的问题。投保人死亡，而投保人与被保险人又不是同一人者，如果人身保险合同为特定的人身关系而订立，如亲属关系、抚养关系等，保险利益不得转移；如果人身保险合同为一般利害关系而订立，如债权、债务关系，则该人身保险合同关系仍可为继承人的利益继续存在。

3. 保险利益消灭

在人身保险方面，被保险人因人身保险合同除外责任规定的原因死亡，如自杀、刑事犯罪被处死等均构成保险利益消灭。

案例分析

1. 基本案情

李某与张某同为公司业务员，2003年8月李某从公司辞职后，开始个体经营。开业之初，由于缺乏流动资金，李某向张某提出借款，并愿意按高于银行的利率计息，将自己的桑塔纳轿车作为抵押，以保证按时还款。张某觉得虽然李某没有什么可供执行的财产，但以汽车作为抵押，自己的债权较有保证。为以防万一，张某要为车辆购买保险，李某表示同意。2003年9月，双方到保险公司投保了车损险。为了方便，投保人和被保险人一栏中，都写了张某的名字。2004年年初，李某驾车外出，途中因驾驶不慎发生翻车，车辆遭到严重损坏，李某也身受重伤。得知事故后，张某向保险公司提出了索赔。保险公司认为尽管该车的损失属于保险责任，但是被保险车辆并非张某所有或使用的车辆，张某对于车辆没有保险利益，因此拒赔。

2. 案例分析

本案争议的焦点是抵押权人对投保财产是否拥有保险利益。保险利益是指投保人对保险标的具有的法律上承认的利益，具体而言是指保险事故发生时，投保人可能遭受的损失或失去的利益。在实际中，保险利益的形态是多种多样的。就本案而言，张某为保证自己的抵押权获得实现，以自己为投保人要求李某购买了车损险，出险之后，张某是否具有保险利益，不能一概而论。首先，保险车辆因意外事故或李某的原因损毁，导致张某的抵押权随之消灭。在这种情况下，张某对保险车辆是拥有保险利益的，有权向保险公司请求赔偿。本案便属于这种情况。其次，抵押车辆的灭失系第三人原因所致，并且李某对第三人享有赔偿金请求权。根据《担保法》第五十八条的规定，张某的抵押权移至第三人的损害赔偿金上，对该损害赔偿金可优先受偿，张某的抵押权并没有灭失。在这种情况下，张某对投保车辆是没有保险利益的，出险后无权再向保险公司索赔。

资料来源：保险知识网，2006-08-06。

2.2 诚实信用原则

2.2.1 诚实信用原则的含义

诚实信用原则即通常所说的最大诚信原则。任何一项民事活动，各方当事人都应遵循诚实信用原则。诚实信用原则是世界各国立法对民事、商事活动的基本要求。我国《保险法》第五条规定：保险活动当事人行使权利、履行义务应当遵循诚实信用原则。诚实信用就是要讲诚实与守信用。诚实是指一方当事人对另一方当事人，不得隐瞒有关保险活动的任何重要事实，特别是被保险人必须主动地向保险人陈述有关保险标的风险情况的重要事实，不得以欺骗手段诱致保险人与之签订保险合同；否则，所签合同无效。

重要事实是指那些足以影响保险人判断风险大小、决定保险费率和确定是否接受风险转移的各种情况。

在保险合同关系中对当事人的诚信要求程度远比一般民事活动严格，要求当事人具有"最大诚信"，其含义是指当事人应向对方充分而准确地告知有关保险的所有重要事实。其原因如下：

(1) 保险标的广泛、复杂，投保人对保险标的的风险状况最为了解。保险人只能依赖于投保人的告知和陈述来承保和确定费率。因此，要求投保人本着最大诚信原则履行告知和保证义务。而保险合同条款较复杂，专业性强，一般的投保人或被保险人不易了解和掌握，这就要求保险人从最大诚信出发，履行保险合同的责任和义务。

(2) 保险具有偶然性，投保人参加保险仅支出少量的保费，而一旦受损，可能所得赔偿是保费支出的数十倍。从保障角度看，保险人的保险责任也远远大于所收取的保费。如果投保人有不诚实和欺骗行为，保险人将无法经营。

2.2.2 诚实信用原则的内容

诚实信用原则的内容主要是告知、保证、弃权与禁止反言。

1. 告知

狭义的告知仅指合同当事人双方在订约前与订约时，互相据实申报、陈述。

广义的告知是指合同订立之前、订立时及在合同有效期内，投保方对已知或应知的与风险和标的有关的实质性重要事实据实向保险方作口头或书面申报；保险方也应将与投保方利害相关的实质性重要事实据实通告投保方。目前，在我国的保险实务中，要求双方采用广义告知。

所谓实质性重要事实，是指那些影响保险人确定保险费率或影响其是否承保及承保条件的每一项事实。例如，有关标的的详细情况；风险因素及风险增加的情况；以往损失赔付情况；投保人与被保险人的详细情况等。同样，作为保险人应告知投保人有关保险条款、费率，以及其他条件等可能会影响其作出投保决定的事实。我国《保险法》第十七条规定：订立保险合同，采用保险人提供的格式条款的，保险人向投保人提供的投保单应当附格式条款，保险人应当向投保人说明合同的内容。对保险合同中免除保险人责任的条款，保险人在订立合同时应当在投保单、保险单或其他保险凭证上作出足以引起投保人注意的提示，并对该条款的内容以书面或口头形式向投保人作出明确说明；未作提示或明确说明的，该条款不产生效力。

2. 保证

保证是诚实信用原则的又一重要内容。所谓保证，是指被保险人在保险期限内对某种特定事项的作为或不作为。也即被保险人应承诺做某事或不做某事。保证有明示保证和默示保证两种。明示保证是以条款形式在合同内载明的保证，保险人为了慎重起见，在有些情况下，是在保险合同中安排一种固定格式，让被保险人承认保单上印就的保证条款，该条款作为保险单的一个内容，被保险人必须遵守。默示保证是指在保险单中虽然没用文字明确列出，但在习惯上已被社会公认为是被保险人应予遵守的事项。例如，要求被保险的船舶必须有适航能力等。

3. 弃权与禁止反言

弃权是指保险合同当事人放弃自己在合同中可以主张的某项权利。禁止反言是指保险人放弃某项权利后，不得再向投保人或被保险人主张这种权利。弃权和禁止反言主要是约束保险人的，这些规定要求保险人对其行为及其代理人在授权范围内的行为负责，以防止对投保人或被保险人的利益造成侵害，维护投保人和被保险人的权益，有利于保险合同当事人地位的平等。

2.2.3 违反诚实信用原则的处理

诚实信用原则是保险合同的基础。如果没有遵守诚实信用原则，就要受到相应的处理，但违反告知和违反保证的处理方法是不同的。

1. 违反告知原则的处理

（1）投保人故意或因重大过失未履行规定的如实告知义务，足以影响保险人决定是否同意承保或提高保险费率的，保险人有权解除合同。

（2）投保人故意不履行如实告知义务的，保险人对于合同解除前发生的保险事故，不承担赔偿或给付保险金的责任，并不退还保险费。

(3) 投保人因重大过失未履行如实告知义务，对保险事故的发生有严重影响的，保险人对于合同解除前发生的保险事故，不承担赔偿或给付保险金的责任，但应当退还保险费。

根据我国 2009 年 10 月 1 日起实施的新《保险法》的规定，自保险人知道有解除事由之日起，超过 30 日不行使而消灭。自合同成立之日起超过 2 年的，保险人不得解除合同；发生保险事故的，保险人应当承担赔偿或给付保险金的责任。保险人在合同订立时已经知道投保人未如实告知情况的，保险人不得解除合同；发生保险事故的，保险人应当承担赔偿或给付保险金的责任。

2. 违反保证条件的处理

违反保证条件与违反告知原则的处理方法不同，因告知是诚实信用原则的基础，如果违反了该原则，保险合同的法律效力就被解除了。保证是在告知之后保证在保险合同期限内做什么和不做什么，是对某个特定事故或风险的保证，不是对整个保险合同的保证，因此，违反保证条件，只部分地损害了对方的利益，只能就违反保证部分解除应承担的责任。即何时违反保证，保险人从何时开始解除保险赔偿责任，不一定完全废除保险合同。

3. 违反保证与除外责任的区别

保证是保证作为或不作为，而除外责任是在保险单中注明不予承担的风险，因此，两者的含义及实质内容不同。如果被保险人违反保证，保险人的责任自被保险人违约之时解除，无论损失是否与保证有关，概由被保险人自行负责。除外责任是指保险人对该项除外风险造成的损失一概不负责。

案例分析

生前买 3 份保险　　死后只得 2 000 元

9 岁女孩因肺部破裂死亡，生前曾买过 3 份保险。但其母亲在投保时没有告知保险公司曾有过住院经历，云南某保险公司由此认为，这是故意隐瞒病情，只能退还三分之一的保险费即 2 000 多元。女孩母亲遂将保险公司告上法庭，要求赔偿保险金 68 000 余元。

1. 一时疏忽女孩死亡

说起女儿董润涛的死，董女士很伤心。董女士几年前与丈夫离婚，一个人带着女儿，女儿聪明可爱，非常懂事。2009 年 6 月开始，小润涛总感觉胸口不适、呼吸困难，多次在易门县小绿汁镇人民医院诊治仍不见好转，又转到易门县人民医院治疗，县医院初诊后认为病情危重，建议转昆明市儿童医院。

"该院专家检查后，说女儿的病情是摔伤导致肺部破裂，手术成功率仅有千分之二。"董女士说，因为自己工作繁忙，女儿多半由家中老人照看。老人后来告诉她，两个月前，小润涛曾在学校被同学推搡摔倒过一次，在老师、对方家长和两老的陪同下曾到医院就诊。"老人仅买了点云南白药气雾剂为她做简单治疗。没想到病情会如此严重！"

无奈之下，董女士拿着女儿相关的病情材料，带着女儿又回到易门县人民医院治疗。怎料，女儿于 6 月 18 日在医院停止呼吸。

2. 买了保险无法获赔

后事办完后，董女士想起曾为女儿买过 3 份保险。2008 年 4 月 29 日，她在云南某保险公司向保险代理人李某购买了 3 份保险，保险金额为 3 000 元，另外两份附加险，分别是安心无忧意外伤害保险和意外伤害医疗保险，保险金额77元。"我按保险代理人的要求，缴纳了保险费3 077元。"一年后，她又于2009年的5月初，缴纳了第二期的保险费3 077元。两年合计6 154元保险费。

"女儿已经走了，我只想得到当初我为她投保时该得到的保险额。"2009年8月，董女士找到云南某保险公司，保险公司的答复是：经公司调查核实，其女儿于投保前曾在儿童医院住院，认为投保人在投保时未能履行如实告知义务，因此拒绝理赔，仅退还2 000多元的保险费。

董女士认为，保险公司的这种做法不符合常理。"我女儿在2009年6月份住院期间有血常规的检验记录证明，她的血小板当时在正常范围，此次住院与原来在2003年住院时'原发性血小板减少性紫癜'的病情毫无联系。她是外伤引起的肺部破裂身亡，并非因隐瞒与保险事项有关的病情而亡。"

在协商无果的情况下，董女士将该保险公司告上了法庭，请求盘龙区人民法院判决被告赔偿原告方保险金额6万元、意外医疗津贴2 000元，合计人民币62 000元整；判决被告退还原告两次所缴的6 154元保险费。

3. 律师说法

2009年10月1日后隐瞒病情也该赔。

新《保险法》已于2009年10月1日生效，在新《保险法》中规定了保险公司有两次合同解除权。①保险合同生效后两年内，保险公司应积极去医院核实被保险人是否隐瞒了重要事实，如果有，但保险公司没有在30天内主张解除保险合同，则保险公司将来不得主张解除合同。②如果保险合同生效两年后，无论投保人是否履行如实告知义务，保险公司都不能主张解除保险合同。

在原《保险法》中，保险合同生效后两年内，被保险人没有履行如实告知义务，保险公司可以解除合同并不退还保费，如两年后仅退保费不理赔。但根据最高人民法院司法解释，保险事故发生于10月1日前，只能适用于原《保险法》。但在本案中，无论是新《保险法》还是原《保险法》，保险公司笼统地以投保人不履行告知义务拒赔是不当的，不应作无效、无理的扩大解释。根据中国保险监督管理委员会（以下简称保监会）2005年的相关通知，投保人不履行告知的事项必须是属于"重要事实"，且只有告知的事实对保险事故的发生有严重影响的，即有一定因果关系的，保险人才可以不予理赔。本案中小女孩隐瞒的于2003年住院所生的病与现在因病过世的病没有丝毫联系。

资料来源：邓建华. 生活新报，2009-10-12.

2.3 损失补偿原则

2.3.1 损失补偿原则的含义

损失补偿原则是指在财产保险中投保人通过与保险人订立保险合同，将特定的风险转由保险人来承担，当保险事故发生时，保险人给予被保险人的经济赔偿恰好填补被保险人因遭受保险事故所造成的经济损失。损失补偿原则被广泛应用于财产保险，在人身保险中，只有普通医疗保险适用于该原则。"补偿"包括以下两层含义。

(1) 投保人与保险人订立保险合同后,一旦发生保险事故造成经济损失,被保险人就有权获得全面、充分的赔偿。如果低于保险标的实际损失,补偿即为不充分的。

(2) 保险人对被保险人的赔偿恰好能使保险标的恢复到保险事故发生之前的状况,保险赔偿不能高于保险标的实际损失,补偿超过了实际损失,就使被保险人因保险事故的发生而获得了额外的利益。如果这样会给社会带来不良后果。因为保险本来是为了补偿被保险人因保险事故带来的经济损失,从而安定社会。如果保险能给被保险人带来额外利益,就可能使个别不法之徒制造保险事故,利用保险谋取好处,从而给社会带来新的不稳定因素。因此,保险人支付的保险赔偿不应当超过被保险人的实际经济损失。

在人身保险中,被保险人的生命和身体是无法用货币准确测算的,因此也就谈不上"补偿",往往再多的保险给付也不可能使被保险人恢复原状。普通医疗保险可以根据医疗费的支出测算出被保险人的经济损失,从而可以通过保险的方式来弥补这种经济损失,因此在人身保险中,只有普通医疗保险适用于损失补偿原则。

2.3.2 损失补偿的方法和限制

1. 损失补偿的方法

损失补偿的方法主要有现金、修理、重置、恢复原状 4 种。在这 4 种方法所需费用一致时,可以由被保险人征得保险人同意后选择其中的一种。

在大多数的保险实务中,损失补偿的 4 种方法都是用来确定赔偿损失的方法,最后都通过货币补偿来解决,因为保险人承担的是经济赔偿责任。在普通医疗保险中,保险公司承担的赔偿金额与社会医疗保险报销金额之和不应超过实际发生的医疗费用。

2. 损失补偿的限制

保险损失补偿有以下几个限度。

(1) 以实际损失为限,这是一个基本限制条件。当被保险人遭受损失后,其所能获得的保险赔偿以标的的实际损失为限,无论其保单约定的保险金额为多少。例如,某保单约定保险金额为 10 万元,实际损失为 2 万元,则被保险人可获得的保险赔偿为 2 万元。

(2) 以保险金额为限。保险金额是保险人收取保险费的基础和依据,也是其履行赔偿责任的最高限额,因此,保险人的赔偿金额在任何情况下均不能超过保险金额。当被保险人的实际损失高于保险金额时,如在不足额投保或在通货膨胀的情况下,保险人的赔偿均以保单所约定的保险金额为最高限额。

(3) 以保险利益为限。保险人的赔付是以被保险人对投保标的具有保险利益为条件。如果发生保险事故时,被保险人对标的已不具有保险利益,则保险人不能赔付。上述的"以实际损失和保险金额为限",都是基于这一条件。

案例分析

1. 基本案情

2001 年 3 月 26 日,陈某与某保险公司签订人寿保险合同,其中附加短期意外伤害保险,保险金额为 10 000 元。附加短期意外伤害保险条款第三条第一款(三)约定:被保险人因遭受意外伤害事故,并自事故发生之日起 180 日内进行治疗,保险人就其实际支出的合理医疗费用超过人民币 100 元的部分给付意外伤害医疗保险金。第三条第三款约定：对于公费医疗管理部门规定的自费项目和药品，保险人不负给付保险金责任。合同签订后，陈某于 2003 年 3 月 21 日续缴了保险费。2003 年 3 月 24 日，陈某因道路交通事故入住医院治疗至同年 4 月 18 日出院，住院费用 6 032.29 元。根据医院出具的《道路交通事故伤员疾病证书》载明：最后诊断①左颞顶部头皮裂伤；②左髂关节周软组织损伤；③原发性高血压Ⅰ级；④糖尿病-2 型；⑤左锁骨陈旧性骨折。医院住院总清单载明：陈某医疗费用为人民币 6 021.29 元（其中治疗原发性高血压Ⅰ级费用 20.86 元，治疗糖尿病-2 型费用 493.34 元，自费项目和药品费 2 791.57 元）。该道路交通事故经公安交通管理局认定，由肇事者承担全部责任。陈某因道路交通事故入住医院的治疗费用 6 795.27 元（含门诊施救费 773.98 元）已由肇事者赔偿后，陈某向保险公司索赔意外伤害医疗保险金 6 795.27 元。但因陈某医疗费用的原始发票在公安交通管理局，只能提供复印件。故保险公司以陈某未能提供原始发票为由拒绝理赔，陈某不服，遂诉至法院。

2. 案例分析

法院经审理认为，陈某因交通事故住院医疗，与交通肇事者之间形成了侵权行为之债，被保险人由此获得了向肇事者请求侵权损害赔偿的权利。而陈某与保险公司之间的意外医疗保险合同则形成了双方之间的合同之债，陈某因交通意外住院医疗，也具有根据保险合同向保险公司申请住院医疗保险金的权利。保险公司提出的该意外伤害保险应该使用补偿原则，而不应该使用给付原则的抗辩主张，由于保险条款并未有"被保险人由于遭受第三者伤害，依法应负赔付责任时，保险人不负给付责任"的约定，故保险公司不得免责。至于保险合同关于被保险人应该提供发票原件的约定，性质上属于对申请人证明义务的要求。申请人不能提供原件，但能够通过其他途径证明保险事故时，保险公司亦不得据此免责。因此，保险公司应该根据合同的约定承担保险责任。对于被保险人发生的医疗费用，扣除自费项目和药品费 2 791.57 元、用于治疗原发性高血压Ⅰ级的费用 20.86 元及治疗糖尿病-2 型的费用 493.34 元，由保险公司共计给付 3 489.60 元，案件受理费由双方各承担一半。与定额给付的人寿保险不同，费用补偿性医疗保险，属于事后确定补偿金额的人身保险。因此，应当适用补偿原则，不允许通过投保获得额外利益。即针对被保险人实际发生的医疗费用，按照保险合同的约定计算保险公司应当补偿的份额。但是，由于国内保险业发展时间较短，相关的经营规范尚未建立，在被保险人重复投保的情况下，保险同业间及商业保险公司和社会保险之间也没有建立起相应的分摊机制。因此，保险公司往往通过设定特定情况的免责，或者规定相应的索赔规则对可能发生的重复给付进行控制。

资料来源：证券时报，2004-12-24.

案例分析

人身保险合同不适用损失补偿原则

1. 基本案情

孟某驾驶机动车将学生常某撞伤。经交警大队认定，孟某负全部责任。常某住院治疗后，因孟某拒不支付医疗费，常某向法院提起诉讼，孟某赔偿医疗费、护理费等经济损失

2.55万元。因常某所在学校为其向丰县财产保险公司办理了"团体学生健康综合保险",常某得到孟某的赔偿后,又起诉保险公司。保险公司认为人身保险适用损失补偿原则,肇事方既已赔偿,公司就不再负赔偿义务。法院经审理后,依法判决保险公司给付常某保险金。

2. 案例分析

本案的焦点是人身保险合同是否适用损失补偿原则。所谓损失补偿原则,是指被保险人所获得的赔偿不得超过其所受到的损失,被保险人不能因保险关系而获得额外利益。定额给付原则,是指当保险合同约定的情况发生时,保险公司按合同约定的金额给付被保险人保险金。定额给付的特点是:如果合同约定的情况发生,则保险公司必须给付保险金,它只适用于人身保险合同之中。人身保险之所以不实行损失补偿原则,其主要理由在于人和财产的区别。人和财产最本质的区别是人具有感觉、思维和精神,被保险人因保险事故的发生而造成的医疗、误工、营养等物质损失当然是可以计算的,但因事故而造成的生理和心理痛苦却是无法估算的。人身保险的标的是人的生命和身体(健康和劳动能力),人身保险的目的是在被保险人的生命、身体的完整性受到侵害或损失时,对其损失以金钱方式予以弥补。基于生命、身体的经济价值无法用金钱来衡量,人身保险合同的当事人可自由约定保险金额。人身保险合同只有保险金额的约定,而不是保险利益的价值确定,它是当被保险人遭受人身的伤害、残疾或死亡情况时,由保险人按保险合同事先双方的约定给付保险金。因此,人身保险的保障是给付性的定额保险。人身保险合同又被称为"定额保险合同"或"定额给付性保险合同"。既然法律规定对人身保险可以重复投保,也就意味着允许权利人得到多份保险金,而且如果被保险人因他人过错遭到损失,在获得保险公司的赔偿后,并不影响其再向第三者行使索赔的权利,反之,亦是如此。

在本案中,常某和保险公司之间并未约定常某如受第三人侵权而得到第三人赔偿的,保险公司可以对第三人已经赔偿的部分不支付保险金的免责条款。因此,从保险合同的文义来说,保险公司的抗辩缺乏合同依据。常某依据人身保险合同,根据合同的相对性向保险公司主张保险金给付责任并无不当。因此,常某在从侵权人处获得损害赔偿后,还有权再依据保险合同条款,要求保险公司支付保险金,保险公司拒绝支付保险金有悖法律规定。

资料来源:韩艳. 江苏法制报,2009-04-08.

2.4 近因原则

2.4.1 近因原则的含义

保险中的近因是指引起保险事故发生的主要原因,即在保险事故发生中起主导作用或起支配作用的因素。这是基于保险事故产生的因果关系而言的,承保风险是因,保险标的损害是果。这并不是对保险事故发生的时间远近而言的,即非时间概念上的近因。造成保险标的损失的原因是多种多样的,既有保险责任,也有除外责任,且有时有些原因互为因果连续发生,其中有的原因只是引起事故发生的次要因素。

保险的基本职能就是对被保险人的经济损失进行充分、及时的补偿。近因原则是确定保险赔偿责任的一项基本原则。这一原则规定，只有当承保风险是损失发生的近因时，保险人才会负赔偿责任。

2.4.2 保险事故中近因的判定

近因原则就是要在保险事故中找出主要原因，从而确定造成损失的直接原因。根据保险实践，可将产生经济损失的原因归纳为3种类型，即单一原因造成的损失、多种原因相关联造成的损失和原因不明的损失。

1. 判定单一原因造成损失的近因

单一原因是指事故的近因只有一个，属于承保风险或属于除外责任，保险人则仅负责赔偿由于承保风险造成的损失。

2. 判定多种原因相关联造成损失的近因

在保险业务中常常遇到某一经济损失是由几种原因同时出现造成的，其中有保险单中列明的承保风险，有除外风险，也有未列明的其他风险，如果能分清各种原因对损失的影响程度，保险人就按应负担的责任给予赔偿。但是多数情况下是分不清主次原因的，对此应按以下规定判定损失近因，进而确定保险责任。

（1）保险单未列明的其他风险导致承保风险造成的损失，一般属保险责任，应予赔偿。

（2）除外风险导致承保风险造成的损失，一般不属保险责任，不予赔偿。

（3）承保风险导致除外风险造成的损失，一般应予赔偿。

3. 判定原因不明损失的近因

对原因不明损失近因的判定，一般是根据客观事实进行推断。为了正确推断造成损失的近因，首先，要收集有关造成损失的各种资料，应从各方面收集，越多越好，为判定损失近因做准备。然后，根据所掌握的材料，分析造成损失的主要原因，以正确确定造成损失的近因。

2.4.3 判定保险责任近因的原则

根据保险工作实践，对保险责任近因的判定，可掌握以下5个基本原则。

（1）如果承保风险与其他未指明风险同时发生，承保风险为近因。

（2）如果承保风险与除外责任同时发生，除外责任风险为近因。

（3）如果事件有连续性，最后的事件为近因。

（4）如果事件各因素可以分开，保险人仅负责保险责任，除外责任及保险责任以外的风险不予负责。

（5）如果事件的诸因不能区分开，保险人负全部保险责任。

以上判定保险责任的近因原则主要是从事故的起因对事件本身的作用力来考虑的，而不是从时间的先后顺序来考虑的。因此，"作用力"是决定的最主要因素，而不能单纯考虑时间的先后顺序。

> 案例分析

1. 基本案情

张先生在为客户送货上楼途中，不小心摔倒在地。送到医院后，张先生被诊断为脑出血,并最终导致瘫痪。悲痛之余,张先生想到自己曾投保了综合意外伤害保险,于是要求保险公司赔付。在理赔过程中,保险公司认为张先生摔倒只是诱因,瘫痪的直接原因是脑出血。根据近因原则,保险事故的近因不属于意外事故,因此拒绝赔付。

2. 案例分析

根据近因原则,只要造成被保险人人身伤害的近因属于保险责任范围之内,保险公司就应当向被保险人或受益人履行赔付保险金的责任。但是,如果近因属于除外风险或不在保险合同约定的范围之内,保险公司不履行给付保险金的义务。

在近因的判定中,国际上通常采用英国学者斯蒂尔提出的逆推法,即从损失开始,逆着事件链往前推理,在每一个事件链的环节上,都要问为什么会发生这样的情况,只要事件链不中断,一直追溯到最初事件(第一事件),则最初事件就是致损的近因,如果在逆推理中出现事件中断,则致损的近因为其他事件。

由此,可以判断造成张先生脑出血的原因是什么。如果是由于张先生自身的疾病所引起,毫无疑问保险人不应该理赔,但如果是因为意外摔倒所导致的损伤,保险人则应承担赔偿责任。

在此案中,导致张先生瘫痪的原因为脑出血。若在此之前,张先生有脑出血的病史,则可以推断摔倒是再次导致脑出血的诱因,脑出血为近因。若在张先生摔倒前,无脑出血病史,则摔倒为导致脑出血的直接原因,摔倒为近因。

资料来源:颜文俊. 上海金融报,2006-05-10.

本章自测题

一、单项选择题

1. 关于保险利益原则的含义,正确的说法是( )。
    A. 保险利益原则是指在履行保险合同的过程中,投保人和被保险人对保险标的必须具有保险利益
    B. 保险利益原则是指在签订保险合同的过程中,投保人和被保险人对保险标的必须具有保险利益
    C. 保险利益原则是指在履行保险合同的过程中,投保人对保险标的必须具有保险利益
    D. 保险利益原则是指在签订和履行保险合同的过程中,投保人和被保险人对保险标的必须具有保险利益

2. 在判定投保人对他人的生命和身体是否具有保险利益方面,英美国家采用的是( )。
    A. 利害关系论   B. 同意论
    C. 承认论   D. 利害关系论和同意论

3. 财产保险中,对保险利益时效的一般规定是( )。
    A. 只要求在合同订立时存在保险利益

B. 只要求在合同终止时存在保险利益

C. 要求从合同订立到合同终止始终存在保险利益

D. 无时效规定

4. 人身保险中，对保险利益的时效规定是（　　）。

　　A. 只要求在合同订立时存在保险利益

　　B. 只要求在合同终止时存在保险利益

　　C. 要求从合同订立到合同终止始终存在保险利益

　　D. 无时效规定

5. 对于告知的形式，我国一般采取（　　）方式。

　　A. 无限告知　　　B. 有限告知　　　C. 询问回答告知　　　D. 客观告知

6. 弃权与禁止反言的规定主要约束（　　）。

　　A. 保险人　　　B. 投保人　　　C. 被保险人　　　D. 保险代理人

7. 要求对过去或投保当时的事实作出如实陈述的保证是（　　）。

　　A. 确认保证　　　B. 承诺保证　　　C. 明示保证　　　D. 默示保证

8. 对未来的事实作出的保证是（　　）。

　　A. 确认保证　　　B. 承诺保证　　　C. 信用保证　　　D. 默示保证

9. 默示保证与明示保证的法律效力相比（　　）。

　　A. 前者效力大于后者　　　　B. 后者效力大于前者

　　C. 具有同等效力　　　　D. 视具体情况而定

10. （　　）是指保险人已放弃某种权利，日后不得再向被保险人主张。

　　A. 确认保证　　　B. 承诺保证　　　C. 弃权　　　D. 禁止反言

11. 我国《保险法》规定，投保人因过失未履行如实告知义务，对保险事故的发生有严重影响的，保险人对于保险合同解除前发生的保险事故（　　）。

　　A. 承担赔偿或给付保险金的责任，不退还保险费

　　B. 部分承担赔偿或给付保险金的责任，不退还保险费

　　C. 不承担赔偿或给付保险金的责任，但可退还保险费

　　D. 不承担赔偿或给付保险金的责任，不退还保险费

12. 近因是指（　　）。

　　A. 最直接、最有效、起决定作用的原因

　　B. 时间上最接近的原因

　　C. 空间上最接近的原因

　　D. 时间、空间上均最接近的原因

13. 在重复保险的分摊方式中，各家保险公司在假设无他保的情况下，按单独应付的赔偿责任限额占各家保险公司赔偿责任限额值和的比例分摊损失金额的方式是（　　）。

　　A. 比例责任分摊　　　B. 顺序责任分摊

　　C. 限额责任分摊　　　D. 第一危险赔偿方式

14. 某人先后向甲、乙两保险公司善意重复投保，保险金额分别为4万元、6万元，损失5万元，依顺序责任分摊方式，甲保险公司应赔付（　　）万元。

　　A. 5　　　　B. 4　　　　C. 2　　　　D. 2.5

15. 对于重复保险的分摊，我国采用（　　）方式。
    A. 比例责任分摊方式　　　　　　B. 限额责任分摊方式
    C. 顺序责任分摊方式　　　　　　D. 比例责任和限额责任分摊方式
16. （　　）是指在财产保险中，保险标的由于第三者责任导致保险损失，保险人向被保险人支付保险赔款后，依法取得对第三者的索赔权。
    A. 推定全损　　B. 权利代位　　C. 物上代位　　D. 委付
17. 物上代位产生的基础是（　　）。
    A. 权利代位　　B. 推定全损　　C. 委付　　　　D. 实际全损
18. （　　）是指保险标的发生推定全损时，投保人或被保险人将保险标的的一切权益转移给保险人，而请求保险人按保险金额全数赔付的行为。
    A. 推定全损　　B. 权利代位　　C. 物上代位　　D. 委付
19. 下列情况下，不影响保险合同效力的是（　　）。
    A. 货物运输保险中货物的转运　　B. 机动车辆保险中机动车辆的转让
    C. 产品责任保险中产品的买卖　　D. 船舶保险中船舶的转让
20. 委付一般是由（　　）提出的。
    A. 投保人或被保险人　　　　　　B. 保险人
    C. 再保险人　　　　　　　　　　D. 保险代理人

二、多项选择题

1. 保险利益应符合的条件是（　　）。
    A. 应为合法的利益　　　　　　　B. 应为经济上有价的利益
    C. 应为确定的利益　　　　　　　D. 应为具有利害关系的利益
2. 下列关于保险利益的说法，正确的是（　　）。
    A. 无论是财产保险合同还是人身保险合同都要求具有保险利益
    B. 财产保险中，投保人对保险标的的保险利益可以用货币来计量
    C. 人身保险的保险利益可以用货币衡量
    D. 保险利益既包括现有利益，也包括期得利益
3. 财产保险的保险利益体现为（　　）。
    A. 财产所有人、经营管理人的保险利益
    B. 抵押权人与质押权人的保险利益
    C. 负有经济责任的财产保管人、承租人等的保险利益
    D. 合同双方当事人的保险利益
4. 人身保险的保险利益体现为（　　）。
    A. 本人对自己的生命和身体具有保险利益
    B. 投保人对配偶、子女、父母的生命和身体具有保险利益
    C. 投保人对与其有抚养、赡养或者扶养关系的家庭其他成员、近亲具有保险利益
    D. 被保险人同意投保人为其订立保险合同的，视为投保人对被保险人具有保险利益
5. 责任保险的保险利益表现为（　　）。
    A. 各种固定场所的所有人或经营人，依法承担经济赔偿责任的，具有保险责任
    B. 各类专业人员，由于工作上的疏忽或过失致使他人遭受损害而依法承担经济赔偿

责任的，具有保险责任
　　C. 制造商因商品质量或其他问题给消费者造成人身伤害或财产损失，依照法律承担经济赔偿责任的，具有保险利益
　　D. 销售商因商品质量或其他问题给消费者造成人身伤害或财产损失，依照法律承担经济赔偿责任的，具有保险利益
6. 坚持保险利益原则的意义在于（　　）。
　　A. 保护投保人的权益　　　　　　B. 避免赌博行为的发生
　　C. 防止道德风险的产生　　　　　D. 便于衡量损失，避免保险纠纷
7. 最大诚信原则的基本内容中，主要约束保险人的是（　　）。
　　A. 告知　　　　B. 保证　　　　C. 弃权　　　　D. 禁止反言
8. 下列属于狭义告知内容的有（　　）。
　　A. 足以影响保险人是否承保和确定费率的重要事实
　　B. 与保险标的风险有关的一切事实
　　C. 保险合同条款内容，对于责任免除条款要明确说明
　　D. 保险期内保险标的风险的变动情况
9. 根据保证事项是否已存在，保证可分为（　　）。
　　A. 明示保证　　B. 默示保证　　C. 确认保证　　D. 承诺保证
10. 海上保险的默示保证一般包括（　　）。
　　A. 保险合同主体不得变更　　　　B. 保险的船舶必须有适航能力
　　C. 要按预定的或习惯的航线航行　D. 必须从事合法的运输业务
11. 投保人或被保险人违反告知的表现主要有（　　）。
　　A. 漏报　　　　B. 误告　　　　C. 隐瞒　　　　D. 欺诈
12. 被保险人一旦违反保证事项，其后果是（　　）。
　　A. 保险合同即告失效
　　B. 保险人拒绝赔偿损失
　　C. 保险人拒绝给付保险金
　　D. 除人寿保险外，保险人一般不退还保险费
13. 确定近因的基本方法有（　　）。
　　A. 从最初事件出发，按逻辑推理直到最终损失发生，最初事件就是最后一个事件的近因
　　B. 从最初事件出发，按逻辑推理直到最终损失发生，倒数第二个事件就是最后一个事件的近因
　　C. 从损失开始，自后往前推，追溯到最初事件，最后的事件就是近因
　　D. 从损失开始，自后往前推，追溯到最初事件，如没有中断，最初事件就是近因
14. 根据近因原则，多种原因同时致损时，（　　）。
　　A. 多种原因均属被保险风险，保险人负责赔偿全部损失
　　B. 多种原因中，既有被保险风险，又有除外风险，且损害是可以划分的，保险人只负责被保险风险所致损失部分的赔偿
　　C. 多种原因中，既有被保险风险，又有除外风险，无论损害是否可以划分，保险

人都不承担赔偿责任
   D. 多种原因中，既有被保险风险，又有除外风险，且损害不可以划分，则保险人可能不承担损失赔偿责任，也可能与被保险人协商解决，对损失按比例分摊

15. 根据近因原则，下列处理正确的是（　　）。
   A. 连续发生的原因都是被保风险，保险人赔偿全部损失
   B. 连续发生的原因中含有除外风险，前因是被保风险，后因是除外风险，后因是前因的必然结果，则保险人对损失负全部责任
   C. 连续发生的原因中含有除外风险，后因是被保风险，前因是除外风险，后因是前因的必然结果，则保险人对损失负全部责任
   D. 间断发生的多项原因造成的损失，并且都是除外风险，保险人不承担赔偿责任

16. 最大诚信原则的内容包括（　　）。
   A. 告知　　　　B. 保证　　　　C. 弃权　　　　D. 禁止反言

17. 坚持损失补偿原则的意义在于（　　）。
   A. 保障被保险人的权益
   B. 维护保险人的利益
   C. 防止被保险人通过赔偿而得到额外的利益
   D. 避免保险演变成赌博行为以及诱发道德风险的产生

18. 损失补偿原则的限制条件是（　　）。
   A. 以实际损失为限　　　　　　　　B. 以保险金额为限
   C. 以保险利益为限　　　　　　　　D. 以投保时的保险价值为限

19. 下列关于保险利益的说法，正确的是（　　）。
   A. 在信用保证保险中，债务人对自己的信用有保险利益
   B. 在人身保险中，被保险人离异后，因为保险利益不存在，保险合同无效
   C. 在财产保险中，抵押权人对抵押品有保险利益
   D. 在信用保证保险中，债权人对债务人的信用有保险利益

20. 损失补偿原则的派生原则包括（　　）。
   A. 重复保险的分摊原则　　　　　　B. 保险利益原则
   C. 代位求偿原则　　　　　　　　　D. 最大诚信原则

21. 重复保险的分摊赔偿方式包括（　　）。
   A. 第一危险分摊　B. 比例责任分摊　C. 限额责任分摊　D. 顺序责任分摊

22. 下列关于代位求偿原则的说法，正确的是（　　）。
   A. 该原则适用于财产保险，不适用于人身保险
   B. 保险人不得向被保险人的家庭成员行使代位求偿权，除非他们故意造成保险事故的发生
   C. 保险代位求偿的目的在于既要防止被保险人也要防止保险人取得额外利益
   D. 保险人依法行使代位求偿权，不影响被保险人就未取得保险赔偿的部分向第三者请求赔偿

23. 代位求偿原则的主要内容包括（　　）。
   A. 推定全损　　　B. 委付　　　C. 权利代位　　　D. 物上代位

24. 代位求偿权产生的条件是（　　）。
    A. 损害事故发生原因属于保险责任范围
    B. 受损标的属于保险责任范围
    C. 保险事故的发生是由第三者的责任造成的
    D. 保险人按合同的规定对被保险人履行赔偿义务之后，才有权取得代位追偿权
25. 保险人取得代位求偿权的方式有（　　）。
    A. 法定方式　　　　B. 约定方式　　　　C. 协商方式　　　　D. 仲裁方式
26. 下列不适用于损失补偿原则的是（　　）。
    A. 人寿保险　　　　B. 财产保险　　　　C. 医疗保险　　　　D. 意外伤害保险
27. 对保险人代位追偿权的法律保护包括（　　）。
    A. 在保险人赔偿前，若被保险人放弃对第三者的请求赔偿权，则同时放弃对保险人请求赔偿的权利
    B. 在保险人赔偿后，若被保险人未经保险人同意而放弃对第三者的请求赔偿的权利，该行为无效
    C. 若因被保险人的过错影响了保险人代位求偿权的行使，保险人扣减相应的保险赔偿金
    D. 被保险人有义务协助保险人行使代位求偿权
28. 委付成立必须具备的条件有（　　）。
    A. 委付必须由被保险人向保险人提出
    B. 委付必须就保险标的的全部提出请求
    C. 委付不得附有条件
    D. 委付必须经过保险人同意
29. 下列关于保险人在物上代位中的权益范围的说法正确的是（　　）。
    A. 在足额保险中，保险人按保险金额支付保险赔偿金后，即取得对保险标的的全部所有权
    B. 在足额保险中，保险人处理保险标的获得的利益超过所支付的赔偿金额，超过部分归保险人所有
    C. 在足额保险和不足额保险中，保险人在物上代位中，权益范围相同
    D. 在不足额保险中，保险人只能按照保险金额与保险价值的比例取得受损标的的部分权利
30. 保险人在代位追偿中应注意的事项有（　　）。
    A. 保险人只能在赔偿责任范围内行使代位求偿权
    B. 被保险人已从第三者取得损害赔偿但赔偿不足时，保险人可以在保险金额内补足
    C. 保险人行使代位追偿权，不影响被保险人就未取得赔偿的部分向第三者请求赔偿
    D. 保险人不能通过行使代位追偿权而获得额外利益

三、案例分析题

假设某船舶投保了船舶全损险，其保险金额为200万元，在保险期间，船舶在约定的航

线上航行，意外触礁而沉没，发生全损、发生保险事故时，施救费用3 000元，救助费用1 000元。

根据以上资料，回答下列问题：

1. 若按规定应当有50个船员，而船舶出航时船舶上只有45个船员，航行一段航程后又增加了6个船员，则按照船舶保险条款的规定，保险人应当拒赔。其理由是（   ）。

    A. 被保险人没有保险利益　　　　B. 被保险人没有明示保证

    C. 被保险人违反了默示保证　　　D. 被保险人没有履行如实告知义务

2. 上述触礁属于（   ）。

    A. 人为事故　　　B. 责任风险　　　C. 自然灾害　　　D. 意外事故

3. 若保险公司受理索赔，则赔偿总额为（   ）万元。

    A. 200.0　　　B. 200.1　　　C. 200.3　　　D. 200.4

第3章 人身保险合同

本章重点提示

通过本章的学习,要了解人身保险合同的概念、特征与基本分类;掌握人身保险合同的构成要素,以及合同订立、生效、变更、终止的基本过程。

引言

人身保险合同是保险公司与投保人建立人身保险关系的协议,其主体、客体和内容有特殊的内涵。人身保险合同双方当事人只有依法建立人身保险关系,科学确定人身保险合同的内容,如实履行各自的权利和义务,才能全面保护人身保险合同双方当事人的利益,充分发挥人身保险的保障功能。

3.1 人身保险合同概述

3.1.1 人身保险合同的概念和特征

1. 人身保险合同的概念

1) 人身保险合同的定义

人身保险合同是以人的寿命和身体为保险标的,以被保险人在保险期限内发生死亡、伤残、疾病、年老等事故或生存至保险期满时由保险人给付保险金的保险合同。我国《保险法》第十二条规定:人身保险是以人的寿命和身体为保险标的的保险。

2) 人身保险合同的保险责任

一份人身保险合同包括的保险责任可以有若干项。但各类人身保险合同的保险责任主要包括以下几项内容。

(1) 死亡。当被保险人死亡时,保险人给付死亡保险金。由于死亡的原因比较复杂,为了规避风险,保险人通常对自杀、失踪等特殊状况给予特别规定。

(2) 生存。当被保险人生存到约定年龄或期限时,保险人给付生存保险金。与年金相比,生存保险金通常是指一次性给付,如被保险人初次罹患重大疾病时,保险人给付的重大疾病保险金;被保险人生存到18岁时,保险人给付的教育金;被保险人生存到25岁时,保险人给付的创业金;被保险人生存到60岁时,保险人给付的退休金等。

(3) 年金。在被保险人生存期内,保险人每年或每月、每季、每半年给付一次保险金,直至被保险人死亡,或者生存至领取期满。这些定期给付的保险金称为年金。年金最初因为每年给付一次而得名,但后来对每月或每季、每半年给付一次的也称为年金。在理论上,年金属于生存保险,但习惯上列为单独的一类保险责任。

(4) 伤残。当被保险人因意外伤害或疾病造成残疾时,保险人给付残疾保险金。由于残疾保险金是按照残疾程度给付的,人身保险合同中通常约定《残疾程度表》,并约定每种残疾程度给付的比例,只有当被保险人全残时才给付全额保险金。

(5) 医疗。当被保险人因意外伤害或疾病需要治疗时,保险人给付医疗保险金。医疗保险金通常分为门诊医疗保险金、住院保险金、手术保险金、医疗费用保险金、医疗津贴保险金等。

(6) 收入损失。当被保险人因意外伤害或疾病,尚未确定为残疾但不能工作期间收入减少时,保险人给付收入损失保险金。

2. 人身保险合同的特征

1) 人身保险标的的特殊性

人身保险合同的保险标的是人的寿命和身体,即保险合同的被保险人的寿命和身体。人的身体和寿命不是商品,不能用货币来衡量、评估、确定其价值。虽然某一个具体的被保险人有职务、收入水平、性别、年龄等区别,但是这些区别不能确定被保险人的价值。由于人身保险合同的保险标的不具有价值,所以人身保险合同不存在保险价值,人身保险合同中保险金额的约定只能由投保人根据需要和支付保险费的能力决定,保险人则根据对被保险人风险的评估和承保风险的能力决定是否承保,是否接受投保人提出的保险金额。

2) 保险金的定额给付性

由于人身保险标的不具有保险价值,人身保险合同的保险事故造成的后果,既可以表现为某种约定条件的成立,也可以表现为经济损失。例如,被保险人生存到约定的年龄时,如养老、升学、就业、婚嫁等;又如,因为疾病、残疾丧失劳动能力时;再如,被保险人死亡时,依赖他的收入生活的遗属就失去了生活的来源。但是,上述经济损失很难用货币准确地评估和衡量损失金额。因此,保险事故发生后,人身保险合同的保险人给付保险金时,一般不是以经济损失补偿为严格条件,保险人不必考虑保险事故是否造成被保险人的经济损失,以及损失的金额是多少,只是按照约定的保险金额给付保险金。这种方式称为定额给付方式。

应该特别指出的是,医疗保险费用的给付,通常采用补偿方式。即保险人在保险金额限度内,按被保险人实际支出的医疗费给付医疗保险金。采用补偿方式的医疗保险,实质上是费用损失补偿。

3) 保险合同期限的不确定性

人身保险合同有确定的期限和不确定的期限两种形式。

大多数人寿保险合同属于长期保险合同,保险合同的开始时间和终止时间都是不确定的。首先,大多数的寿险合同约定:合同自寿险公司同意承保、收取其保险费并签发保险单的次日开始生效。除另有约定外,保险合同生效的日期为寿险公司开始承担保险责任的日期。因此,保险合同的开始时间通常是不确定的。其次,大多数的寿险合同规定"当被保险人身故时给付保险金,合同终止",或者"当被保险人罹患重大疾病时给付保险金,合同终止",因此保险合同的终止时间也是不确定的。总之,由于保险合同的开始时间和终止时间是不确定的,因此人身保险合同的期限也是不确定的。

健康保险合同和意外伤害保险合同一般属于短期保险合同,合同期限通常为一年,但是，大多数健康保险合同和意外伤害保险合同是不能单独承保的附加险，保险合同的期限受到主险（长期寿险）期限的限制。即使是可以单独销售的健康保险合同和意外伤害保险合同，保险单开始时间通常与寿险的规定相同，合同终止时间规定为保险单生效一周年对应日。虽然保险合同的期限是确定的，但是具体的开始时间和终止时间还是不能在合同中明确列明。

4）保险利益确定的时效

保险利益原则规定投保人必须对保险标的具有保险利益，否则保险合同无效。人身保险合同的标的是被保险人，所以实际上是要求投保人对被保险人具有保险利益。我国《保险法》在第二章第三节中，对保险利益采用列举与同意相结合的原则，凡属《保险法》列举的情况，认定投保人具有保险利益；不属《保险法》列举情况的，只要被保险人同意投保人为其订立保险合同，则视为投保人具有保险利益。

由于《保险法》并未规定保险利益的时效，即投保人应于何时具有保险利益。根据习惯，在人身保险合同中，当投保人与被保险人是同一人时，投保人始终具有保险利益，不发生保险利益的时效问题。当投保人与被保险人相分离时，法律只要求投保人在投保时对被保险人具有保险利益，在保险事故发生后，如果投保人支付保险费的义务已经履行完毕，保险人不再审查投保人的保险利益问题，只是按照保险合同中的约定给付保险金。因为，人身保险的保险期限通常较长，投保人与被保险人的关系难免发生变化，如果一旦投保人对被保险人失去保险利益，保险合同就失效的话，就会使被保险人失去保障，不仅对被保险人不利，而且在业务上很难处理。

保险人在承保时都非常注意审核投保人与被保险人的身份，为了防范道德风险，有的保险人通常只接受被保险人本人、被保险人的直系亲属、合法的抚养人和赡养人作为投保人。当投保人与被保险人的关系发生改变，投保人与被保险人不再具有保险利益时，通过变更投保人的方式使合同继续有效，而不规定保险合同因此失效。

5）寿险保险费缴费方式的特殊性

由于不同年龄的人在未来一年内死亡的概率不同，年龄越大的人其死亡率越高。因此，保险费应该按照不同年龄的人的死亡率进行计算和缴纳，精算师根据死亡情况统计资料编制的生命表就是计算保险费的主要工具。这种按照年龄和未来若干年内死亡率支付保险费的方式称为"自然保险费"。但是，在保险金额相等的条件下，被保险人需要支付的保险费将随着年龄的增长而增长。据统计，人的年龄超过 50 岁后，死亡率急剧上升，所需支付的自然保险费也随之增加，但这时被保险人的劳动能力却在逐年下降，收入可能逐年减少。这时被保险人往往因承担高额保险费而退保。为了解决这一矛盾，就必须采用"均衡保险费"的缴费方式，即在保险期间内，如果是分期缴纳保险费，被保险人每期支付的保险费金额相等。在保险期间开始的若干年，被保险人支付的保险费多于自然保险费，多出部分由保险人进行运用，生息增值，形成保险责任准备金。在保险期间后一阶段，被保险人支付的保险费少于自然保险费，不足部分由以前支付的保险费超过自然保险费的部分，以及增值部分形成的责任准备金予以弥补。保险期间结束时，责任准备金为零，保险费收支相抵。

6）寿险保险单的储蓄性

购买人身保险的目的主要是为了获得风险保障，人身保险特别是人寿保险在通过互助共济方式为被保险人提供风险分摊金的同时，更多地具有储蓄的性质。利用"均衡保险费"原理计算保险费时，要依据生命表、预定利息率计算保险期间届满时应支付保险金额的数量。

均衡保险费超过自然保险费的部分相当于投保人预付以后的保险费，保险人对这部分保险费只是暂时保管，没有所有权，只有使用权，并且对这部分保险费计算利息；保险责任准备金尚未用于弥补均衡保险费少于自然保险费差额的部分，保险人也要计算利息。所以，人寿保险具有长期性和储蓄性的特点。

7) 补偿原则的不适用性

人身保险的保险标的是人的身体、寿命、健康、残疾等，由于人的身体无法用价值衡量，即不能用货币数量的多少来衡量。因此，人身标的遭受损害时，不存在损失的概念，也就不适用损失补偿原则，以及分摊原则、代位原则等补偿原则的派生原则。也即当被保险人遭受风险而死亡时，寿险公司按照人寿保险合同中的规定，给付全部的保险金额，如果同时存在其他承担死亡责任的保险合同，则受益人有权对每份保险合同提出索赔，每家保险公司都应该按照保险合同中的规定承担给付保险金责任。如果被保险人遭受的人身损害是由保险公司以外的第三方造成的，第三方应该承担法律规定的民事责任，保险公司也应该按照保险合同规定给付保险金，并不能取得代位求偿的权利，即被保险人或受益人既可以得到保险公司给付的保险金，也可以得到第三方支付的责任补偿金。

3.1.2　人身保险合同的类别划分

人身保险合同按照不同的分类标准，可以分为不同的类别。

1. 按照人身保险合同保障范围分类

按照保障范围的不同分类，人身保险合同可以分为人寿保险合同、健康保险合同和人身意外伤害保险合同三大类。

1) 人寿保险合同

人寿保险合同是以人的生命为保险标的，以人的生存和死亡为保险事件，当发生保险事件时，保险人履行给付保险金责任的一种保险合同。人寿保险给付条件可以是人的生存，也可以是人的死亡，还可以有生存和死亡。寿险产品的类型及其为客户所提供的各项保障，与经济发展水平和人们的寿险需求有密切联系。从历史上看，寿险合同的典型种类是定期寿险、生存保险、两全保险和终身寿险。另外还有年金保险，年金保险是人寿保险的特殊形式。目前，国际寿险市场备受欢迎的变额寿险、万能寿险、变额万能寿险等新型寿险产品，都是寿险产品创新的结果。

2) 人身意外伤害保险合同

人身意外伤害保险合同是以被保险人遭受意外伤害事故造成死亡或残疾为给付保险金条件的人身保险合同。意外伤害保险的保障项目主要包括死亡给付和残疾给付。意外伤害保险合同的保费较低，保障性大，投保简便，无须体检，投保人次多，但此类保单不具有现金价值。

3) 健康保险合同

健康保险合同又称疾病保险合同，包括收入损失保险合同、疾病保险合同、医疗保险合同等。健康保险保证被保险人在疾病或意外事故所致伤害时的费用或损失获得保障，但是，并非每一健康保险合同的承保内容都包含所有费用和损失，否则其成本太大。一般该保险合同承保的主要责任有以下两类。

(1) 由于疾病或意外事故所致的医疗费用，习惯上称为医疗保险或医疗费用保险。

(2) 由于疾病或意外伤害事故所导致的收入损失。

由于健康保险合同是以人的身体为保险标的，因此将其纳入人身保险的范畴，但健康保险合同在许多方面又不同于一般的人身保险合同。首先，健康保险合同中，保险人支付的医疗费用和由此而引起的其他费用，属于损失补偿性质，不同于一般人身保险合同的给付性；其次，健康保险合同中，保险人可以行使代位追偿权，而保险人在一般人身保险合同中不能行使代位追偿权；最后，由于健康保险合同的危险具有变动性和不易预测性，因此，健康保险合同大都采用短期保险合同，通常不超过1年。而其他人身保险合同的保险期限通常超过1年。

2. 按照保险期限分类

按照保险期限分类，人身保险合同可以分为长期保险合同、1年期保险合同和短期保险合同。

长期人身保险合同是指保险期限1年以上的人身保险合同，如终身人寿保险合同，保险期限持续到被保险人死亡。

1年期人身保险合同是保险期限为1年的人身保险合同。许多普通意外伤害保险、疾病保险采用1年期合同。

短期人身保险合同是保险期限在1年以下的人身保险合同。例如，航空人身意外保险合同，保险期限只持续几个小时甚至更短。

3. 按照投保方式分类

按照投保方式分类，人身保险合同可以分为个人人身保险合同和团体人身保险合同。

在个人人身保险合同中，被保险人只能是单一的，一张保单只为一个人提供保障，如航空人身意外保险合同等。团体人身保险合同是指一张总保险单承保某一单位的全体或大多数成员。

此外，按照保险的性质，人身保险合同可以分为给付性合同和补偿性合同，人寿保险合同多属于给付性合同，而健康保险中的医疗费用保险合同等属于补偿性合同；按照保单是否参与分红，可以分为分红保单和不分红保单；按照被保险人的风险程度，可以分为标准体保险合同和次标准体保险合同；按照承保技术不同，可以分为普通人身保险合同和简易人身保险合同等。

阅读资料

树上的保险公司

据美国一家报纸报道，美国有一家保险公司别出心裁地开设在一棵数人合抱的百年大树上。保险公司只设有一个办公室，麻雀虽小，但五脏俱全，办公室内的设备应有尽有，包括两部电话、一台电视机等。树上保险公司的职员上下班时可乘坐专用电梯，但前来参加保险的投保人则必须顺着绳索攀登。它的好处有两个：首先，对投保人的健康状况进行了独特的测试，顾客有足够的力气攀上树顶，证明其身体健康状况基本良好；其次，对投保人的心理作了生动实在的鉴定，投保人攀缘而上，表明其诚心诚意地参加保险，因此中途退保的可能性比较小。这种独特的经营方式吸引了众多的好奇者，使这家树上保险公司门庭若市，生意兴旺，名声大振。

资料来源：人民保险网，2009-05-01.

3.1.3 人身保险合同的形式

根据各国保险法的规定，人身保险合同必须以书面形式订立。人身保险合同的书面形式有以下几种。

1. 投保单

投保单又称要保申请书或投保书，是投保人向保险人申请订立合同的书面要约。其内容主要包括投保人、被保险人、受益人的有关事项，投保事项和告知事项及日期。

2. 保险单

保险单简称保单，是人身保险合同最重要的书面文件。保险单完整体现了保险合同的内容，因此，保单往往又被作为保险合同的同义语。保险单由承保表和保险条款构成。承保表由保险人根据保单填写，其内容与投保单上的有关内容要一致。保险条款一般事先印在保单上，完整阐明了合同双方的权利与义务。保险单的法律作用是明确记载了保险合同当事人之间的权利与义务，因而它是当事人之间明确权利、义务的法律文件，是被保险人或受益人索赔的法律依据和确定合同当事人是否违约、过错大小、违约责任的主要证据材料。在个别人身保险合同中，保险单还是投保人向保险人借款的主要凭证。

3. 暂保单

暂保单又称临时保单，是正式保单签发之前，由保险公司的外勤人员或代理人签发的暂时代替保单的凭证，其法律效力与正式保单相同，正式保单签发后，暂保单失去效力。

4. 保险凭证

保险凭证又称小保单，实际上是一种简化了的保险单，在法律上具有与一般保险单同样的效力。保险凭证的内容比较简单，凡是保险凭证未记载的一些事项都以保险单的条款为准，两者有抵触时，以保险凭证的内容为有效。与暂保单不同，保险人出具和交付保险单的行为不导致保险凭证失效。

在人身保险实践中，以下两种保险凭证最具有代表性。

（1）人身意外伤害保险凭证。在一般公众服务行业，如旅客运输、旅游观光等服务行业中，消费者来往频繁，保险人不可能以订立保险单的形式与消费者订立保险合同，一般是将保险的简要内容印在飞机票、车船票及门票上，在消费者购票时，一并缴纳保险费。此时的飞机票、车船票或门票即具有保险凭证的作用。

（2）团体人身保险凭证。团体人身保险合同中，保险单（主单）一般由该团体的代表保管，而团体的成员则可由保险人另行出具保险凭证作为保险证明文件。

3.2 人身保险合同的构成要素

人身保险合同是保险合同的一种，它和财产保险合同一样也是由保险主体、客体和内容3部分构成的。

3.2.1 人身保险合同的主体

人身保险合同的主体是指对保险合同享有权利或承担义务的人，即保险合同的当事人和关系人，包括提供风险保障及相关服务的专业组织及个人，申请获得保险保障的组织和个人，以及其他与保险合同的签订或履行有关的人。

1. 当事人

人身保险合同的当事人是指签订保险合同的人，包括保险人和投保人。

1) 保险人

保险人又称承保人，是与投保人签订保险合同，收取保险费，并承担赔偿或给付保险金责任的组织。保险人的义务主要是当保险合同中约定的事故发生时，向被保险人或受益人给付保险金。与此对应，其权利主要是按照合同约定收取保险费。在一般意义上，经营人身保险业务的保险公司被称为寿险公司。大多数国家规定只能由公司或企业组织经营寿险业务，而不允许由个人经营。这是因为人寿保险的期限一般很长，而个人的寿命是有限的，如果允许个人经营人寿保险业务，当经营者死亡时，其经营往往难以为继，从而损害被保险方的利益。而公司及组织并不因其股东或创办人死亡而解体，所以由公司组织经营人寿保险，可以保证业务经营的长期连续性。从世界范围看，常见的经营人寿保险业务的经济组织其形式有国有独资保险公司、股份公司、相互保险公司和相互保险社等。

2) 投保人

投保人又称要保人，是向保险人提出转嫁风险的申请，并与保险人签订保险合同，按照合同约定负有支付保险费义务的人。投保人的义务主要是缴纳保险费。如果投保人与被保险人、受益人相分离，即投保人既不是被保险人，也不是受益人，则投保人对于其签订的保险合同只承担义务，不享有权利。作为人身保险合同的投保人必须具备以下两个条件。

(1) 投保人必须具有完全行为能力。投保人可以是法人，也可以是自然人。依法设立的法人组织具有完全行为能力。自然人即公民、个人。在民法上，按照公民的年龄和精神是否正常，把公民分为无行为能力人、限制行为能力人和完全行为能力人。按照《中华人民共和国民法通则》的规定，精神不正常、不能辨识自己行为活动；10周岁以上，18周岁以下的未成年人为限制行为能力人，可以从事与其能力相适应的民事活动，年满18周岁的公民和年满16周岁以自己的劳动收入为主要生活来源的公民为完全行为能力人，可以独立地从事民事活动，以自己的行为设定民事权利与义务。公民作为投保人与保险人签订人身保险合同，是以自己的行为设定民事权利与义务，所以人身保险合同的投保人必须是完全行为能力人。

(2) 投保人对被保险人具有可保利益。投保人对被保险人不具有可保利益的，保险合同无效。我国新修订的《保险法》第三十一条规定，投保人对下列人员具有保险利益：①本人；②配偶、子女、父母；③前项以外与投保人有抚养、赡养或者扶养关系的家庭其他成员、近亲属；④与投保人有劳动关系的劳动者。除前款规定外，被保险人同意投保人为其订立合同的，视为投保人对被保险人具有保险利益。

2. 人身保险合同的关系人

人身保险合同的关系人是指虽不直接参与保险合同的签订但与保险合同有关的人，包括被保险人、受益人和中间人。

1) 被保险人

人身保险合同的被保险人是以其生命或身体为保险标的的人。显然，被保险人是人身保险合同的重要关系人，当其死亡、丧失劳动能力或生存至约定的期限时，保险人将承担给付保险金的责任。由于人身保险合同涉及被保险人的人身权利、经济利益，甚至有可能影响被保险人的人身安全，所以在签订人身保险合同时，若投保人与被保险人不是同一人，必须经被保险人同意才能签订。不少国家的法律规定，必须由被保险人在投保单上签字或盖章，必须对保险合同的签订、保险金额及指定受益人表示同意，投保人才能签订保险合同，否则所签订的保险合同无效。当被保险人为无行为能力人或限制行为能力人时，由于他们缺乏足够的辨认能力，所以他们关于是否同意签订保险合同的意思表示没有法律效力。为了保护无行为能力人和限制行为能力人的利益，许多国家的法律规定，禁止以无行为能力人和限制行为能力人为被保险人签订以死亡为给付条件的人身保险合同。而为这些人投保生存保险或医疗保险等，不会损害其利益，只要无行为能力人和限制行为能力人的监护人同意，就可以以其作为被保险人签订保险合同。

在不违背法律的限制性规定的条件下，保险人可以规定各个险种被保险人的投保条件。投保条件一般包括年龄、健康状况和职业3个方面的限制。例如，可以规定投保死亡保险、医疗保险的被保险人年龄不能超过65岁，必须经过体检等。我国的简易人身保险规定，被保险人在投保时年龄应满16周岁，不超过65周岁，能正常工作或正常劳动等。

2）受益人

受益人是指保险合同中由被保险人或投保人指定的在保险事故发生或约定的保险期间届满时，享有保险金请求权的人。受益人对人身保险合同只享有权利，而不承担义务。

受益人有确定受益人和未确定受益人之分。在保险合同中已确定的受益人，有以下4种情况：①投保人既是被保险人，又是受益人，如养老金保险；②经被保险人同意或认可，投保人可以指定受益人；③被保险人为无民事行为能力人或限制民事行为能力人的，由其监护人指定受益人；④被保险人可以指定一人或数人为受益人，确定数人为受益人时，可以确定受益顺序或受益份额，否则受益人按照相等份额享有受益权。

在保险合同已确定受益人的情况下，受益人领取的保险金受法律保护，不属于死者的遗产，受益人以外的任何人无权分享受益人领取的保险金。被保险人可以变更受益人并书面通知保险人，保险人应当在原保险单上批注，这时原受益人即丧失保险金请求权，而新指定的受益人获得保险金请求权。如果被保险人未指定受益人，或者以他自己为受益人，则保险合同的利益，在其生前是被保险人的资产，死后为遗产，由被保险人的法定继承人继承。受益人受领保险金的权利，在被保险人死亡之前只是一种与其身份相联系的期待权，而不是债权。被保险人死亡时，受益人的期待权才转化为债权。与身份相联系的期待权不能继承或转让，而债权属于财产权利，可以继承或转让。因此，如果受益人先于被保险人死亡，受益人的期待权自行消失，即使被保险人未再指定新的受益人，受益人的继承人也不能因继承权而成为新的受益人；被保险人死亡后，受益人的继承人不能以受益人的名义向保险人请求给付保险金，保险人按无受益人的情况处理死亡保险金，即作为被保险人的遗产处理。根据我国《保险法》第四十二条规定：被保险人死亡后，有下列情形之一的，保险金作为被保险人的遗产，由保险人依照《中华人民共和国继承法》的规定履行给付保险金的义务：①没有指定受益人，或者受益人指定不明无法确定的；②受益人先于被保险人死亡，没有其他受益人的；③受益人依法丧失受益权或放弃受益权，没有其他受益人的。如果受益人与被保险人在同一事件中死亡，且不能确定死亡先后顺序的，推定受益人死亡在先。

在下列情况下，受益人最好进行更换：①受益人比被保险人先行去世；②结婚——被保险人在参加人身保险时，也许还未结婚，可能指定其父母或兄弟姐妹为受益人，一旦结婚，因他（她）对于自己的妻子或丈夫、子女的责任加重，则可以将受益人改为其配偶或子女；③离婚——被保险人若原指定其配偶为受益人，后因种种原因与原来的配偶离婚，如被保险人提出，也可将受益人更换。

被保险人要求变更受益人时，不必提出理由，一般寿险公司都会采取非常方便的办法，只要被保险人提出书面申请，公司即可在保单上背书将受益人予以更换。法人组织能否被指定为受益人，各国法律有不同的规定，有的国家允许法人组织被指定为受益人，有的国家则不允许。我国对此未作明确规定。

为了避免道德风险，防止受益人为获取保险金而故意促成被保险人伤亡，一般要采取两项措施：①受益人由被保险人指定或变更，或者经被保险人同意后由投保人指定或变更；②在法律或保险条款中规定，受益人故意造成被保险人死亡的，受益人丧失受益权。

在人身保险合同中，投保人、被保险人和受益人可能是3个人，也可能有不同形式的重叠。①投保人、被保险人和受益人为同一个人。例如，某投保人以自己为被保险人，受益人也是他本人。②投保人与被保险人为同一个人，受益人为另一个人。例如，某人为自己投保，而指定其配偶或其他人为受益人。③投保人和受益人为同一个人，被保险人为另一个人。例如，某人为其父母投保，投保人和受益人均为其本人。④被保险人与受益人为同一人，投保人为另一人。例如，某人为其配偶投保，并指定其配偶为受益人。⑤投保人、被保险人和受益人分别为3个人。例如，单位为其成员投保，被保险人分别指定其配偶或子女为受益人。以上5种情况均有可能出现，均属合法形式。

阅读资料

泰国国王的失业保险

曾任泰国国王的帕拉贾德希波克一生中最值得称道的事情之一，就是他在地位声望达到巅峰的时候，对自己命运的清醒预测。1925年，帕拉贾德希波克登基，当上了泰国国王。他执政之后，政绩平平，无所建树，终日担心害怕有朝一日被政敌废黜，成为一个一贫如洗的贫民。为防不测，他同时向英国和法国的两家保险公司投保失业保险，那两家保险公司虽然都从未办理过以国王作为被保险人的失业保险，但谁也不愿意错过这一扩大公司影响的机会，欣然接受了投保，开出了保险金额可观的保险单。事实的发展证明帕拉贾德希波克并非杞人忧天，1935年他被迫放弃了王位。成为平民的前国王虽不能再享受一国之君的荣华富贵，但也无穷困潦倒之虞，靠着两家保险公司为他支付的丰厚的失业保险金，他安然度过了退位后的6年余生。

资料来源：保险网——轻松保险，2009-09-12.

3. 保险中间人

人身保险的中间人分为保险代理人和保险经纪人。他们协助保险人或投保人、被保险人办理签订保险合同、履行保险合同、解决保险合同争议，以及处理理赔检验工作，保险人则以手续费或佣金的形式给予保险中间人一定的劳务报酬。

1) 保险代理人

保险代理人是根据保险人的委托,向保险人收取代理手续费,并在保险人授权范围内代为办理保险业务的单位或个人。鉴于保险的技术性和专业性,各国法律一般规定,保险代理人应当具有法律规定的条件,经过考核和政府主管部门的批准方能取得代理资格。保险代理人根据保险人的授权代为办理保险业务的行为,由保险人承担责任。在各国保险业的发展过程中,保险代理制度在完善保险市场、沟通保险供求和促进保险业发展等方面,发挥着重要作用。

(1) 保险代理的法律关系。由于保险代理人的代理行为影响着保险人、投保人和被保险人及其自身的利益,为了更好地处理保险人与保险代理人的权利与义务关系,我国法律明确规定保险代理关系的确定应当采用书面形式,如保险代理授权委托书。保险代理关系一经成立,即产生3个方面的法律关系:①保险人和保险代理人的代理合同关系,这是保险代理的基础关系,是由保险人的委托权而产生的;②保险人和投保人的民事法律关系,这是保险代理人进行代理活动的结果,保险代理人办理保险合同后保险人和投保人之间的保险合同关系即成立;③保险代理人与投保人的行为关系,通常情况下,保险代理人与投保人之间并不发生任何法律关系,只有在特殊情况下,保险代理人才作为法律关系的当事人对投保人承担责任。

(2) 保险代理的种类。按代理人的性质不同分类,保险代理人可分为专业代理人、兼业代理人和个人代理人。这也是我国现行的保险代理人的划分方法。

专业代理人是指专门从事保险代理业务的保险代理公司。我国法律规定,保险代理公司的组织形式必须为有限责任公司。一般情况下,保险代理公司经授权后,可以代理销售保险单、代理收取保险费,进行保险和风险管理咨询服务、代理损失勘查和理赔等业务。专业代理人可代理多个保险人的业务。

兼业代理人是指接受保险人的委托,在从事自身主业的同时,指定专人代办保险业务的单位。兼业代理人的业务范围是代理销售保险单和代理收取保险费。兼业代理人具有建立机构简单、易于开展业务、适应性强等特点。

个人代理人是指根据保险人的委托,向保险人收取代理手续费,并在保险人授权范围内代为办理保险业务的个人,个人代理人经保险人的授权,可以代理销售保险单和收取保险费。凡持有《保险代理人资格证书》的个人,都可以申请从事保险代理业务。我国法律规定,个人不能兼职从事保险代理业务,亦不得同时为两个以上的保险人代理保险业务。

阅读资料

美国的保险代理人

在美国,保险代理人是保险中介市场的中心角色,其保险代理人的数量已超过百万。保险代理人又分为专业代理人和独立代理人。专业代理人只能代理一家保险公司或保险集团的业务,而独立代理人可以同时代理几家保险公司的业务。在财产和责任险领域,独立代理人代理超过15家(有些州是7家)以上保险公司的业务时,被称为保险经纪人。因此,在美国,保险经纪人同保险独立代理人在法律上并无角色上的严格区别。所有保险代理人和保险经纪人必须通过规定的资格考试。各州政府设有专门的保险监管机构,保险监督官负责完成对保险市场包括保险中介人的管理和监督。

资料来源：姚壬元. 圈中人保险资源库，2003-11-22.

2) 保险经纪人

保险经纪人是指基于投保人的利益，为投保人和保险人签订保险合同、提供中介服务的单位。保险经纪人最早出现于再保险交易过程，现在人身保险领域也广为普及。

保险经纪人的权利如下。①要求支付佣金的权利。在保险市场上，保险经纪人受保险客户的委托，代办投保业务。在完成投保手续、缴付保险费后，保险人应从保费收入中提取一定比例支付给保险经纪人作为报酬。②拥有保单留置权或质押权。保险经纪人接受委托与保险人签订合同后，无论投保人是否已向其支付保险费，经纪人都必须向保险人缴付保险费。为了防止被保险人不缴保险费，经纪人在收到保险费以前，对保险单具有留置权。

保险经纪人的义务如下。

① 提供保险信息，促使签订保险合同。保险经纪人在提供中介服务时，应将所知道的有关保险合同的情况和信息如实告知委托人。保险经纪人还应通过与客户进行细致、认真的讨论，确认保险客户需要的险别、数量及保险市场定位等方面的内容，并通过自身掌握的知识和经验，为委托人寻找到最好的保险条件，促成保险合同的签订。

② 监督保险合同履行。首先，当保险经纪人收到保险单之后要仔细检查内容，看其是否符合委托人的要求。其次，应当向委托人说明保险合同的责任范围和应遵守的保险条件。另外，在情况发生变化可能会影响到客户对保险的要求时，保险经纪人有义务通知保险人。

③ 协助索赔。一旦发生保险合同中约定的风险，保险经纪人通常是首先被通知者，保险经纪人随后通知保险人，并立即开始调查。保险经纪人对事件作详细的评估之后，填写一些必要的索赔文件，然后提交给保险人。保险经纪人应该运用自己的知识和经验在合法的条件下为受益人争取最大数额的保险金。

④ 损失赔偿。保险经纪人与投保人之间存在合同关系。若保险经纪人未妥善地履行该合同下的义务，导致委托人承担了不合理的风险、费用与损失（如因保险经纪人的过错使订立的保险合同未能较好地保护被保险人利益，而在发生保险事故时遭到保险人拒赔、少赔，或者致使被保险人支付了比正常情况下高的保险费等），属于保险经纪人违反合同，对委托人的损失应承担相应的赔偿责任。

3.2.2 人身保险合同的客体

保险合同的客体是指保险合同中权利与义务所指向的对象。众所周知，权利与义务对等是确保实现权利和履行义务的必要条件。人身保险合同的客体包括事物和行为，这种事物和行为从保险权利主体来考虑，必须具备某种利益，即可保利益。只有当权利主体对事物和行为具有可保利益时，才能建立有效的保险关系。人身保险合同中的保险标的，不是保险双方当事人交换的物，而是被保险人的生命、健康或劳动能力，是保险人赖以确定承保条件、厘定费率和给付保险金的依据。

没有可保利益的保险就是赌博。随着保险业的发展，各国法律都明令规定，投保人对保险标的应当具有可保利益。投保人对保险标的不具有可保利益的，保险合同无效。人身保险的目的是为了满足被保险人本人或其亲属在生活上的经济需要,使其不会因保险事故的发生而影响经济生活。因而,只有对被保险人本人有赡养关系的亲属或其他有关系的人,才对被保险人的生命和身体具有可保利益。各国保险法一般规定:①以死亡为给付保险金条件的合同,未经被保险人书面同意并认可保险金额的,合同无效;②投保人不得为无民事行为能力的人投保以死亡为给付保险金条件的人身保险,保险人也不得承保。对于父母为其未成年子女投保的人身保险,死亡给付保险金总额不得超过金融监督管理部门规定的限额。这就以法律形式限制了可能发生的道德风险,从而确保被保险人的生命安全。

人身保险的可保利益,强调在签订保险合同时必须存在,至于在保险事故发生时,这种可保利益是否存在,并不重要。英国 1774 年《人寿保险法》规定,要求投保人在保险合同成立之日对被保险人具有可保利益。这是因为:①避免投保人对被保险人无利害关系而危及被保险人生命及身体的安全;②人身保险具有一定的储蓄性质,受益人所获得的保险金,相当部分是过去投保人所缴纳的保险费和利息;③只要被保险人(投保人)不变更受益人,受益人就是合法的保险金领取人,任何人不得干涉;④由于受益人行为致使被保险人受到伤害,受益人丧失受益权。因此,在人身保险中,对于可保利益的存在时间,只要求在投保时存在,并不强调可保利益要始终存在。

3.2.3 人身保险合同的主要内容

人身保险合同的主要内容是指保险合同成立所必备的条款。根据《保险法》规定,人身保险合同包含以下主要内容。

1. 当事人条款

保险合同应明确记载保险人名称、投保人与被保险人名称和住所,以及人身保险的受益人的名称和住所。这关系到保险合同成立后,保险双方当事人对保险合同的履行,如保险费的支付,被保险人风险增加的告知,发生保险事故后的通知,以及赔偿或给付责任等法律义务的履行。

2. 保险标的

在人身保险合同中,保险人按照约定对被保险人死亡、伤残、疾病或达到约定的年龄时承担给付保险金的责任。保险人提供的人身保险一般对被保险人有特别的要求,如自然人的年龄和健康情况等,只有符合人身保险合同条款要求的被保险人才能成为具体人身保险合同的标的。

3. 保险责任和责任免除

保险责任和责任免除通常被称为保险责任条款。保险责任是指保险人承担的风险范围,即保险合同中规定的由保险人承担的赔偿或给付保险事故的范围。责任免除是指保险人不承担的风险项目,即保险合同明确列示的不承担的风险事故。根据《保险法》规定:保险合同中规定有关于保险人责任免除条款的,保险人在订立合同时应当向投保人明确说明,未明确说明的,该条款不产生效力。保险责任条款的内容通常是由保险人或有关机构根据法律和实际需要确定的。

4. 保险期间和保险合同有效期

保险期间是指保险合同双方当事人享有权利和承担义务的起止时间。保险人对保险期间内发生的保险事故承担责任。同时,保险期间也是计算保险费的依据之一,如旅游意外伤害保险，通常根据保险期间的长短来确定保险费。

保险期间并不等同于保险合同的有效期，它可能与保险合同的有效期一致，也有可能只是有效期的一部分。因为，保险合同的有效期自保险合同签订开始，到保险期满或保险人履行完保险义务为止，而保险期间是保险合同有效期内约定的一些时间段。例如，交通工具意外伤害保险，自保险单签发之日起保险合同的有效期就开始了，而保险期间则是被保险人在保险合同有效期内乘坐交通工具的时间，只是保险合同有效期的一部分。此外，随着保险业务的不断发展和特殊险种计算损失赔偿的需要，在通常的保险期间规定以外，还有观察期和等待期的规定。

5. 保险金额

保险金额是指保险合同当事人在保险合同中约定赔偿或给付保险金的最高限额。人身保险的保险金额是按照被保险人的经济需要和投保人缴付保险费的经济能力确定的。保险金额是保险双方当事人履行义务和享有权利的基础。因此，保险金额的确定关系到被保险人能否得到充分保障和保险人的赔偿或给付责任，对双方当事人都是非常重要的。

6. 保险费及其支付办法

保险费是投保人为换取保险人支付保险金的承诺而付出的代价，也是保险人按所承担的风险责任取得的报酬。保险费的多少必须与保险人承担责任的大小、保险期间的长短相适应。

保险费与两方面的因素有关：①保险金额；②保险费率，即按照每千元保险额计算的缴费标准。保险金额乘以保险费率即为保险费。缴付保险费是投保人的主要义务，也是保险合同生效的条件。因此，明确规定保险费的数额和缴付保险费的方式，是保险合同不可缺少的内容。

知识链接

早期的生命表

著名的天文学家哈雷，在1693年以西里西亚的勃来斯洛市的市民死亡统计为基础，编制了第一张生命表，精确表示了每个年龄的死亡率，提供了寿险计算的依据。18世纪40—50年代，辛普森根据哈雷的生命表，制作出依死亡率增加而递增的费率表。之后，陶德森依照年龄差等计算保费，并提出了"均衡保险费"的理论，从而促进了人身保险的发展。

资料来源：中国保险网，2009-09-10.

7. 保险赔偿或给付办法

保险赔偿或给付办法是指保险合同中规定保险人支付保险赔款或给付保险金应采取的计算方式。在人身保险合同中，由于保险标的是被保险人的生命和身体，保险合同规定的给付保险金的计算方式，依险别的不同而分别规定。例如，养老金保险以被保险人生存到约定年龄时，按约定的金额给付养老金；意外伤害保险以被保险人身体伤残的程度，即丧失劳动力的程度，按约定的方式计算给付保险金；医疗保险则以被保险人实际支付的医疗费为标准，在约定的金额内给予补偿。

保险赔偿或给付办法既是对保险人支付保险赔款或给付保险金行为的规范，又是确定被保险人或受益人能否获得保险赔款或保险金额多少的重要内容。保险赔偿或给付办法是保险合同内容的重要组成部分。

8. 违约责任和争议处理

1) 违约责任

《中华人民共和国经济合同法》把违约责任列入经济合同的主要条款之内。义务人不履行合同称为违约,在法律上应承担违约责任,这是合同具有法律效力的必然要求。就人身保险合同而言,由于期限较长,在此期间内双方当事人会发生诸多变化,造成许多不利于合同履行的结果,所以保险合同中把违约责任反映在双方当事人应履行的义务条款中。

2) 争议处理

争议处理是指保险合同的当事人和关系人在保险责任的归属、赔款数额的确定及保险条款的解释等问题上产生分歧时,应该采取的解决方式的规定。一般情况下,双方当事人应在互谅的基础上进行协商,在共同可以接受的条件下达成和解协议,消除纠纷。若协商解决不成,可以按在保险合同中约定采用的其他方式解决,如仲裁解决或诉诸法院解决。

9. 订立合同的年、月、日

订立合同的年、月、日是指投保人与保险人洽商达成合同协议的时间,即合同成立的时间,它并非保险合同的"保险期限"。

除以上9条外,在人身保险合同中,对于那些具有现金价值的保单与现金价值表也是保险合同的组成部分。在保险人给客户交付保险合同条款的同时,也会将与该合同对应的现金价值表一并交付,以避免引发不必要的争议。

3.3 人身保险合同的订立、变更与终止

3.3.1 人身保险合同的订立、生效与保险责任开始

1. 人身保险合同的订立

人身保险合同的订立是指保险人与投保人在平等自愿的基础上,就人身保险合同的主要条款经过协商最终达成协议的法律行为。订立人身保险合同应遵循一定的原则,履行一定的程序。

1) 订立人身保险合同的基本原则

订立人身保险合同除应遵循保险利益和最大诚信等原则外,还应遵循合法原则和自愿公平原则。

(1) 合法原则。人身保险的合法原则包括主体合法、客体合法和内容合法3个方面。主体合法要求人身保险合同的当事人必须具有法律规定的主体资格。客体合法要求人身保险合同的客体合乎法律规定。内容合法要求人身保险合同的内容符合法律规定。

(2) 自愿原则。自愿原则是指订立合同的当事人完全出于自己的真实意愿,不受任何干涉,在平等互利、互不损害双方利益的基础上订立合同。为了更好地体现这一原则,我国《保险法》第十一条第二款规定:除法律、行政法规规定必须保险的外,保险合同自愿订立。

2) 订立人身保险合同的程序

订立人身保险合同与订立其他合同一样,要经过要约和承诺过程。

(1) 要约。要约是一方当事人向另一方当事人提出订立合同的建议或要求,一般包括3

项内容：①有明确要求另一方订立合同的意思表示；②有提出订立合同的具体内容；③有要求另一方作出答复的期限。

人身保险合同的要约过程和要求如下。

人身保险的要约一般由投保人提出，即投保人向保险人提出投保要求。提出申请一般采用书面形式。由投保人索取并如实、完整地填写其欲投保险种的投保单，在认可保险条款及保险费率的前提下，将投保单交付给保险人，便构成要约。投保人在要约过程中应尽告知义务。告知的范围应是足以影响或变更保险人对风险估计的事项。

中国保险监督管理委员会2000年7月26日发布的保监发〔2000〕133号《关于规范人身保险经营行为有关问题的通知》要求，人身保险投保书、健康及财务报告书，以及其他表明投保意愿的文件，应当由投保人亲自填写，由他人代填的，必须由投保人亲笔签名确认，不得由他人代签。凡是需要被保险人同意后投保人才能为其订立保险合同的，必须由被保险人亲笔签名确认，不得由他人代签。被保险人为无民事行为能力人或限制行为能力人的，由其监护人签字，不得由他人代签。投保人、被保险人因残疾等身体原因不能签字的，由其指定的代理人签字。严禁保险公司工作人员或代理人替投保人、被保险人填写投保书和签名，或者诱使他人代替填写和签名。凡是不符合上述签名要求的投保申请，必须经投保人、被保险人及其监护人进行补签名，否则，保险公司不得接受。

（2）承诺。承诺是指受约人在收到要约后，对要约的全部内容表示同意并作出愿意订立合同的意思表示。承诺生效一般要具备以下条件：承诺必须由受约人或由具有订立合同代理权的人作出；承诺的内容应当与要约的内容完全一致；承诺必须在要约规定的期限内作出。

人身保险合同的承诺一般表现为保险人在收到投保要约，经过严格的审核后，确定完全同意投保人提出的保险要约的行为。承诺生效时合同成立，保险人应当及时向投保人签发保险单或其他保险凭证，并在保险单或其他保险凭证上加盖保险公司公章，或者经授权出单的分支机构公章，或者上述两者的合同专用章。

实际上，人身保险合同的成立不总是表现为投保人投保和保险人承诺的简单过程，有时要经过要约、反要约和承诺这样一个反复协商的过程。

2．人身保险合同的生效

人身保险合同的生效是指人身保险合同对双方当事人发生约束力，即合同条款产生法律效力。人身保险合同的生效需要一个对价的过程。合同双方当事人的价值交换称之为对价。在人身保险合同中，保险人给予投保人的对价是一种承诺，即保险人同意当保险事故在保险期限内发生时向受益人支付保险金。作为对保险人承诺的回报，投保人给予保险人的对价通常是缴纳保费。在一般情况下，投保人缴付保险费后，已订立的保险合同即开始生效。保险合同生效后，合同当事人均受合同条款约束。

值得注意的是，人身保险合同的成立并不一定标志着保险合同的生效。保险合同的成立是指投保人与保险人就保险合同条款达成协议，即经过要约人的要约和被要约人的承诺，即告成立。成立后的保险合同是否产生法律效力，取决于是否具备生效的条件。

人身保险合同的生效条件是指已经成立的人身保险合同发生法律效力所应具备的法律条件。根据《保险法》等法律、法规的有关规定，人身保险合同的生效要件如下。

（1）主体必须合格。保险人必须是依法成立的保险公司，投保人要具有相应的民事行为能力。

(2) 内容必须合法。①投保人对保险标的应当具有保险利益，投保人对保险标的不具有保险利益的，人身保险合同无效；②以无民事行为能力人为被保险人投保的以死亡为给付保险金条件的人身保险，投保人只能是被保险人的父母，且死亡给付保险金额总和不得超过金融监督管理部门规定的限额；③以死亡为给付保险金条件的人身保险合同，要经被保险人书面同意并认可保险金额，否则，合同无效；④不违反法律或社会公共利益。

(3) 意思表示必须真实，不存在以欺诈、胁迫手段订立合同的情形，否则合同无效。

(4) 代理订立人身保险合同，要有事前授权或事后追认。取得书面授权，可以代理订立人身保险合同。

(5) 必须具备法律所要求的形式。人身保险合同必须采用书面形式。

人身保险合同当事人可以对人身保险合同生效的条件或时间作出约定。在这种情况下，人身保险合同在约定的条件成熟或期限届满时生效。人身保险当事人在人身保险合同生效后，必须按照人身保险合同的约定履行各自的义务，否则，要承担违约责任。

3. 人身保险合同责任的开始

保险责任开始是人身保险合同约定的保险人开始承担保险责任的时间。《保险法》第十四条规定：保险合同成立后，投保人按照约定缴付保险费；保险人按照约定的时间开始承担保险责任。保险责任是按保险合同的约定保险人应承担的责任，它与起保日、保险事故相关。保险责任的开始时间应根据保险合同约定的保险期限确定。保险期限是保险人对于保险合同约定的保险事故所造成的损失负给付责任的时间段。保险事故在此期限发生，保险人负给付保险金的义务；保险事故不在该期限发生，保险人则不负给付保险金的义务。

保险合同有效期间、保险责任期限是不同的概念。保险合同有效期间是保险合同从生效到终止的时间段；保险责任期限是保险人对保险合同约定的保险事故所造成损失承担赔偿给付责任的时间段，保险事故在此期间发生，则保险公司负赔偿给付保险金的责任，否则不承担保险责任。保险合同开始生效的时间与保险责任开始的时间在许多情况下并不一致。保险合同成立后，投保人按规定缴付了保费，保险合同即开始生效。而保险责任期限如何确定则在于双方当事人的约定，须在保险单上列明。

3.3.2 人身保险合同的变更

人身保险合同的变更是指保险合同没有履行或没有完全履行之前，当事人根据情况变化，依照法律规定的条件和程序，对原保险合同的某些条款进行修改和补充。人身保险合同大多是长期性合同，难以保证在漫长的岁月中，订约时的各种事项不发生变化，如不允许人身保险合同随有关事项的变化作出相应的变更，则难以保全保险人的业务，维持较高的保单续单率。因此，人身保险合同的变更在所难免。《保险法》赋予保险当事人变更保险合同的权利，第二十条规定：投保人和保险人可以协商变更合同内容。变更保险合同的，应当由保险人在保险单或其他保险凭证上批注或附贴批单，或者由投保人和保险人订立变更的书面协议。

1. 人身保险合同的变更事项

(1) 投保人的变更。人身保险的投保人可因下列原因而变更：投保人因死亡而变更；合同转让而变更；投保人与被保人之间的可保利益不存在而变更。变更后的投保人对保险标的必须具有保险利益。

(2) 被保险人的变更。普通个人人身保险合同的被保险人不能变更，否则与订立新合同无异。但团体人身保险合同允许变更被保险人及被保险人的人数。

（3）受益人的变更。受益人变更较为普遍，主要有受益人故意谋害被保险人未遂而变更；保险事故发生前，受益人已死亡而变更；受益人的人数变更（如增加或减少受益人的人数）。受益人变更时应严格按照有关法律规定，且变更后应书面通知保险人。

（4）缴费方法的变更。投保人可根据自己的情况变更缴费方法。例如，月缴可变为年缴、季缴等；季缴可变为半年缴、年缴，同样，年缴也可变为月缴、季缴等。

（5）保险金额的变更。增加保险金额须通过新的合同予以增加；减少保险金额时，对其减少部分视作合同终止。缴清保险费也是保险金额变更形式之一。为了防止逆选择，原则上保额的变更只能缩小不能增大。

（6）保险期限和保险责任的变更。人身保险合同订立后，原则上不能变更期限和责任。变更保险责任相当于终止原合同，订立新合同。保险期限缩短时，按退保处理，只需将保费的差额及利息补足即可。延长保险期限时，按投保处理，需注意被保险人的健康状况。

2. 人身保险合同变更的形式与效力

人身保险合同的变更必须采用书面形式，并经过双方协商一致，才发生变更的效力。其书面形式可以是保险人在原保险单或其他保险凭证的批注或附贴批单，也可以是投保人和保险人双方就保险合同的变更问题专门签订的书面协议。

人身保险合同一经变更，变更的那部分内容取代了原合同中被变更的内容，与原合同中未变更的内容一起，构成了一个完整的合同。当事人应以变更后的合同为依据履行各自的义务。为了明确批注后的保险合同中条款的效力，根据国际惯例，手写批注优于打字批注；打字批注优于加贴的附加条款；加贴的附加条款优于基本条款；旁注的附加优于正文的附加。

3.3.3 人身保险合同的终止

人身保险合同的终止是指人身保险合同关系的消灭，即因某种法定或约定事由出现，致使合同双方当事人的权利与义务彻底消灭。人身保险合同的终止主要有以下几种情况。

1. 自然终止

人身保险合同无论是长期的人寿保险还是短期保险，凡保险单订明的保险期限届满，保险人的保险责任即告终止。

2. 解约终止

解约终止是因保险合同的解除而终止。在人身保险合同的有效期届满前，当事人依法使合同的效力终止的行为即为保险合同的解除。

投保人和保险人都可依法解除保险合同。原则上，投保人随时可以根据自己的意愿解除合同，行使解除权。不仅如此，投保人解除合同也不承担违约责任。但是，因为解除合同是双方权利与义务的消灭，因此，应当结清合同规定的权利与义务，履行解除前的义务。投保人解除保险合同需结清的权利与义务主要涉及保险费的退还问题。保险合同订立后，投保人一般会拥有一个犹豫期，在犹豫期内，投保人可取消保险合同且全额退回所缴保险费。但犹豫期过后，投保人要求解除保险合同，则需要支付一定的手续费才可以解除合同。保险人可以收取自保险责任开始之日起至合同解除之日止期间的保险费，而将剩余部分退还投保人。

保险人不能任意解除保险合同，要行使解除权必须具备法定条件，或者投保人、被保险人违反合同约定。《保险法》第十五条规定：除本法另有规定或者保险合同另有约定外，保险合同成立后，投保人可以解除合同，保险人不得解除合同。只有在法定的原因出现后，保险人才有权解除合同。这些法定原因有：投保人故意隐瞒事实，不履行告知义务或过失而未履行告知义务；谎称发生保险事故；故意制造事故；保险合同效力中止两年内未达成恢复合同效力的协议等。

人身保险合同还可以通过当事人的约定而解除，如约定特定事件发生后一方当事人可以任意解除合同，还可以约定解除期限等。对于约定解除合同也有权利与义务的结清问题，应依据《保险法》的有关规定和合同约定处理。

阅读资料

中国太平洋保险公司员工团体年金保险（万能型）条款

第十六条　投保人解除合同的处理

投保人于本合同成立后，可以书面通知要求解除本合同。

一、投保人要求解除合同时，应填写解除合同申请书，凭保险合同、最后一次缴费凭证和单位证明办理。

二、自保险人接到解除合同申请书之时起，本合同终止。保险人于收齐所需资料后30日内以转账方式退还保险单的现金价值予投保人。

三、养老金领取起始日后，保险人对该被保险人不办理退保。

资料来源：中国保险网，2008-11-01.

---

3. 履行终止

履行终止是指在人身保险合同有效期内发生保险事故后，保险人对被保险人或受益人履行保险金的给付责任后发生的保险合同效力终止。即履行终止是保险合同因保险人全部履行了保险金的给付责任后保险关系的消灭。在这种情况下，投保人如果还需要保险保障，则需签订新的保险合同。

4. 合同自始失效

被保险人以欺诈、捏造或隐瞒真实情况等不诚实的手段，欺骗保险人而签订的保险合同，当其真相暴露时，保险合同从其开始时就视为失效。例如，某人在投保健康险时，隐瞒其有心脏病的病史，当被保险人病死之后，经查发现当时所签订的保险单是由于该投保人不诚实而造成的，则原先所签订的合同可视为无效合同，保险人可拒绝给付保险金。

3.4 人身保险合同的履行与争议处理

人身保险合同的履行是指合同中所包含的承诺均得以执行。人身保险合同是双务合同，一经成立，投保人与保险人都必须各自承担自己的义务，且人身保险合同的权利与义务是对应的，只有一方履行义务，他方才得以享受权利。人身保险合同的履行主要是保险人与投保方各自义务的履行。

3.4.1 投保方对保险合同的履行

1. 投保方告知义务的履行

投保人填写投保申请书的过程，也就是履行告知义务的过程。投保人应本着诚意将被保险人的有关重要事项告知保险人，如实填写投保单，否则将影响到投保方在合同中的权益。

告知义务是投保人单方面的声明义务。告知义务人一般是投保人，告知的范围应是足以影响或变更保险人对风险估计的事项。当投保人违反告知义务，保险人因投保人违反告知义务而解除合同时，应退还已缴纳的保险费。《保险法》第十六条对违反告知义务的规定：投保人故意或者因重大过失未履行前款规定的如实告知义务，足以影响保险人决定是否同意承保或者提高保险费率的，保险人有权解除合同。前款规定的合同解除权，自保险人知道有解除事由之日起，超过30日不行使而消灭。自合同成立之日起超过两年的，保险人不得解除合同；发生保险事故的，保险人应当承担赔偿或给付保险金的责任。投保人故意不履行如实告知义务的，保险人对于合同解除前发生的保险事故，不承担赔偿或给付保险金的责任，并不退还保险费。投保人因重大过失未履行如实告知义务，对保险事故的发生有严重影响的，保险人对于合同解除前发生的保险事故，不承担赔偿或给付保险金的责任，但应当退还保险费。

2. 投保方缴纳保险费义务的履行

投保方必须按照约定的时间、地点和方法缴纳保险费。根据保险惯例，保险费的缴纳人一般是投保人。投保方违反缴纳保险费义务便构成违约，但保险人对人身保险的保险费，不能用诉讼方式要求投保方支付。《保险法》第十四条规定：保险合同成立后，投保人按照约定产交付保险费；保险人按照约定的时间开始承担保险责任。第三十五条规定：投保人可以按照合同约定向保险人一次支付全部保险费或者分期支付保险费。

投保人不履行缴纳保险费的义务，也会产生一定的法律后果，即合同约定分期支付保险费的，投保人支付首期保险费后，除合同另有约定外，投保人超过规定的期限60日未支付当期保险费的，合同效力中止，或者由保险人按照合同约定的条件减少保险金额。合同效力中止两年内，双方未达成复效协议的，保险人有权解除合同。《保险法》第三十六条规定：合同约定分期支付保险费，投保人支付首期保险费后，除合同另有约定外，投保人自保险人催告之日起超过30日未支付当期保险费，或者超过约定的期限60日未支付当期保险费的，合同效力中止，或者由保险人按照合同约定的条件减少保险金额。

投保方履行缴纳保险费的义务，是否以保险人通知缴费为前提，取决于合同的约定或法律的规定。如果保险合同中有这样的约定，或者虽然无这样的约定但法律有这样的规定，则投保人于收到缴纳保险费的书面通知时，才履行缴纳保险费的义务。例如，《德国保险契约法》规定：保险费系定期向要保人收取者，要保人于收受缴保险费的书面通知时，才有送缴保险费的义务。我国各家保险公司的保险条款一般无这样的约定，《保险法》也没有这样的规定，因此，投保人必须按照保险合同约定的时间履行缴纳保险费的义务，而且义务的履行不以收到保险人的通知为前提。否则，投保人要承担一定的法律后果。

3. 投保方保险事故发生后通知义务的履行

人身保险合同订立以后，如果保险事故发生，投保人、被保险人或受益人应及时通知保险人，并提供相关单证。保险事故的发生，意味着保险人承担保险责任，履行保险义务的条件已经产生。保险人如果能够及时得知情况,一方面可以采取适当的措施防止损失的扩大;另一方面可以迅速查明事实,确定损失,明确责任,不会因为调查的拖延而丧失证据。关于通知的期限,各国法律规定有所不同,有的是几天,有的是几周,有的无明确的时间限定,只是在合同中使用"及时通知""立即通知"等字样。

我国台湾地区规定:要保人、被保险人或受益人,遇有保险人应负保险责任之事故发生,除本法另有规定或契约另有约定外,应于知悉后5日内通知保险人。投保人、被保险人或受益人中任何一人履行了通知义务,其他人的通知义务免除;除保险合同对通知的方式特别规定外,投保人、被保险人或受益人可以任何方便的方式通知保险人。对于保险人已经知道或应知的事项,投保人、被保险人或受益人没有通知的义务。另规定,当事人一方对于下列各款,不负通知之义务:①为他方所知者;②依通常注意为他方所应知,或者无法诿为不知者;③一方对于他方经声明不必通知者。

保险事故发生后,投保人、被保险人或受益人不履行通知义务,保险人是否可以免于承担保险责任,主要取决于法律的规定。若法律规定不履行通知义务,保险人可以免责的,保险人可以拒绝承担保险责任。例如,《德国保险契约法》第33条规定:①要保人知悉保险事故的发生后应立即通知保险人;②未履行保险事故发生的通知义务,保险人可以免除给付义务的约定,其已依照其他方式及时知悉者,不可以主张。

如果投保方未履行保险事故发生的通知义务,则有可能产生两种后果:①保险人不解除保险合同,但可以请求投保人(或被保险人)赔偿因此而遭受的损失;②保险人免除合同上的责任。

3.4.2 保险人对保险合同的履行

1. 保险人告知义务的履行

保险人在订立合同时也应尽告知义务,即保险人在订约时应如实向投保人解释条款。说明投保方在合同中的权利与义务,并解答投保方提出的有关询问。保险人的告知一般以口头形式即可。

订立人身保险合同前,保险人有义务详细说明人身保险合同的各项条款,并就投保人有关人身保险合同的询问作出直接、真实的回答。保险人可以书面或口头形式向投保人作出说明,也可以通过代理人向投保人作出说明。保险人向投保人说明保险合同条款内容,无须投保人询问或请求,保险人应当主动进行。对于责任免除条款,保险人不仅要履行说明义务,而且应当向投保人明确说明,未明确说明的,该条款不产生效力。

2. 保险人给付保险金义务的履行

给付保险金义务是保险人最重要的义务。保险人在保险事故发生后,应从受益人处获得完备的索赔申请书、被保险人死亡证明,及时明确保险责任范围,计算给付金额并进行赔付。给付的金额以人身保险合同中约定的保险金额为最高限额,给付方式除双方在合同中另有约定外,一般以现金形式给付。

保险人给付保险金的期限一般通过法律形式规定。《保险法》第二十三条规定:保险人收到被保险人或受益人的赔偿或给付保险金的请求后,应当及时作出核定;情形复杂的,应当在30日内作出核定,但合同另有约定的除外。保险人应当将核定结果通知被保险人或受益人。对属于保险责任的,在与被保险人或受益人达成赔偿或给付保险金的协议后10日内,履行赔偿或给付保险金义务。保险合同对赔偿或给付保险金的期限有约定的，保险人应当按照约定履行赔偿或给付保险金义务。保险人自收到赔偿或给付保险金的请求和有关证明、资料之日起60日内，对其赔偿或给付保险金的数额不能确定的，应当根据已有证明和资料可以确定的最低数额先予以支付；保险人最终确定赔偿或给付保险金的数额后，应当支付相应的差额。如果合同中有欠款扣除条款，且投保人有欠缴保险费或保单借款未还清者，保险人有权先扣除欠款及其应付利息，再给付保险金。

人身保险合同发生解除被确认为无效或撤销，保险人应当退还已收取的保险费或保险单的现金价值。

案例分析

不按规定垫缴保费，告知投保人虚假信息

1. 基本案情

1998年5月，天津市王女士的丈夫孙某与某保险公司签订重大疾病终身保险合同。合同约定：孙某为投保人、被保险人，王女士为受益人，保险金额为2万元，每年保险费为2 004元。双方签订的保险条款中规定："保险费超过宽限期间仍未缴付，保险单当时的现金价值足以垫缴保险费时，除投保人事前另以书面作反对声明外，本公司自动垫缴其应缴保险费，使合同继续有效。如发生保险事故，本公司应从给付保险金中扣除公司垫缴的保险费及利息。保险单当时的现金价值不足以垫缴一期保险费时，本公司退还现金价值，合同效力即行中止。"同时，"合同生效或复效起180日以后，投保人因疾病而身故或高度残疾时，按保险单所载明保险金额的3倍给付保险金。"

因为某种缘故，孙某没有在宽限期内缴纳2003年度的保险费。但是，孙某当时的保险单现金价值为4 000余元，足以垫付2003年度的保险费。同年7月，保险公司业务员告知孙某保险失效，应当办理复效手续。孙某遂根据要求填写了恢复合同效力申请书，并进行了体检。此后，保险公司给孙某发出拒绝复效通知书，以其健康状况不合格为由，要求办理解除合同手续。2003年11月15日，被保险人孙某因突发脑溢血死亡，但在此期间，孙某一直未到保险公司办理解除保险合同手续，保险公司亦未退还孙某保险单现金价值。因为保险公司在孙某身亡后拒绝支付赔偿金，经多次交涉未果后，孙某的妻子王女士将保险公司诉至法院，要求其按保险额的3倍如数给付保险金，共计6万元。

2. 处理结果

经天津市第一中级人民法院依法作出终审判决，认定某保险公司隐瞒自己应尽义务，告知投保人虚假信息，违反诚信原则，判令如数给付全部保险金6万元。

资料来源：天津日报，2004-05-25.

3.4.3 人身保险合同纠纷与争议处理

1. 人身保险合同纠纷

人身保险合同纠纷是指人身保险合同的当事人在订立、履行人身保险合同的过程中发生的争议。

人身保险合同的纠纷多种多样，从保险实践来看，主要有以下几种情况。

(1) 因保险合同当事人、关系人不明确而发生纠纷。此类保险纠纷的具体表现是投保人、被保险人和受益人混淆，在保险索赔和理赔过程中，因索赔权的行使或对保险金的分配发生争议。例如，企业、事业单位为职工投保后，未在保险单上写明受益人，当作为被保险人的职工因意外事故而死亡或伤残时，作为投保人的单位与被保险人或其继承人之间因向保险人索取保险金而发生争议。

(2) 因投保人不按照合同约定缴纳保险费，发生保险事故而就保险人是否承担保险责任发生争议。

(3) 因投保人、被保险人违反如实告知义务、通知义务等，在保险索赔、理赔中发生争议。

(4) 因危险事故是否属于保险责任事故范围，或者承保风险界定不明确、保险事故定性不准，导致保险人是否承担保险责任而发生争议。

(5) 有关保险期限的起止时间的认定，保险期限是否届满或是否失效、复效的争议。

(6) 有关被保险人或受益人是否按索赔时效规定来索赔，或者索赔单证是否齐全，引起保险人拒赔而发生的争议。

(7) 因人身保险合同是否有效或是否可以解除而发生的争议。

(8) 因保险代理人的代理行为而发生的争议。

2. 人身保险合同争议的处理方式

我国解决人身保险合同纠纷的途径一般有 3 种：协商、仲裁和诉讼。

(1) 协商。协商是指在合同纠纷发生时，合同当事人在自愿的基础上，根据法律、法规和合同，通过协商解决发生的纠纷。协商解决合同纠纷具有简便易行、当事人能自觉履行协商达成的协议等特点。协商解决合同纠纷应遵循协作原则、合法原则和平等原则。当协商后，争议双方仍然不能达成协议的，可以向仲裁机构提出仲裁，也可向人民法院提起诉讼。

(2) 仲裁。仲裁是解决人身保险合同纠纷的有效途径之一。所谓仲裁，是指当事人对某一事件或问题发生争议时，提请依法设立的仲裁机构按照其仲裁规则确定的程序，作出对当事人有约束力的裁决，从而解决双方的争议。

仲裁实行一裁终局的制度。裁决书作出之日即发生法律效力，一方当事人不履行仲裁裁决的，另一方当事人可以根据民事诉讼法的有关规定向人民法院申请执行仲裁裁决。当事人就同一纠纷不得向同一仲裁委员会或其他仲裁委员会再次申请仲裁，不得向人民法院提起诉讼，仲裁委员会和人民法院也不予受理。在仲裁裁决生效后 6 个月内，当事人提出有符合法定撤销裁决书的条件证据的，可以向仲裁委员会所在地的中级人民法院申请撤销裁决。

申请仲裁必须以双方在自愿基础上达成的仲裁协议为前提，没有达成仲裁协议或单方面申请仲裁的，仲裁委员会将不予受理。协议应以书面形式订立，并应写明仲裁意愿、事项及双方所共同选定的仲裁委员会。可以在保险合同订立时订立仲裁条款，也可以在争议发生前或发生时及发生后达成仲裁协议。订有仲裁协议的，一方当事人向人民法院起诉，人民法院将不予受理。

(3) 诉讼。诉讼是人身保险合同纠纷发生后，通过人民法院裁决，以解决合同纠纷的方法。人民法院在受理案件时，实行级别管辖和地域管辖、专属管辖和选择管辖相结合的方式。在不违反民事诉讼法关于对级别管辖和专属管辖规定的前提下,合同双方当事人可以在书面合同中协议选择被告住所地、合同履行地、合同签订地、原告住所地、标的物所在地人民法院管辖。当事人首先应依法或依照合同约定到有权受理该案件的法院提起诉讼,人民法院才可受理并按相应的民事程序进行审理、判决;如合同中未有约定,而法律规定有两个以上人民法院具有管辖权的,原告可以向其中一个人民法院起诉。

人民法院审理案件实行先调解后审判、二审终审制。如果调解成功,要下达调解书;如果调解不成功,人民法院依法判决,并作出判决书。当事人不服一审法院判决的可以在法定的上诉期限内上诉至高一级人民法院进行再审,第二审判决为最终判决。当事人对已生效的调解书或判决书必须执行,一方当事人不执行的,对方当事人有权向人民法院申请强制执行。对第二审判决还不服的,只能通过申诉和抗诉程序。

3.4.4 人身保险合同的法律适用

人身保险合同属于特殊的民事合同,我国人身保险合同的法律适用,按照特别法优于一般法的原则,优先适用《保险法》。但《保险法》未作规定的,如要约、承诺、合同的效力、无效合同的处理、违约责任等,应适用《中华人民共和国合同法》(以下简称《合同法》)的有关规定。《合同法》第一百二十三条明确规定:其他法律对合同另有规定的,依照其规定。人身保险合同就属于其他法律对合同另有规定的合同。因为《保险法》对保险合同已经作出了规定,没有必要在《合同法》分则中再作出规定。《保险法》和《合同法》都没有作出规定的,如民事权利能力、民事行为能力和监护等问题,应适用我国《民法通则》的有关规定。

对于《保险法》等法律实施以前成立的人身保险合同,原则上适用当时的法律。但人身保险合同成立于《保险法》实施以前,合同约定的履行期限跨越《保险法》实施之日或履行期限在《保险法》实施之后,应可以适用《保险法》的有关合同履行的规定。对人身保险合同效力的确认,如果是《保险法》实施以前成立的人身保险合同,适用当时的法律是无效合同而适用《保险法》是有效的,则应适用《保险法》。

> **案例分析**

保险合同该何时生效

近日,上海浦东新区法院金融审判庭开庭审理一起保险合同纠纷案。这是中国内地基层法院首家金融审判庭自 2008 年 11 月成立以来开庭审理的首例案件,此举标志着该庭已正式开展金融案件审理。

1. 基本案情

2007 年 11 月 22 日,原告颜某(投保人、受益人)为儿子(被保险人)在被告某保险公司投了 3 份保险,分别是终身寿险、重大疾病保险及人生意外伤害保险。并于 2007 年 11 月 23 日将保险费存入约定的扣款银行账户。2007 年 11 月 26 日,被保险人即颜某的儿子因溺水意外身亡。2007 年 11 月 28 日,被告从原告的银行账户内扣缴了保险费。保险事故发生后,原告颜先生始终没有收到保险公司的保单,而被告则以保险合同未生效为由拒绝理赔。2007 年 12 月 28 日,原被告经过协商签订了《关于理赔案件补偿协议》,从人道主义出发,补偿原告4万多元。事后,原告发现自己受骗,故起诉法院要求撤销上述《补偿协议》,并要求被告赔偿原告20余万元保险金。

2. 争论焦点

本案件的焦点是:合同生效时间及保险公司何时应当承担保险责任。

原告认为,根据双方签订的《终身寿险条款》第1.2条约定:本主合同自我们同意承保并收取首期保险费后开始生效,我们按照本公司签发的保险单中确定的时间开始承担保险责任。根据该条约定,被告承担保险责任的时间为保险单中约定的时间,而原告事后经过努力,从保险公司处得到了保险单的复印件,上面清楚地表明,合同生效时间为2007年11月23日。

并且,原告在2007年11月23日已经按照约定,将保险费支付到了双方约定的银行账户,履行了支付保险费的义务。在本案中,双方约定被告通过原告的银行账户自动扣缴保险费。因此,只要原告将保险费存入相应的银行账户,就已履行了支付保险费的义务。而被告何时扣款,则与原告无关。2007年11月23日,被告原本可以通过银行扣款收取保险费,但是,被告拖延到2007年11月28日才从银行账户扣取保险费,系被告拖延行使保险费的权利,不能因被告拖延行使权利,而让原告承担不利后果。

对此,被告则认为保险合同未成立。其原因如下:原告在2007年11月22日投保,被告接到原告的投保单即进入审核审批程序,同年11月26日被保险人意外身亡。11月28日,被告在不知情的情况下,扣划了原告的保费,11月29日原告向被告报案,被告随即停止了保险单的打印和送达。被告是在保险人死亡之后才扣划保险费,也即保险合同生效之前被保险人已死亡,即保险标的已灭失,该份保险合同也自然不成立。

针对以上焦点,法院表示合议庭将进一步进行评议后,于近日作出宣判。

3. 专家观点

上海财经大学金融保险研究所副所长粟芳表示:寿险保险合同生效的首要条件是保险公司签发保单,并收取首期保险费。对于原告提出的"2007年11月23日,被告就可以通过银行扣款收取保险费,但是,被告拖延到2007年11月28日才从银行账户扣取保险费",主要应从两方面来判断:延迟5天,究竟是因为银行的正常流程还是保险公司另有原因。如果原告于11月23日存入保险费的当天,保险公司依据银行正常流程就可以进行扣款,但是,被告没有及时扣款的话,那应该是保险公司的责任。

对于保险公司的观点,一般应做以下分析:按照正常的流程,核保过程结束后,保险公司才能签发保单。也即核保必须在签正式合同之前完成。保险合同的生效有两个必要条件,即签发保单和收取保费。只有保险公司签发正式保单后,保险合同才即告成立。而在实际操作中,一般先由投保人填写、签署并递交投保单,经过一段时间之后,保险公司才会签发并送达正式保单。但是,投保单与保单的含义不同,投保单的签署不代表保单成立,它只是正式保单的一个部分。因为投保人签署投保单,仅仅是法律意义上的"要约",保险公司根据这个"要约"进行审核,审核过程中,可能还需要向对方提出一些要求,如要求体检等,这个审核的过程称为核保。只有当保险公司的核保过程结束,并签发正式保单,保险合同才成立,一般都是从签发保单的次日零点开始生效。如果双方当事人在合同中有约定生效日期,则按照约定;在没有约定的情况下,再考虑法律规定。

如果正式保单在被保险人死亡之前没有签发,则保险公司可以不赔偿。

问题的关键点是 11 月 26 日被保险人意外身亡之前，保险公司是否签发正式保单。如今，国家相关部门正在修改《保险法》中的相关条款，因为类似的事件还是很常见的。

4. 国际惯例

国际惯例中通常认为，投保人在保险公司签发保单前，先缴付相当于第一期保费，且投保人及被保险人已签署投保书，履行如实告知义务并符合保险公司承保要求时，若发生下列情形之一，保险公司将负保险责任：被保险人因意外伤害事故而发生保险事故，意外伤害事故是指遭受外来的、不可预知的、突发的、非本意的、非由疾病引起的使身体受到伤害的客观事件。

但是，并不是所有国家都会依据国际惯例处理类似问题。在美国寿险业，为了防止因投保人在缴纳保费后合同成立前发生意外而引起纠纷，保险公司一般会在收到首期保费后，为投保人提供空白期的免费意外保障，保险责任的额度基本是确定的。在日本的人寿保险实务中，"承诺前"收取的首期保险费一般不直接作为"首期保险费"，而是以"充当首期保险费金额"收取。保险人收到款项后，向投保人开出"充当首期保险费金额的保管证"，等到保险合同成立时，以其充当正式的首期保险费。对外经济贸易大学保险系主任陈欣教授所著的《保险法》一书中介绍，由保险代理人/保险人向投保人开具的保费暂收收据（Premium Receipt），在一般情况下，只是表示"已经收到了投保人首期保费"，并不意味着投保人/被保险人自其缴付首期保费时起，获得了保险保障。

5. 司法空白亟待填补

近年来，上海保险类金融案件数量不断攀升。据悉，2008 年浦东新区人民法院受理的保险类案件为 189 件，涉及金额高达 3 370 万元。金融审判庭的成立，为进一步探索金融审判机制、公正高效地审理金融案件，奠定了坚实的基础。

浦东新区法院金融审判庭副庭长林晓君在接受采访时表示，在金融审判庭成立之前，金融案件都由该院处理商事案件的审判庭处理。金融审判庭的成立，将大大提高相关金融类案件审判的专业性。与此同时，金融审判庭专设了合议庭，引进相关专业人士担任陪审员，共同受理保险、银行、证券等案件。如今，保险类纠纷案的数量不断上升，纠纷事由呈多样化趋势，而且难度也进一步增加。因此，该金融审判庭把保险类案件作为"第一案"。从该案件争论的焦点可以看出，目前，国内的《保险法》还存在一些司法空白的地方，争议非常大。随着此类案件的增多，希望有关部门能对相关流程进行梳理，进一步确认双方所需承担的法律责任。这不仅对保险业的规范运作，而且对保险人、投保人（被保险人）的利益保护，具有一定的现实意义。

资料来源：姜瑜. 上海金融报，2009-02-12.

本章自测题

一、单项选择题

1. 下列属于保险合同当事人的是（　　）。

　　A. 受益人　　　　　B. 保险代理人　　　C. 投保人　　　　D. 保险经纪人

2. （　　）是指保险合同当事人中至少有一方并不必然履行金钱给付义务。

A. 有偿性　　　　B. 附和性　　　　C. 双务性　　　　D. 射幸性

3. 在定值保险合同中，若保险标的因保险事故导致全损，保险人赔偿的标准是（　　）。
   A. 保险合同订立时标的的市场价值
   B. 保险事故发生时标的的市场价值
   C. 保险事故发生时标的的重置价值
   D. 保险合同中载明的保险标的的价值

4. 按保险标的的价值是否事先确定，将保险合同进行分类，保险合同可分为（　　）。
   A. 定值保险合同与不定值保险合同
   B. 定额保险合同与补偿保险合同
   C. 足额保险合同与非足额保险合同
   D. 定额保险合同与不定额保险合同

5. 专一保险合同与重复保险合同的主要区别在于（　　）。
   A. 保险标的是否为特定物　　　　B. 保险金额的确定方式
   C. 保险人的数量　　　　　　　　D. 保险人所负责任的次序

6. 投保人应将（　　）的有关情况通知保险人。
   A. 再保险　　　　B. 足额保险　　　　C. 不足额保险　　　　D. 重复保险

7. 保险金请求权的行使是以（　　）为条件的。
   A. 保险合同的订立　　　　　　B. 被保险人的指定
   C. 保险事故的发生　　　　　　D. 保险人许可

8. 在人身保险合同中，保险事故发生后，被保险人仍生存则保险金请求权由（　　）行使。
   A. 被保险人本人　　　　　　　B. 被保险人指定的受益人
   C. 投保人　　　　　　　　　　D. 投保人指定的受益人

9. 保险合同的客体是（　　）。
   A. 被保险人　　　B. 保险事故　　　C. 保险利益　　　D. 保险价值

10. 在财产保险合同中，保险事故发生后造成被保险人死亡的，保险金请求权由（　　）行使。
    A. 被保险人指定受益人　　　　B. 投保人指定受益人
    C. 被保险人的债权人　　　　　D. 被保险人的继承人

11. 以下关于人身保险合同中受益人获得的保险金的说法正确的是（　　）。
    A. 属于被保险人遗产，纳入遗产分配
    B. 不属于被保险人遗产，不纳入遗产分配，但可用于清偿被保险人生前债务
    C. 不属于被保险人遗产，不纳入遗产分配，也不可用于清偿被保险人生前债务
    D. 属于被保险人遗产，纳入遗产分配，可用于清偿被保险人生前债务

12. 保险利益的载体是（　　）。
    A. 保险标的　　　B. 保险价值　　　C. 保险金额　　　D. 被保险人

13. （　　）是由《保险法》以列举方式直接规定的法定条款。
    A. 保证条款　　　B. 特约条款　　　C. 基本条款　　　D. 附加条款

14. 投保人对保险标的所享有的保险利益的货币估价额是（　　）。
    A. 保险金额　　　B. 保险价值　　　C. 保险费　　　D. 保险价格
15. 保险承担赔偿或给付保险金的最高限额是（　　）。
    A. 保险金额　　　B. 保险价值　　　C. 保险费　　　D. 保险价格
16. 附加条款与基本条款的效力比较是（　　）。
    A. 前者大于后者　B. 前者小于后者　C. 相等　　　　D. 视具体情况而定
17. （　　）一般由法律规定或同业协会制定，是投保人或被保险人必须遵守的条款。
    A. 基本条款　　　B. 特殊条款　　　C. 附加条款　　D. 保证条款
18. 保险凭证是简化了的保险单，保险凭证的效力与保险单相比（　　）。
    A. 前者大于后者　　　　　　　　　B. 前者小于后者
    C. 相等　　　　　　　　　　　　　D. 视具体情况而定
19. 暂保单的有效期一般为（　　）。
    A. 15 天　　　　B. 30 天　　　　C. 45 天　　　　D. 60 天
20. 保险合同有效与保险合同生效的关系是（　　）。
    A. 前者是后者的前提条件　　　　　B. 后者是前者的前提条件
    C. 二者互为前提条件　　　　　　　D. 二者并无实质关系

二、多项选择题

1. 保险合同是民商合同，适用于（　　）。
    A. 保险法　　　　B. 民法通则　　　C. 反不正当竞争法　D. 合同法
2. 保险合同的法律特征的是（　　）。
    A. 有偿性　　　　B. 最大诚信　　　C. 双务性　　　　D. 射幸性和附和性
3. 定值保险合同一般适用于（　　）。
    A. 人寿保险　　　B. 货物运输保险　C. 船舶险　　　　D. 企业财产保险
4. 在不足额保险合同中，保险人的赔偿方式有（　　）。
    A. 比例赔偿方式　　　　　　　　　B. 限额赔偿方式
    C. 第一危险赔偿方式　　　　　　　D. 顺序赔偿方式
5. 当投保人与被保险人不是同一人时，保险合同的当事人是指（　　）。
    A. 投保人　　　　B. 被保险人　　　C. 保险人　　　　D. 受益人
6. 我国现行保险法规定，保险公司的组织形式可以是（　　）。
    A. 国有独资公司　B. 股份有限公司　C. 有限责任公司　D. 相互保险公司
7. 我国现行《保险法》规定保险人必须具备的条件是（　　）。
    A. 具备法定资格
    B. 以自己的名义订立保险合同
    C. 依照保险合同承担保险责任
    D. 必须是股份制保险公司
8. 投保人应具备的条件是（　　）。
    A. 投保人须具有民事权利能力和民事行为能力
    B. 投保人须对保险标的具有保险利益
    C. 投保人须与保险人订立保险合同

D. 投保人须按合同约定交付保险费
9. 被保险人的成立应具备的条件是（　　）。
   A. 财产或人身受保险合同保障的人　　B. 由投保人指定的人
   C. 享有保险金请求权　　D. 行使保险金请求权
10. 保险合同的辅助人一般包括（　　）。
    A. 保险代理人　　B. 保险经纪人　　C. 保险监管人　　D. 保险公估人
11. 从保险法律关系的要素上看，保险合同由（　　）构成。
    A. 主体部分　　B. 客体部分
    C. 权利义务部分　　D. 其他声明事项部分
12. 下列属于保险合同的基本条款的内容有（　　）。
    A. 保险金额　　B. 保险人的名称与住所
    C. 保险责任与责任免除　　D. 违约责任与争议处理
13. 下列关于受益人的说法正确的有（　　）。
    A. 受益人可以是自然人也可以是法人
    B. 受益人必须具备民事权利能力和民事行为能力
    C. 受益人必须经被保险人或投保人指定征得被保险人同意
    D. 受益人可以是一人也可以是数人
14. 保险合同的解释应遵循的原则是（　　）。
    A. 文义解释的原则　　B. 意图解释的原则
    C. 专业解释的原则　　D. 有利于被保险人和受益人的原则
15. 基本条款与特约条款的区别表现为（　　）。
    A. 前者是根据《保险法》必须约定的条款，后者是可约定可不约定的条款
    B. 前者是由保险人拟订的条款，后者是由当事人双方根据实际需要约定的条款
    C. 前者具有法律效力，后者不具有法律效力
    D. 前者包括附加条款，后者专指保证条款
16. 以下可作为保险标的是（　　）。
    A. 财产　　B. 与财产有关的利益
    C. 人的生命　　D. 人的身体
17. 将保险标的作为保险合同的基本条款的法律意义在于（　　）。
    A. 确定保险合同种类，明确保险人承担责任的范围
    B. 判断投保人是否具有保险利益及是否存在道德风险
    C. 确定保险价值及赔偿数额
    D. 确定诉讼管辖
18. 保险价值的确定方法主要是（　　）。
    A. 由当事人双方在保险合同中约定
    B. 按事故发生后保险标的的市场价格确定
    C. 依据法律具体规定确定保险价值
    D. 按事故发生后保险标的的账面价值确定
19. 以下关于保险金额的说法正确的是（　　）。

A. 在定值保险中，保险金额等于保险价值；在不定值保险中，保险金额不等于保险价值

B. 在定值保险中，保险金额不得超过保险价值；在不定值保险中，保险金额可以超过保险价值

C. 在不定值保险中，保险金额既可由投保人单独确定，也可由投保人与保险人协商确定

D. 在不定值保险中，保险金额既可按保险标的的实际价值确定，也可按投保时保险标的的账面价值确定

20. 保险合同争议处理方式有（　　）。
    A. 协商　　　B. 公证　　　C. 仲裁　　　D. 诉讼

21. 以下属于书面形式的保险合同有（　　）。
    A. 要保书　　B. 暂保单　　C. 保险凭证　　D. 保险单

22. 保险单包括的事项是（　　）。
    A. 保险事项　B. 声明事项　C. 除外事项　　D. 条件事项

23. 保险单具有的法律意义包括（　　）。
    A. 证明保险合同成立
    B. 确立保险合同内容
    C. 是明确双方当事人履行合同的依据
    D. 具有证券作用

24. 在我国，保险合同有效的要件是（　　）。
    A. 当事人有相应的行为能力　　　B. 意思表示真实
    C. 不违反法律或者社会公共利益　D. 保险合同已生效

25. 需要出立暂保单的情况有（　　）。
    A. 保险代理人在招揽到保险业务但还未向保险人办妥正式保险单时
    B. 分支机构在接受要约后还须获得上级保险公司的批准时
    C. 订约当事人双方就主要条款达成协议，但还须进一步商讨时
    D. 出口贸易结汇时，保险人尚未出立保险单或保险凭证之前

26. 无效保险合同的确认权归（　　）。
    A. 人民法院　B. 保监会　　C. 人民银行　　D. 仲裁机关

27. 下列可用于确认保险合同无效的事由是（　　）。
    A. 保险合同当事人不具有民事行为能力
    B. 保险合同当事人意思表示不真实
    C. 保险合同违反国家利益
    D. 以死亡为给付保险金条件的保险合同，未经保险人书面同意并认可保险金额者

28. 保险合同确认无效时可能的处理方式有（　　）。
    A. 返还财产　　　　　　　　　B. 追缴财产
    C. 赔偿损失　　　　　　　　　D. 通过协商部分给付

29. 保险合同主体变更包括（　　）的变更。
    A. 保险代理人　B. 投保人　　C. 被保险人　　D. 受益人

30. 依照《保险法》规定,在人身保险中,下列关于受益人变更的操作正确的是( )。
    A. 投保人变更受益人必须书面通知保险人
    B. 被保险人变更受益人,既可书面通知保险人,也可采取口头通知方式
    C. 投保人变更受益人时必须经被保险人同意
    D. 保险人收到关于变更受益人的书面通知后,必须在保险单上进行批注

31. 保险合同解除的形式有( )。
    A. 法定解除   B. 自然解除   C. 协议解除   D. 仲裁解除

32. 保险人有权解除保险合同的情况有( )。
    A. 投保人故意或过失未履行如实告知义务,足以影响保险人决定是否承保或者以何种价格承保
    B. 投保人、保险人未履行维护保险标的的义务
    C. 被保险人未履行危险增加通知义务
    D. 投保人、被保险人或受益人故意制造保险事故

33. 下列关于施救费用的说法正确的是( )。
    A. 保险事故发生后,保险人不承担被保险人为防止或减少保险标的的损失所支付的全部费用
    B. 保险事故发生后,保险人承担被保险人为防止或减少保险标的的损失所支付的必要的合理的费用
    C. 保险人所承担的数额在保险标的损失赔偿金额以外另行计算,最高不超过保险金额的数额
    D. 施救费用与损失赔偿金额之和最高不超过保险金额

34. 保险合同终止与保险合同解除的区别表现为( )。
    A. 直接原因不同   B. 履行程度与效力不同
    C. 法律后果不同   D. 间接原因不同

35. 保险合同终止的原因包括( )。
    A. 因期限届满或因履行而终止
    B. 因合同被解除而终止
    C. 财产保险合同因保险标的的灭失而终止,人身保险合同因被保险人的死亡而终止
    D. 财产保险合同因保险标的的部分损失,保险人履行赔偿义务而终止

36. 投保人应履行的义务包括( )。
    A. 如实告知与交付保险费义务
    B. 维护保险标的的安全与危险增加通知义务
    C. 保险事故发生通知义务与出险施救义务
    D. 提供单证与协助追偿义务

37. 保险人应履行的义务包括( )。
    A. 承担保险责任
    B. 条款说明

C. 及时签发保险单证

D. 为投保人、被保险人或再保险分出人保密

38. 规定投保人在保险事故发生后履行通知义务的目的是（　　）。

A. 使保险人得以迅速调查事实真相，防止因证据灭失而影响责任的确定

B. 便于保险人及时采取措施，协助被保险人抢救被保险财产，处理保险事故

C. 使保险人有准备赔偿或给付保险金的必要时间

D. 防止投保人欺诈

三、案例分析题

某保险公司为了稳定与投保人的关系，增强投保人对保险公司的信心，经常与已订约主的投保人保持联系。甲是该保险公司的一保户，在其一份保险合同即将期满时，向该公司提出延长该保险合同期限的申请，保险公司根据甲当时的实际情况，对甲继续签约承保。

根据以上资料，回答下列问题（不确定单、多项选择）：

1. 甲和该保险公司续签保单的行为，在保险术语中叫作（　　）。

A. 保险合同延期　　　　　　　　B. 续保

C. 保险合同恢复　　　　　　　　D. 续期

2. 该保险公司在与甲续签保险合同时，应注意的事项包括（　　）。

A. 对保险标的进行再审核　　　　B. 根据风险因素变化适当调整费率

C. 对承保条件进行适当调整　　　D. 汇率的变动

第 4 章

人寿保险

本章重点提示

通过本章的学习，要了解人寿保险的概念、特点与分类；要掌握熟悉人寿保险的常用条款及一些主要险种。

引言

人寿保险是人身保险中最为重要的内容，也是实践中种类最多、专业性最强、竞争最激烈、创新最快的部分。

4.1 人寿保险的概念及特点

4.1.1 人寿保险的概念

人寿保险是以被保险人的死亡或生存为保险事故的人身保险业务。人寿保险的基本内容是：投保人向保险人缴纳一定量的保险费，当被保险人在保险期限内死亡或生存到一定年龄时，保险人向被保险人或其受益人给付一定量的保险金。

人寿保险简称寿险，是人身保险中最基本、最主要的种类。无论在我国还是在国外，人寿保险的业务量都占人身保险的绝大部分。

在人身保险中，最早产生的种类是人寿保险。人们曾认为，死亡是最大的人身风险，因而早期的人寿保险主要是为死亡提供保障，最初的人寿保险专指死亡保险。然而，人们都希望生存、希望长寿，由于生存和长寿需要生活费用，所以实际上也是一种风险，为此后来又出现了生存保险，以及把死亡保险与生存保险相结合的两全保险。由于一个人不能预知自己寿命的长短，期满时一次性给付保险金的生存保险不能为养老的需要提供充分保障，于是后来又出现了年金保险。

4.1.2 人寿保险的特点

人寿保险除具有人身保险的一般特征，如保险标的不可估价性、保险金的定额给付性之外，还具有以下特点。

1. 风险的特殊性

（1）风险的稳定性。人寿保险承保的风险是人的死亡或生存。人寿保险的纯保险费依据被保险人在一定时期内死亡或生存的概率计算。在保险实践中，保险人依据生命表提供的死亡率或生存率计算纯保险费。保险人使用的生命表是根据多年业务经营实践中数以千万计的被保险人的生命资料编制的。由于观察的时间长、样本资料多（被保险人的数量多），因而能够排除各种偶然因素，揭示生命运动的规律，符合大数法则的要求，呈现出相当大的稳定性。虽然，随着生活水平的提高和医学的发展，人的寿命也在不断变动，总的变动趋势是寿命不断延长。但是这种寿命的变动相当缓慢，在一个不太长的时期内，这种寿命的微小变动可以忽略不计，从而可以保证生命表中的死亡率、生存率与被保险人实际发生的死亡率、生存率相差很小。

人寿保险所承保风险的稳定性，决定了人寿保险业务经营的稳定性。只要保险人选用生命表和预定利息率适当，则业务经营不会发生亏损，也不会出现很大的盈余。

财产保险、意外伤害保险所承保的风险是自然灾害或意外事故造成的损失。自然灾害和意外事故发生的概率虽然也可以预测，但不像人的生命运动那样有规律，不像人的生存或死亡的概率那样稳定。因此，财产保险、意外伤害保险的业务经营不如人寿保险业务稳定，有可能因发生巨灾风险出现亏损，也可能发生较大的盈余。

(2) 风险的变动性。在财产保险中，每一保险标的因自然灾害、意外事故遭受损失的概率，在不同年度不完全相同，但并没有明显的规律，不是逐年增大或减小。在人身意外伤害保险中，每一被保险人遭受意外伤害的概率与其年龄关系也不大，并不呈逐年增大或减小的趋势。而在人寿保险中，每个人一生中在不同年龄阶段的死亡概率、生存概率是不同的。统计资料表明，死亡的概率是随着年龄的增长而逐年增大，这种规律非常明显。

人寿保险费的计算基础是各年龄的死亡率。人的死亡率除幼年外是随年龄增长而升高的，每一年龄的死亡率都不相同。死亡率是逐年变化的，且变化幅度在不同的年龄段有所不同，特别是到了老年以后，死亡率上升幅度更大。按照费率计算的一般原理，人寿保险的保险费是逐年递增的。这种按照各年龄死亡率计算得到的逐年更新的保费称为自然保费。

自然保费刚好用于当年的死亡给付，没有积累，使寿险经营每年达到平衡。但由于死亡率是逐年递增的，因此自然保费也是逐年递增的，且增加速度越来越快，给寿险经营带来困难，主要表现为：①如果按照自然保费收取保险费，老年时的保险费高于年轻时数倍，使被保险人在年老最需要保险保障时，因缺乏保费的负担能力而无法参加保险，削弱了人寿保险的社会效益；②容易出现逆选择，由于费率年年增加，往往是身体好的人因负担过重而退出保险，身体不好的人却坚持投保，从而使正常情况下计算出的费率难以维持。

为了解决这一矛盾，人寿保险多采用均衡保费代替年年更新的自然保费。均衡保费是指投保人在保险年度内的每一年所缴保费相等。均衡保费与自然保费在数值上有很大差异，如表4-1所示。

表4-1　自然保费与均衡保费的比较

年　龄	死亡率/‰	自然保费/元	均衡保费/元
35	2.51	2.44	16.29
40	3.53	3.43	16.29
45	5.35	5.19	16.29
50	8.32	8.08	16.29
55	13.00	12.62	16.29

续表

年　　龄	死亡率/‰	自然保费/元	均衡保费/元
60	20.34	19.75	16.29
70	49.79	48.33	16.29
80	109.98	106.77	16.29
90	228.14	221.49	16.29

资料来源：魏华林. 保险学. 北京：高等教育出版社，1999.

表4-1中的保费是按保险金额为1 000元，年利率为3%，35岁参加、90岁到期的死亡保险计算得到的。从表4-1中的数字可以看出，均衡保费在早期高于自然保费，晚期低于自然保费，即用年轻时多缴部分弥补年老时少缴的部分，将死亡风险造成的损失均匀地分摊于整个保险期间，使人寿保险具有与其他保险不同的特征。

2. 长期性

财产保险、人身意外伤害保险的保险期限较短，一般不超过一年，而人寿保险的保险期限较长，5年期以下的人寿保险很少见，一般都长达十几年、几十年。人寿保险的保险期限较长的原因是：如果保险期限定为一年，每年合同期满后再续保，那么由于被保险人的年龄逐渐增大，死亡的概率也不断增大，因而死亡保险、两全保险的保险费也要逐年增加。当被保险人年老时，一方面由于劳动能力减弱而劳动收入减少，另一方面保险费增高，被保险人往往无力负担。为了解决这一矛盾，人寿保险的保险期限一般都比较长，而且采用均衡保险费。在保险期限前一阶段，均衡保险费多于当年的应缴保险费，多出部分由保险人投资运用增值，用于补充保险期限后一阶段均衡保险费低于当年应缴保险费的不足，均衡保险费要求较长的保险期限。至于生存保险，主要是年金保险，用于被保险人的养老，保险期限一般是终身。如果保险期限短，就达不到养老保险的目的。另外，如果保险期限定为一年，被保险人就需要每年续保，一旦被保险人患病，保险人就有可能拒绝续保。而如果保险期限较长，则只要被保险人在投保时符合投保条件，保险人不能因被保险人在保险期内患病而要求其退保。

财产保险、人身意外伤害保险的保险期限较短，其原因是其保险费率并不会逐年增加，如果保险期限较长，每年缴纳一次保险费，与保险期限定为一年，每年续保一次并无区别。如果要求投保人一次缴清数年的保险费，投保人往往没有能力负担或不愿意这样做。

3. 储蓄性

储蓄的特征是返还性和收益性。返还性即存款人经过一定时期以后可以领回存款本金，收益性即对存款要计算利息，存款人不仅可以领回存款本金，还能得到一定的利息。

人寿保险的储蓄性是指人寿保险与储蓄有相似之处，其主要表现在以下几个方面。

（1）对保险费计算利息。由于人寿保险采用均衡保险费，投保人每年缴纳的纯保险费可以分为两部分，一部分用于当年发生的死亡给付，称为危险保费；另一部分储存起来，用于以后年度发生的死亡给付或期满生存给付，称为储蓄保费。储蓄保费实际是投保人提前缴纳的保险费，是投保人存放于保险人处的资金，这部分资金存放的时间一般较长，保险人可以运用增值，所以亦应对投保人计算利息才公平。历年收取的储蓄保费及其所生利息就形成责任准备金。如果投保人在投保时一次缴清保险费，则储蓄保费在纯保费中占的比重更大，对这部分储蓄保费，保险人当然也要计算利息，提存责任准备金。人寿保险的责任准备金实质上归投保人所有,如果投保人在中途申请退保,保险人应把责任准备金退还给投保人。由于责任准备金中包括储蓄保费及其所生利息,退保金的数额往往大于投保人历年已缴保费的总额。从投保人方面,领取退保金如同取回自己储蓄的资金,而且得到了一定的利息,与储蓄有相似之处。如果投保人不中途退保,责任准备金最终将全部用于死亡给付或生存给付,被保险人得到的保险金给付中,不仅包括以前缴纳的保险费,而且还包括保险费所生的利息。从参加人寿保险的众多被保险人来看,他们得到的全部保险金给付总额大于他们历年缴纳的全部保险费总额,其差额就是保险费所生的利息。

在人寿保险中,对保险费计算利息并给付被保险人,类似于在储蓄中对存款计算利息并支付给存款人。

(2)返还性。人寿保险的返还性是投保人缴纳保险费以后,保险人几乎必然要给付保险金。在财产保险和人身意外伤害保险中,如果不发生保险事故,保险人就不支付赔款或保险金,并且也不退还保险费。如果被保险人投保定期死亡保险之后,生存到保险期满,则保险人既不给付保险金,也不退还保险费。现在的人寿保险往往把各种保险责任相结合,使保险金给付成为必然事件,只是给付的时间和金额不同而已。例如,终身死亡保险、两全保险、附加缴费期死亡保险的年金保险,等等。投保人寿保险总能领取保险金,类似于参加储蓄总能领回存款本息。

由于人寿保险具有储蓄性,所以又被称为储蓄性保险、返还性保险。但是,人寿保险毕竟与储蓄性质不同。在储蓄中,不存在损失和利益分摊,存款人领回存款本息的时间和金额是确定的。人寿保险则存在损失和利益分摊,被保险人领取保险金的时间和金额是不确定的。例如,在两全保险中,生存到期满的被保险人领取的保险金少于他们所缴保险费及所生利息,其差额用于对死亡被保险人的给付,所以对死亡被保险人给付的保险金多于他们所缴保险费及所生利息。又如,在年金保险中,寿命长的被保险人领取的年金累计额多于他们缴纳的保险费及利息,寿命短的被保险人领取的年金累计额少于他们缴纳的保险费及利息。

4. 计算技术的特殊性

财产保险、人身意外伤害保险的保险费率是以一定时期内的保险金额损失率为基础计算的,每一年度末应提存的责任准备金,可以按当年保险费收入的一定比例计算(如40%、50%等)。

人寿保险计算保险费和责任准备金的方法与财产保险、人身意外伤害保险完全不同。人寿保险承保的风险是生存或死亡,而其发生的概率依据被保险人年龄而有所不同,又由于人寿保险的保险期限长,一般采用均衡保险费,所以要考虑利息因素,因而人寿保险费与责任准备金的计算均要依据生命表和一定的利息率。在此基础上形成了一套人寿保险专用的计算技术——寿险精算。国外把全部保险业务分为寿险和非寿险两大类,最主要的原因就是人寿保险使用的是一种专用的特殊计算技术。

知识链接

生命表历史追溯

生命表又称"死亡率表",反映了不同年龄人的生存概率、死亡概率和平均年龄,是人寿保险在计算费率时最重要的依据之一。

生命表可追溯到公元1661年，英国出现了历史上最早的死亡概率统计表。1693年，英国天文学家哈雷制定《哈雷死亡表》，奠定了近代人寿保险费计算的基础。1700年，英国又建立了"均衡保费法"，使投保人每年缴费金额相等。

1929—1931年，金陵大学的肖富德编制了中国第一张生命表，称为"农民生命表"。1981年我国恢复寿险业务时，既没有经验数据又没有精算技术，只得借用日本的寿险生命表。直到1995年，当时的中国人民保险公司参考其1990—1993年的保单数据，编制了中国人寿保险业第一张经验生命表。2003年8月，在中国保监会的牵头下，组成由保监会领导和部分业内人士为主要负责人的新生命表编制小组，开始启动新生命表的编制工作。这张新生命表从2006年1月1日开始使用至今。

资料来源：中国保险营销网，2009-08-24.

4.2 人寿保险的类别划分

4.2.1 按保险责任分类

按照保险责任的不同，人寿保险可以分为死亡保险、生存保险和两全保险3种。

1. 死亡保险

死亡保险是以被保险人的死亡为保险事故（给付保险金条件）的人寿保险业务。死亡保险是人寿保险中最基本的保险责任。

2. 生存保险

生存保险是以被保险人生存到一定年限（一定年龄）为保险事故的人寿保险业务。

3. 两全保险

两全保险又称生死合险，两全保险是将定期死亡保险和定期生存保险相结合的一种人寿保险，它的保险责任是被保险人在保险期限内死亡，保险人给付死亡保险金，被保险人生存到保险期限结束，保险人给付期满生存保险金。

4.2.2 按保险金额及是否验体分类

各类生存保险均不需要检验被保险人的身体。死亡保险、两全保险因被保险人的身体健康状况直接影响风险程度，故原则上应检验被保险人的身体，但保险金额较低时，可以不检验被保险人的身体。据此，可以把死亡保险、两全保险分为普通寿险和简易寿险两类。

1. 普通寿险

普通寿险是指保险金额较高，需要检验被保险人身体的死亡保险或两全保险。普通寿险不能采用团体投保方式，必须个人投保，对被保险人逐一进行严格的体检。我国目前尚未开办普通寿险。

2. 简易寿险

简易寿险是指保险金额较低，不检验被保险人身体、保险费按月或按周收取的两全保险。

最初的死亡保险、两全保险都是保险金额较高、需要检验被保险人身体的普通寿险。由于需要缴纳较高的保险费,只能承保高收入阶层。为了解决这一问题,19世纪中叶出现了以低工资收入阶层为承保对象的简易寿险。简易寿险一般是两全保险,保险金额很低,因此不检验被保险人的身体,保险费按月或按周缴纳,由保险公司派人员上门收取。简易寿险虽然每次缴纳保险费的数额很低,但由于收费次数频繁,保险公司的业务开支费用较多,而且赔付率较高,所以一般人寿保险公司不经营简易寿险。由于邮局的营业机构设置较广,又是国营机构,所以不少国家的简易寿险都由邮局办理。

简易寿险适于低收入阶层投保,在20世纪初曾一度发展较快。在第二次世界大战后,各国经济得到恢复和发展,居民的收入有所提高,要求高额保障投保简易寿险的人逐渐减少。因此,简易寿险在人寿保险中所占的比重呈逐年下降的趋势。

4.2.3 按人寿保险交费方式分类

人寿保险缴纳保险费的方式可以分为趸缴保费和分期缴费两种。

1. 趸缴保费

趸缴保费方式即在投保时一次缴清全部保险费。某些保险必须采用趸缴保险费的方式,如即期领取的年金保险,投保人必须在投保时一次缴清保险费。

2. 分期缴费

分期缴费方式即在投保时缴纳第一次保险费,以后每隔一定时期(如一个月、一个季度、一年)缴纳一次保险费。依据每次缴费的时间不同,分期缴费又可以分为年缴、半年缴、季缴、月缴等。

依据缴费期限与保险期限的关系,分期缴费又可以分为限期缴费和满期缴费两种。

限期缴费是指缴费期限短于保险期限,投保人只在保险期限的前一阶段缴纳保险费。例如,在终身死亡保险中,投保人可以在被保险人年满60岁之前分期缴费,被保险人年满60岁之后不再缴费,而只享受保险保障。又如,20年满期的两全保险,投保人可以只在保险期限的前10年分期缴费等。

满期缴费是指缴费期限与保险期限相同,投保人要在整个保险期限内分期缴纳保险费。定期两全保险一般采用满期缴费方式。年金保险的保险费必须在开始领取年金之前缴纳完,由于年金领取期也属于保险期限之内,所以年金保险只能采用限期缴费方式。

凡是保险费已经缴纳完毕的人寿保险单,称为缴清保单。保险费尚未缴纳完毕,以后还须继续缴纳保险费的保险单,称为未缴清保单。

知识链接

保险小知识

世界上最早的人寿保险组织是1699年创办的英国孤寡保险社。

世界上最早创办的储蓄存款保险公司是1933年由美国政府和各级联邦储备银行共同创建的"联邦存款保险公司"。

世界上最大的单项保险协会是"蓝十字和蓝盾牌协会",目前拥有约8 000万会员。

资料来源:中国保险网,2009-08-02.

4.2.4 按保险标的是单个人的生命还是几个人的生命分类

按照一张保险单所承保的保险标的是单个人的生命，还是两个或两个人以上的生命分类，人寿保险可以分为单生保险和连生保险。

1. 单生保险

单生保险所承保的保险标的是单个人的生命。单生保险一张保险单可以只承保一个人，也可以承保若干个人。例如，团体方式的人寿保险，一张保险单可以承保成百上千人。但是一张保险单承保若干人的单生保险，每一被保险人都是独立的风险单位。例如，以团体方式投保的死亡保险中，其中一个被保险人死亡，保险人给付死亡保险金后，再有其他人死亡，保险人仍然要给付死亡保险金，与以前的给付无关。

2. 连生保险

连生保险不仅以一张保险单承保若干被保险人，而且把这若干个被保险人作为一个风险单位。例如，若干个人投保连生死亡保险，依据保险合同中的约定，可以在其中第一个被保险人死亡时给付死亡保险金，保险合同终止，也可以在其中最后一名被保险人死亡后给付保险金，保险合同终止。又如，夫妻二人可以投保连生年金保险，当其中一人死亡时，年金仍需支付，直至最后一个人死亡时，年金才停止支付。

连生保险的计算技术比单生保险复杂得多。在保险实践中，绝大部分人寿保险都是单生保险，连生保险只占很小的比重。

4.2.5 按是否分红分类

按照是否对保险单分配红利，人寿保险可以分为有分红保险和无分红保险。

人寿保险的纯保险费是按照预定死亡率和预定利息率计算的，由于保险人在选用预定利息率时往往留有一定余地，所以实际获得的资金运用收益率一般大于预定利息率，多出部分是保险公司的利润来源之一。这部分利润一般要分为3部分：纳税；归保险人；以保单分红的方式返还给投保人。

采用保单分红方式既可以增强竞争，又可以降低保险人的风险，因为有分红的保单，预定利息率可以低一些，通过分红作为补充，易于被投保人接受。

保险期限较短、保险金额较低的人寿保险，一般不予分红。保险期限较长、保险金额较高的人寿保险，也不一定都要予以分红。不分红的人寿保险单称为无分红保险单。

投保人寿保险是否参与分红，在投保时就要订明：凡参与分红的人寿保险，就是有分红保险，不参与分红的人寿保险，就是无分红保险。无分红保险的预定利息率要略高于有分红保险的预定利息率。

4.3 人寿保险常用条款

人寿保险合同条款是受保险管理部门控制的，保险人所使用的保单格式必须得到管理部门的批准，由于人寿保险的一些共同性，使得虽然各保险人所提供的保险产品内的风险保障不同，但条款具有很大的相似性。下面介绍几种常用的人寿保险条款。

4.3.1 不可争议条款

不可争议条款又称不可抗辩条款。此条款规定，从保单生效之日起满两年后，保险人不能以投保人或被保险人在投保时的故意隐瞒、过失、遗漏或不实说明为由来否定合同的有效性，但投保人欠缴保费的除外。保险人在两年的期限内如发现投保人或被保险人违背了诚信原则，保险人可以解除合同。不可抗辩条款也用于保单失效后的复效，即申请复效的保险单在复效满两年后也可成为不可抗辩的。

规定不可争议条款的目的主要是保护受益人的利益，如果被保险人已经死亡，受益人很难对保险人提出的争议进行解释。但是，对不可争议条款的适用性也规定了一些例外情况。在保险单生效两年后，保险人仍可拒绝保险金给付申请的情况有：受益人怀有谋害被保险人的意图取得保险单；由他人代被保险人进行体检；在取得保险单时不存在可保利益。不可争议条款作为人身保险合同的标准条款，被世界上绝大多数国家所采用。

我国新修订的《保险法》增加了不可争议条款。新修订的《保险法》第十六条规定，订立保险合同，保险人就保险标的或被保险人的有关情况提出询问的，投保人应当如实告知。投保人故意或因重大过失未履行前款规定的如实告知义务，足以影响保险人决定是否同意承保或提高保险费率的，保险人有权解除合同。前款规定的合同解除权，自保险人知道有解除事由之日起，超过30日不行使而消灭。自合同成立之日起超过两年的，保险人不得解除合同；发生保险事故的，保险人应当承担赔偿或给付保险金的责任。投保人故意不履行如实告知义务的，保险人对于合同解除前发生的保险事故，不承担赔偿或给付保险金的责任，并不退还保险费。投保人因重大过失未履行如实告知义务，对保险事故的发生有严重影响的，保险人对于合同解除前发生的保险事故，不承担赔偿或给付保险金的责任，但应当退还保险费。保险人在合同订立时已经知道投保人未如实告知的情况的，保险人不得解除合同；发生保险事故的，保险人应当承担赔偿或给付保险金的责任。保险事故是指保险合同约定的保险责任范围内的事故。

4.3.2 年龄误告条款

年龄误告条款规定，投保人在投保时若误告了被保险人的年龄，则保险金额将根据被保险人真实的年龄予以调整。这是由于在人身保险中，年龄是影响费率的一个重要因素，不同年龄的人死亡率不同，因而所缴纳的保险费也不相同。当受益人申请保险金给付时，如果发现被保险人的年龄误报，则需将保险金额按照正确的年龄进行调整。

如果在保险单有效期内发现被保险人的年龄误报，则看是低报还是高报年龄。如果保险单上的年龄高于实际年龄，致使投保人实付保险费多于应付保险费的，保险人应当将多收的保险费退还投保人；如果是低报年龄，致使投保人支付的保险费少于应付保险费的，保险人有权更正并要求投保人补缴保险费，或者在给付保险金时按照实付保险费与应付保险费的比例支付。投保人申报的被保险人年龄不真实，并且其真实年龄不符合合同约定的年龄限制的，保险人可以解除合同，并在扣除手续费后，向投保人退还保险费，但是自合同成立之日起逾两年的除外。

阅读资料

2004年11月12日，某单位为全体职工投保了简易人身险，每个职工150份（5年期），月缴保险费30元。2005年5月，该单位职工付某因交通事故不幸死亡，他的家人带着单位开出的介绍信及相关的证明资料，到保险公司索赔。保险公司发现，被保险人投保单上所填写的年龄为64岁，户口簿上年龄为67岁，超出了简易人身保险条款规定的最高年龄（65岁）。因此，拒付该笔保险金，在扣除手续费后退还了保险费。

资料来源：易索理赔网，2009-08-20.

4.3.3 宽限期条款

宽限期条款规定，在首次缴付保费后，允许保险单所有人有一个30天或60天的宽限期缴付逾期保险费，并不计收利息。如果被保险人在宽限期发生保险事故，保险人仍应承担相应的责任，但是保险人可以从应支付的保险金中扣除逾期保险费及其利息。规定这项条款的目的是向保险单所有人非故意拖欠保费提供一些保护，否则拖欠一天保费，就须申请复效。

保险人依照前款规定解除合同，投保人已经缴足两年以上保险费的，保险人应当按照合同约定退还保险单的现金价值；投保人未缴足两年保险费的，保险人应当在扣除手续费后，退还保险费。

4.3.4 复效条款

如果保险单所有人在宽限期内仍未缴付保险费，并且该合同没有使用自动垫缴保险费条款，保险单便会失效。复效条款允许保险所有人在因未缴保险费而使人身保险合同失效后的两年内有恢复保单效力的权利。但申请复效一般须符合下列条件。

（1）被保险人必须提供使保险人感到满意的可保性证据。经验表明，健康状况不好的人较之健康状况较好的人更愿意提出复效申请。但是，由于大多数保险单失效是非故意的，故保险人对在较短时期内提出复效申请的人采取宽容态度。例如，在宽限期满后31天之内申请复效无须提供可保性证据。可保性证据的含义要比健康状况良好更广，它还包括职业变化、投保人的经济情况变化等。

（2）必须补缴拖欠的保险费及其利息，如为分红保单还应扣除应分配的红利。

（3）必须归还保险单所有质押贷款。

（4）不曾退保或把保险单变换为定期寿险。

一般保险单所有人申请复效较重新购买一份新的保险单更为有利。首先，由于被保险人年龄增大，新保险单的费率一般较旧保险单高；其次，新的保险单要在合同生效一两年后才会有现金价值；最后，购买新保险单的各项填表、体检手续也很麻烦。

4.3.5 自动垫缴保险费条款

自动垫缴保险费条款规定，分期缴费的保险合同在宽限期后，投保人仍未缴纳保险费时，保险人可以用保险单项下积存的现金价值垫缴投保人欠缴的保险费，保险合同继续有效。当垫缴的保险费及利息超过保单积存的现金价值时，若投保人尚未及时补缴，保险合同效力终止。对于此项垫缴保险费，投保人要偿还并支付利息。在垫缴保险费期间，如发生保险事故，保险人要从应给付的保险金中扣还垫缴的保险费及利息。由于有的人身保险合同的缴费期限较长，规定自动垫缴保险费条款的目的是避免在这期限内的非故意的保险单失效。为了防止过度使用这种贷款，有些保险公司会对使用次数加以限制。

4.3.6 不可没收现金价值条款

在人身保险合同中，除定期死亡保险外的大部分保单，在投保人缴纳一定次数的保险费后都具有了现金价值。这相当于保单所有人在保险人处的储蓄。在人寿保险发展初期，对保险单失效后是否给付保险单积存的现金价值不作规定，而是由保险公司自行决定，从而使保险公司没收的失效保险单的现金价值成为其一大利润来源，这对被保险人显然是不公平的。为保护保单所有人的利益，在后出现的保单中逐渐增加了不可没收现金价值条款。此条款规定，保单所有人享有保单的现金价值，此权利不因保单的效力发生变化而丧失。由于支付代理人佣金、缴纳营业税及签单等费用都要从保险费中支付，因此，在保险单生效的起初几年里，现金价值微不足道。

美国1948年1月1日在大多数州生效的《标准不可没收现金价值法》规定了不可没收现金价值的计算方法：

现金价值＝保险单准备金－扣除额＋增额保险费缴清保险准备金＋红利累积金额

保单所有人有领取现金价值的选择权，可供选择的方式如下。

（1）投保人在逾期未缴付保险费后的60天内可以要求给付退保金，退保金为现金价值减去未偿贷款和欠缴保险费及其应计利息。

（2）如果投保人未提出特别申请，现金价值将以减额缴清保险或展期保险方式提供。所谓减额缴清保险，是把现金价值作为趸缴保险费购买与原保单期限相同的寿险，但保险金额较原保险单减少，但可以继续分红，而且不从现金价值中扣除债务。所谓展期保险，是维持原保单的保险金额不变，把扣除债务后的现金价值作为趸缴保险费，保险期限相应缩短。

现在的做法是在保险单中对生命表和利率加以说明，并且说明计算不可没收现金价值的方法，另外要附一份头20年内现金价值变化及给付方式选择权表。

4.3.7 保险单贷款条款

保险单贷款条款规定，人寿保险合同生效满一定时期（常为两年）后，投保人可以以保单为质押向保险人申请贷款，贷款期限一般不超过一年，贷款金额不得高于保险单项下积累的现金价值。投保人应按期归还贷款并支付利息。如果在归还贷款本息之前发生了保险事故或退保，保险人则从赔款或现金价值中扣除贷款本息。当贷款本息达到责任准备金或退保金数额时，保险合同即告终止，保险公司必须提前31天通知保单所有人。由于保险单质押贷款并不是通常意义上的贷款，而是预付保险单的现金价值，因此，在法律上保险人并不能要求借款人到期一定偿还。

4.3.8 红利任选条款

投保人如果购买分红保险，便可享受红利分配。红利任选条款规定了红利分配的选择方式。人身保险业务中的红利来源于3个方面：①被保险人实际的死亡率与用于计算保险费的预定死亡率之间有一定的差异，因而产生的"死差益"；②保险人运用保险资金的实际收益超过厘定保费时的预定利息，如投资利润率是10%，而保单的预定利率仅为5%，因而产生的"利差益"；③保险人实际支出的业务费用低于预计的费用开支，而产生"费差益"。可供投保人选择的红利分配方式如下。

(1) 现金领取。现金领取即直接以现金方式领取保单红利。

(2) 抵缴保费。抵缴保费即用当年红利缴纳续期保费，投保人只需将不足差额部分补齐。

(3) 积累生息。积累生息即将红利寄存在保险人处，由保险人运用以产生利息，待合同期满，一次领取。

(4) 增加保额。增加保额即把红利作为一次缴清的保险费，购买与原保险单剩余保险期限相同的同种保单，使原保单的保险金额增加。

(5) 提前满期。提前满期即在生存保险中把红利并入责任准备金内，使被保险人可以提前领取保险金。在生存保险中，当保单的责任准备金积累到与保险金额相等的时候，就是保单满期的时刻。如果在未满期责任准备金内加入一笔资金，就可以使责任准备金的数额达到和保险金额相一致，也就可以提前使保单满期。

4.3.9 自杀条款

人寿保险合同过去曾把自杀完全作为除外责任，后来被认为是不妥当的，因为人寿保险的主要目的是向受抚养者提供保障。此外，自杀是死亡原因之一，编制生命表时已考虑了这个因素，并根据此表计算保险费。把自杀这一除外责任限制在两年时间内，主要是为了减少逆选择，避免怀有自杀意图的人购买人寿保险。由于人类具有强烈的保护自我的天性，所以一般认为死亡是一种非故意行为，总是由保险人负自杀的举证责任。

在保险合同生效后的一定时期内（一般为两年），被保险人因自杀死亡属于除外责任，保险人不给付保险金，仅退还所缴保险费的现金价值。而保险合同生效满一定时期之后被保险人因自杀死亡，保险人要承担保险责任，按约定的保险金额给付保险金。其目的是防止被保险人为给受益人留下遗产，在高额投保后立即自杀，这也是保险双方利益妥协的结果。我国《保险法》第四十四条规定：以被保险人死亡为给付保险金条件的合同，自合同成立或合同效力恢复之日起两年内，被保险人自杀的，保险人不承担给付保险金的责任，但被保险人自杀时为无民事行为能力人的除外。保险人依照前款规定不承担给付保险金责任的，应当按照合同约定退还保险单的现金价值。

所谓自杀，广义而言是指自己结束自己生命的行为，又分为非故意自杀和故意自杀两种形式。非故意自杀是精神失常、神志不清所致的行为，如误吞毒药、玩枪走火或失足落水等。这类自杀的被保险人通常是无民事行为能力人或限制民事行为能力人，对其自杀的后果辨别或认识不清，因此非故意自杀也被称作意外事故；故意自杀是指在主观上明知死亡的危害结果，而故意实施结束自己生命的行为。故意自杀必须具备主客观条件，即在主观上有结束自己生命的意图，并且对其行为所导致的后果——死亡有足够的认知，同时在客观上实施了足以导致自己死亡的行为，并发生了死亡的后果。

> **阅读资料**

未成年人自杀，保险公司能否赔付身故保险金

杨红于2004年9月通过学校投保了泰康人寿保险公司学生平安意外伤害保险，年缴保险费20元，意外伤害保险金额10 000元；意外伤害医疗保险金额2 000元。2005年1月21日（农历大年三十）下午，因不满家人在过年时没有买新衣服，乘家人外出时自缢死亡，家人回家后发现杨红自缢，急送医院抢救，经急救人员2天的抢救，终因抢救无效死亡，在医院花费抢救费用为1 500元。2005年2月，受益人持相关资料到泰康人寿保险公司申请保险金理赔。在保险实务中，一般认为适用免责条款的自杀必须是故意自杀。而杨红年仅9岁，属于未满10周岁的无民事行为能力人，因其智力状况和认知水平较低，无法正确理解其行为的性质和预见行为的后果，所以杨红的自缢不构成故意自杀，属于意外伤害。对此，泰康人寿保险公司赔付了杨红的抢救费用（1 500元－免赔额50元＝1 450元）和身故保险金10 000元。

资料来源：778论文在线，2009-08-21.

4.3.10 赔款任选条款

赔款任选条款规定，保单所有人在领取保险金时，为更有效地使用资金，有计划地安排生活，领取保险金的人可自由选择领取保险金的方式。

（1）一次性领取现金方式。这是被保险人或受益人一次性以现金的方式领取保险金。

（2）利息收入方式。这是受益人将保险金作为本金留在保险人处，然后按期根据约定的利率到保险公司领取保险金的生息，受益人死亡后由其继承人领取保险金的全部本息。由于保险金作为长期性存款供保险人运作，因此这种方式一般给予比较高的利息。

（3）定期收入方式。这是保险金的本金及其利息在约定的若干年内领完，一般不超过25年。在约定的年限内，保险公司以年金方式按期给付，如果受益人在约定的年限内死亡，其继承人可以继续按次领取，也可以一次领取全部剩余保险金。这种方式对于在经济上还不能自立的受益人是非常有利的。

（4）定额收入方式。这是根据领款人的生活开支需要，确定每次领取的最高金额，直到保险金的本息全部领完为止。

（5）终身年金方式。这是受益人以年金的方式每年领取部分保险金，直至受益人死亡。每次分期给付的金额取决于所选择的终身年金的种类、保险金总额、预定利率及开始领取的年龄。

> **案例分析**

溺水身亡中国人寿保险公司限额赔付

2008年5月6日，绵竹市民乔先生8岁的儿子下河游泳溺水死亡。此前，乔先生曾为儿子在中国人寿保险公司购买了3份保险，保险总额达11万元，但保险公司仅赔付乔先生

5万元。为此，乔先生将保险公司告上法庭。2009年3月18日，这起案件在绵竹人民法院开庭审理。

1. **基本案情**

2005年4月13日，绵竹的乔先生在中国人寿保险公司为儿子购买了保险，他投保了两万保额的学生险。之前不久，乔先生堂兄家孩子患白血病去世，治疗费用让原本经济条件不错的堂兄受到重创，这件事给他很大触动。考虑到孩子患病可能给家庭带来的负担，在咨询了保险公司后，乔先生又投保了中国人寿的康宁终身人寿险，该险种基本保险金额为3万元，其中，重大疾病和身故保障分别按基本保额的2倍和3倍来赔偿，每年缴纳保费1 230元。

2008年5月6日，乔先生的儿子下河游泳溺水死亡。2008年6月，乔先生向中国人寿保险公司索赔。按照之前的保额计算，学生险保额2万元加上康宁终身寿险"身故3倍赔偿"的9万元，总保额为11万元。然而乔先生却被告知，赔偿金额只有5万元，其中，学生险获赔2万元，而康宁终身人寿险只赔付3万元。保险公司的理由是，中国保险监督管理委员会文件规定，父母为其未成年子女投保的人身保险金额总额不得超过人民币5万元，而此前乔先生购买康宁终身人寿险时，曾经与保险公司签署了一份"特别约定"，上面规定：如果被保险人未成年身故……低于5万元按承保额赔付，超过5万元的只按5万元赔偿。

由于赔付的保额与承保时的金额差距太大，乔先生感到难以接受，他一纸诉状将中国人寿保险公司告上法庭，要求按当初的保险金额索赔。

2. **原告观点**

乔先生：保险公司卖出"超限"保单应以原保额赔付。

乔先生认为，"保监会规定的5万元限额，应该是对双方的约束，"乔先生说他也找到了保监会〔1999〕43号文件，上面有5万元的限额，但上面还有"自本通知发布之日起，签发的保单均应按此规定执行"。

"我认为这5万元既是保险金给付的限额，又是保险公司承保的限额。"乔先生说，这个文件是发给保险公司的，不是发给保险消费者的，"既然明确未成年人不能赔付超过5万元的限额，那保险公司为什么要签出总计11万元保额的保单？"

乔先生认为，既然有超过5万元不赔付的条款，当初卖给自己的保单超过了规定的投保限额，因此，他要求按照当初约定的保额全额赔付。

3. **唐律师观点**

乔先生的顾问唐律师：卖3份保单是自相矛盾。

"如果只是一份保险，那么5万元的约定是有效的，但是乔先生在一家保险公司购买3份保险单就有问题了。"唐律师认为，在签订康宁终身人寿险的时候，身故保额就达到9万元，单张保单的保额就已经超过了保监会规定的5万元限制，"这个合同文本中并没有禁止他投保第二份保险"，唐律师认为，保险公司卖给了乔先生3份保险，与这个5万元的限额约定存在矛盾。

4. **被告观点**

保险公司：保额限制在成年后会取消。

"11万元的保额是无法获得保险监督机构批准的。"保险公司的方先生说，"康宁终身寿险的投保单上都列明了未成年人的限制,而乔先生为孩子购买保险时,保险公司提醒他已经超过了保监会的规定了,因此,双方才作了特别约定。"

"整个过程中没有任何欺瞒,而且当时约定了,如果在未成年时死亡,赔偿5万元人民币,超出部分会退回相应保费。"方先生表示,对乔先生此案的处理是所有的保险加在一起赔偿5万元人民币,而超过的部分会退还相应保费。

方先生同时指出,出售超过限额的保单这一说法并不确切。他解释说,如果未成年人是重大疾病,而非死亡的给付性质的赔偿,则不受保额的限制。他还强调,该险种是一个可以成长的保险,"一个未成年人正常情况下是会成年的,一旦他到了18岁,那么他也不受这个限额的限制。"

理赔专家:未成年人身故保额有限制。

某寿险公司的理赔经理张先生表示,出于保护未成年人的人身安全,避免道德原因给被保险人造成人身伤害,保监会作出规定,父母给其未成年子女投保的人身保险,死亡给付保险金额总和不得超过规定的限额,投保人应当避免投保额超过这个限制。

"如果客户觉得不合理,可以不签这个特别约定,只买5万元的保额。何必买那么多呢?"另一中资寿险公司的理赔负责人张女士则指出,中国很多家庭总想着"给孩子先买保险、多买保险",其实这是一个误区。

张女士认为,对整个家庭而言,保险支出中的大部分应该用来为家庭经济支柱投保,而非儿童;儿童的保费支出尽量不要超过家庭总收入的10%,可以考虑投保教育金和健康类险种,"一些针对未成年人的健康疾病险,不以死亡为给付条件的险种,可以投保超过5万元,这么做可以放大保障功能。"

资料来源:吕波. 成都商报,2009-03-24.

本章自测题

一、单项选择题

1. 在某人寿保险合同中,如果投保人、被保险人和受益人为三个不同的人,则该保险合同的当事人是(   )。
   - A. 投保人和被保险人
   - B. 保险人和投保人
   - C. 投保人和受益人
   - D. 保险人和被保险人

2. 一般来说,制定保险合同保证条款的方式是(   )。
   - A. 保险双方当事人约定
   - B. 保险人或行业协会制定
   - C. 保险监管部门制定
   - D. 法律规定或行业协会制定

3. 法律赋予合同当事人的一种单方解除合同的权利叫作(   )。
   - A. 行政解除
   - B. 书面解除
   - C. 法定解除
   - D. 协商解除

4. 保险合同当事人承担的各类义务中,投保人最基本的义务是(   )。
   - A. 如实告知义务
   - B. 交付保险费义务
   - C. 维护保险标的安全义务
   - D. 保险事故的通知义务

5. 由于人身保险保险期限较长并具有储蓄性，因而强调人身保险保险利益存在的时效为（   ）。
    A. 发生保险事故时   B. 填写投保单时
    C. 被保险人告知时   D. 订立保险合同时

6. 某人购买了10万元的终身保险。在保险期间，不幸被一辆汽车意外撞死。按照有关法律规定，肇事司机应该赔偿其家属5万元。事后该被保险人的配偶持保单向保险公司索赔，保险公司对该案件的处理方式是（   ）。
    A. 赔偿10万元
    B. 先赔偿10万元，然后再向肇事司机追偿5万元赔款
    C. 赔偿5万元
    D. 不赔，因为不属于保险责任

7. 保险人履行保险合同义务的具体体现是（   ）。
    A. 保险推销   B. 保险核保   C. 保险理赔   D. 保险承保

8. 保险人在帮助投保人分析自己所面临的风险时，通常将其所面临的风险分为（   ）。
    A. 可保风险与不可保风险   B. 一般风险与特殊风险
    C. 必保风险与非必保风险   D. 可保风险与特约可保风险

9. 包括保险供给者、保险中介人、保险购买者、竞争对手、社会公众以及保险公司内部部门与保险公司直接相关的市场营销环境是（   ）。
    A. 保险营销的社会环境   B. 保险营销的外部环境
    C. 保险营销的经济环境   D. 保险营销的内部环境

10. 李某于2002年12月12日向保险公司购买某保险，保险公司在当日签发了保险单，约定保险期限为2002年12月13日零时起至2003年12月12日24时止，并注明交纳第一笔保险费的次日零时保险公司才开始承担保险责任，李某于2002年12月20日交纳第一笔保险费。那么，该保险合同生效之日为（   ）。
    A. 2002年12月12日   B. 2002年12月13日零时
    C. 2002年12月20日   D. 2003年12月21日

11. 在分期缴费的人寿保险合同中，其不丧失价值任选条款中的"价值"是指（   ）。
    A. 保单项下的利息累积值   B. 保单项下的责任准备金
    C. 保单项下的保费累积值   D. 保单项下的贷款质押值

12. 当债权人以债务人为被保险人投保死亡保险时，其对债务人所具有的保险利益的量的规定是（   ）。
    A. 债权金额   B. 生命价值   C. 自由约定   D. 没有限制

13. 按照我国《保险法》的规定，长期健康保险的经营机构是（   ）。
    A. 财产保险公司   B. 信用保险公司   C. 责任保险公司   D. 人寿保险公司

14. 人身保险分为强制保险和自愿保险。这种划分的分类标准是（   ）。
    A. 实施方式   B. 投保方式
    C. 保险金给付方式   D. 保单利益的归属

15. 下列人身保险业务中，属于短期业务的是（   ）。

A. 定期死亡保险 B. 年金保险
C. 游客意外伤害保险 D. 终身死亡保险

二、多项选择题

1. 依保险经营性质分类，保险的种类包括（　　）。
   A. 公营保险 B. 盈利保险
   C. 非盈利保险 D. 定额保险
   E. 人身保险

2. 商业保险与互助保险的共性主要包括（　　）。
   A. 均以一定范围的群体为条件 B. 均具有互助性质
   C. 直接目的是相同的 D. 遵循的原则是相同的
   E. 同属于商业范畴

3. 无效的保险合同不产生法律效力。按照无效性质划分，保险合同无效可以分为（　　）。
   A. 全部无效 B. 部分无效
   C. 绝对无效 D. 相对无效
   E. 自始无效

4. 根据我国《保险法》的规定，保险公司的组织形式有（　　）。
   A. 相互保险社 B. 股份有限公司
   C. 有限责任公司 D. 相互保险公司
   E. 国有独资保险公司

5. 人寿保险的常见条款包括（　　）等。
   A. 贷款条款 B. 自杀条款
   C. 不可抗辩条款 D. 年龄误告条款
   E. 宽限期条款

6. 人身保险合同的保险标的包括（　　）。
   A. 生命 B. 伤残
   C. 疾病 D. 年老
   E. 身体

三、案例分析题

某人拟定了一个由政府出资，建立一家人寿保险公司的方案：注册资本为2亿元人民币，包括实物出资5 000万元人民币。公司设立股东会和董事会，董事会的成员为7人。

根据以上资料，回答下列问题：

1. 关于该方案，下列提法错误的有（　　）。
   A. 该公司的组织形式为国有独资保险公司
   B. 董事会的成员数符合有关规定
   C. 该公司可以不设立监事会
   D. 该注册资本已达到最低要求

2. 关于该保险公司注册资本的提法，正确的是（　　）。
   A. 该保险公司的注册资本最低应为2亿元人民币，且必须为实缴货币资本

B. 该保险公司注册资本出资完全符合要求
C. 该保险公司最低注册资本应为5亿元人民币
D. 在任何情况下都不能用这物出资

3. 该保险公司不可以因（　　）终止。

A. 分立
B. 合并
C. 破产
D. 合并和分立之外的原因解散

第5章
人寿保险实务之一——传统型险种

本章重点提示

死亡保险、生存保险、两全保险是人寿保险中的传统险种。通过本章的学习，要了解死亡保险、生存保险、两全保险的概念；熟悉和掌握死亡保险、生存保险、两全保险的一些主要险种。

引言

理解各种各样的人寿保险产品，必须从传统型的3个基本寿险险种（即死亡保险、生存保险、两全保险）开始，才能更深刻地认识到新产品开发不是一件简单的事情，而是一个保险公司综合实力的反映，也是保证保险公司在激烈的竞争中保持稳定发展的不竭动力。

5.1 死亡保险

5.1.1 死亡保险概述

死亡保险是以被保险人的死亡为保险事故（给付保险金条件）的人寿保险业务。死亡保险是人寿保险中最基本的保险责任。依据保险期限的不同，死亡保险又可以分为定期死亡保险和终身死亡保险。

1. 定期死亡保险

定期死亡保险习惯上称为定期保险或定期寿险，是保险期限有确定的起止日期的人寿保险。被保险人投保定期死亡保险后，如果在保险期限内死亡，保险人给付死亡保险金，如果保险期限结束时保险人仍然生存，保险人既不给付保险金，也不退还保险费。

由于定期死亡保险只负一定时期内的死亡责任，所以在保险金额相同的条件下，投保定期死亡保险所缴纳的保险费要比投保终身死亡保险（负终身死亡责任）和期限相同的两全保险（负一定时期内的死亡责任和生存责任）低得多。虽然定期死亡保险的费率比较低，投保人只要缴付少量的保险费，就能获得较多的保额保障，但是这种保险并不为一般人所欢迎。其主要原因如下。

（1）保险期限届满，被保险人仍然生存时，其所缴的保险费没有任何返还。

（2）每次保险期限届满，办理续保，保险费率将随被保险人年龄的增长而不断提高，这就造成被保险人在年老体衰时因收入减少无力负担沉重的保险费而不得不停止续保，从而失去保险的保障。

(3) 即使投保比较长期的定期死亡保险，被保险人到期生存时，也有可能因为已经达到人寿保险的最高年龄或健康不符合条件而不能办理续保，这样就使被保险人在最需要保险的时候失去保险的保障。

现在，一般是把定期死亡保险与其他保险责任相结合组成险种，如可以与定期生存保险、年金保险相结合等。

2. 终身死亡保险

终身死亡保险习惯上称为终身保险或终身寿险，保险期限有明确的开始时间而没有明确的终止时间，以被保险人死亡之时为保险期限终止的时间。

人总是要死的，但何时死亡难以确定。由于终身死亡保险没有明确的终止时间，所以对投保终身死亡保险的人必然要给付保险金，只是给付的时间不同而已。

终身死亡保险能对被保险人的死亡提供较为充分的保障。投保终身死亡保险的人，在投保时年龄不能过大，如不能超过60岁、65岁等。这是因为被保险人的年龄过大，死亡率较高，需要缴纳的保险费较多。在保险实践中，被保险人生存到生命表上的最高年龄之后，尽管被保险人并未死亡，保险人亦给付死亡保险金。因为终身死亡保险的保险费，是按被保险人生存到生命表上的最高年龄后全部死亡计算的。

阅读资料

买了保险

一个男的帮他太太向保险公司买了保险。

签约完后，男的问那个业务员："如果我太太今天晚上死了，我可以得多少？"

业务员答道："大概20年徒刑吧！"

资料来源：保险网，2006-11-01.

5.1.2 定期死亡保险实务

新华保险定期人寿A条款简介如下。

1. 投保条件

(1) 被保险人范围：凡1周岁以上、65周岁以下，身体健康或能正常工作或劳动的人，均可作为被保险人参加本保险。

(2) 投保人范围：被保险人本人、对被保险人有保险利益的其他人可作为投保人。

2. 保险责任

在保险责任有效期内，保险公司承担下列保险责任。

(1) 被保险人于合同生效一年内因疾病导致身故或身体高残，保险公司按保险合同载明的保险金额的10%给付身故或身体高残保险金，并无息返还所缴保险费，保险合同效力终止。

(2) 被保险人因意外伤害或合同生效一年后因疾病导致身故或身体高残，保险公司按保险合同载明的保险金额给付身故或身体高残保险金，保险合同效力终止。

3. 责任免除

因下列情形之一，导致被保险人身故或身体高残的，保险公司不负给付保险金责任：

(1) 投保人、受益人对被保险人故意杀害、伤害；

(2) 被保险人故意犯罪或拒捕、故意自伤；

(3) 被保险人服用、吸食或注射毒品；

(4) 被保险人在本合同生效或复效之日起两年内自杀；

(5) 被保险人酒后驾驶、无照驾驶及驾驶无有效行驶证的机动交通工具；

(6) 被保险人患艾滋病（AIDS）或感染艾滋病毒（HIV呈阳性）期间；

(7) 战争、军事行动、暴乱或武装叛乱；

(8) 核爆炸、核辐射或核污染。

发生上述第（4）项情形时，保险公司对投保人退还保险单的现金价值。发生上述其他情形，保险合同终止，如投保人已缴足两年以上保险费的，保险公司将退还保险单的现金价值；未缴足两年保险费的，保险公司扣除手续费后退还保险费。如投保人有欠缴保费的情形，退还上述款项时应扣除欠缴保费及利息。

4. 保险责任开始

保险公司所承担的保险责任自保险公司同意承保、收取首期保险费并签发保险单的次日零时开始生效，开始生效的日期为生效日，生效日每年的对应日为生效对应日。保险合同的保险期间为10年、15年、20年或30年，投保人可选择其中之一；但以保险期间届满时，被保险人年龄不超过80周岁为限。

5. 保险金额和保险费

(1) 本合同最低保险金额为人民币1万元。

(2) 投保人在缴纳保险费时可选择趸缴（一次缴清）或年缴的方式；年缴方式的缴费期间分别为5年、10年、15年、20年或30年，投保人可选择其中之一；但以缴费期满时，被保险人年龄不超过70周岁为限。

6. 保险金的申请

(1) 被保险人身故，由身故保险金受益人作为申请人填写保险金给付申请书，并凭下列证明、资料向本公司申请给付身故保险金：

① 保险单及其他保险凭证；

② 最近一期保险费收据；

③ 受益人户籍证明及身份证明；

④ 公安部门或本公司认可医院出具的被保险人死亡证明书；

⑤ 如被保险人为宣告死亡，受益人须提供人民法院出具的宣告死亡证明文件；

⑥ 受益人所能提供的与确认保险事故的性质、原因、伤害程度等有关的其他证明和资料。

(2) 被保险人身体高残，由被保险人作为申请人填写保险金给付申请书，并凭下列证明和资料向本公司申请给付高残保险金：

① 保险单及其他保险凭证；

② 最近一期保险费收据；

③ 被保险人户籍证明及身份证明；

④ 由本公司认可医院出具的被保险人残疾程度鉴定书;

⑤ 被保险人所能提供的与确认保险事故的性质、原因、伤害程度等有关的其他证明和资料。

(3) 本公司收到申请人的保险金给付申请书及上述证明和资料后,对确定属于保险责任的,在与申请人达成有关给付保险金数额的协议后 10 日内,履行给付保险金责任。对不属于保险责任的,向申请人发出拒绝给付保险金通知书。

(4) 被保险人或身故保险金受益人对本公司请求给付保险金的权利,自其知道或应当知道保险事故发生之日起 5 年不行使而消灭。

(5) 如为代理人申领,应提供委托人授权委托书及代理人身份证明。

5.1.3 终身死亡保险实务

太平盛世·长泰安康保险(A)条款简介如下。

1. 投保范围

(1) 投保人:凡年满 18 周岁,具有完全民事行为能力且对被保险人具有保险利益的人,均可作为投保人投保本保险。被保险人为未成年人的,投保人必须为其父亲或母亲。

(2) 被保险人:凡 0~60 周岁,身体健康,能正常工作或学习的人,均可作为本保险的被保险人。

2. 保险责任

在合同约定有效期内,保险人对被保险人负有下列保险责任。

(1) 被保险人在合同生效或复效 1 年内身故或全残,保险人给付保险金额的 40%,并无息返还所缴保险费(不包括核保后的加费部分,下同),本合同终止。

(2) 被保险人在合同生效或复效 1 年后身故或全残,保险人根据保险事故发生时被保险人的年龄给付身故或全残保险金,本合同终止。

身故或全残保险金如表 5-1 所示。

表 5-1 身故或全残保险金

被保险人身故时的年龄/周岁	小于 16	16~25	26~60	61~70	75 以上
身故或全残保险金(保险金额)	1 倍	3 倍	5 倍	2 倍	1 倍

3. 责任免除

因下列情形之一,导致被保险人身故或全残的,保险人不负给付保险金责任:

(1) 投保人、受益人对被保险人的故意杀害、伤害;

(2) 被保险人违法、故意犯罪或拒捕,故意自伤、醉酒、斗殴;

(3) 被保险人服用、吸食或注射毒品;

(4) 被保险人在本合同成立或复效之日起两年内自杀;

(5) 被保险人无证驾驶、酒后驾驶及驾驶无行驶证的机动交通工具;

(6) 艾滋病或感染艾滋病病毒期间所患疾病;

(7) 因意外伤害、自然灾害事故以外的原因失踪而被法院宣告死亡的;

(8) 战争、军事行动、暴乱或武装叛乱;

(9) 核爆炸、核辐射或核污染。

发生上述情形导致本合同终止时,如为趸缴方式的,保单生效未满两年,保险人在扣除手续费后退还保险费予投保人,保单生效已满两年,保险人将退还保险单的现金价值;如为年缴方式的,投保人未缴足两年保险费,保险人在扣除手续费后退还保险费予投保人,投保人已缴足两年以上保险费,保险人将退还保险单的现金价值。

4. 保险期间

本保险的保险责任自保险人同意承保并收到首期保险费的次日零时开始(出生90天内投保的,保险责任自其出生90天后次日零时开始),至本合同列明的终止性保险事故发生时止。保险人签发保险单作为保险凭证。

5. 保险金额和保险费

(1) 本保险的保险金额按份计算,每份为人民币10 000元,每一被保险人可投保一份或多份。

(2) 本保险的保险费缴费标准视被保险人的性别、投保时的年龄及所选定的缴费方式而定。

(3) 本保险设趸缴、限期缴费(5年、10年、20年缴清)等缴费方式。

5.2 生存保险

5.2.1 生存保险概述

生存保险是以被保险人生存到一定年限(一定年龄)为保险事故的人寿保险业务。投保生存保险的被保险人,向保险人缴纳一定量的保险费后,如果在保险期限内死亡,保险责任即告终止,保险人不给付保险金,也不退还已缴的保险费;如果生存到约定的年限,保险人给付生存保险金。生存保险的实质是在保险期限内死亡的被保险人缴纳的保险费及其所生利息,由生存到约定年限的被保险人享有。生存保险必须规定保险期限,否则被保险人就没有可能领取保险金。

生存保险的特征是:当被保险人生存到约定年限后,保险人一次性给付满期生存保险金,保险合同即告终止。目前,单一的一次性给付生存保险已经不受欢迎,通常的做法是将其与其他保险责任相结合。例如,生存保险可以和定期死亡保险相结合组成两全保险,被保险人生存到保险满期或在保险期限内死亡都可以得到保险金。生存保险也可以和终身死亡保险相结合,被保险人生存到约定年限后可以领取生存保险金,此后无论被保险人何时死亡,保险人都将再给付死亡保险金,如果被保险人未生存到约定的年限就死亡,保险人则只给付死亡保险金。

5.2.2 生存保险实务

平安保险子女教育保险(B)条款简介如下。

1. 投保条件

凡20~50周岁、身体健康者均可作为投保人,为其0~17周岁、身体健康的子女或有抚养关系的少儿(以下简称被保险人)向本公司投保本保险。

2. 保险责任开始

本公司所承担的保险责任自本公司同意承保、收取首期保险费并签发保险单的次日开始。除另有约定外,保险责任开始的日期为本合同的生效日,生效日每年的对应日为本合同每年的生效对应日。

3. 保险责任

在本合同有效期内,本公司负有下列保险责任。

(1) 被保险人生存至 18、19、20、21 周岁的生效对应日,本公司每年按基本保额的 30％给付教育保险金。在被保险人 21 周岁的生效对应日给付教育保险金后,本合同终止。

(2) 被保险人身故,本公司退还保险单的现金价值,本合同终止。

(3) 投保人身故或身体高度残疾,从投保人身故或被确定身体高度残疾之日起,若被保险人生存,本公司于每年的生效对应日按基本保额的 5％给付成长年金,直至被保险人 21 周岁的生效对应日为止。

若投保人身故或身体高度残疾发生于缴费期内,从其身故或被确定身体高度残疾之日起,免缴以后各期保险费,本合同继续有效。

4. 责任免除

投保人因下列情形之一导致身故或身体高度残疾,本公司不负保险责任:

(1) 被保险人、受益人对投保人的故意行为;

(2) 故意犯罪、拒捕、自伤身体;

(3) 服用、吸食或注射毒品;

(4) 在本合同生效之日起两年内自杀;

(5) 在本合同复效之日起两年内自杀;

(6) 酒后驾驶、无照驾驶,或者驾驶无有效行驶证的机动交通工具;

(7) 患艾滋病(AIDS)或感染艾滋病病毒(HIV 抗体呈阳性)期间;

(8) 在本合同生效(或复效)之日起 180 日内因疾病身故或造成身体高度残疾;

(9) 战争、军事行动、暴乱或武装叛乱;

(10) 核爆炸、核辐射或核污染及由此引起的疾病。

上述各款情形发生时,本合同终止。投保人已缴足两年以上保险费的,本公司退还保险单现金价值;投保人未缴足两年保险费的,本公司在扣除手续费后,退还保险费。

5. 保险费

本合同保险费的缴付方式分为趸缴和年缴,年缴保险费的缴费期间自本合同生效之日起至被保险人年满 17 周岁的生效对应日止,缴付日期为本合同每年的生效对应日。

5.3 两全保险

5.3.1 两全保险概述

两全保险又称生死合险,两全保险是将定期死亡保险和定期生存保险相结合的一种人寿保险。它的保险责任是:被保险人在保险期限内死亡,保险人给付死亡保险金,被保险人生存到保险期限结束,保险人给付满期生存保险金。

在两全保险中,死亡给付的金额与期满生存给付的金额既可以相同,也可以不同。如果不相同,则死亡给付的金额大于期满生存给付的金额,死亡给付的金额可以是期满生存给付金额的两倍、三倍、四倍等,称为多倍保障两全保险。

两全保险由于其保险责任较大、适应性广,因而成为人寿保险中业务量最大的险种。

5.3.2 两全保险实务

泰康保险两全保险(分红型)条款简介如下。

1. 投保条件

凡出生满 6 个月以上 55 周岁(含 55 周岁)以下且身体健康的人,可作为被保险人参加本保险。被保险人或对被保险人具有保险利益的人,可作为投保人向本公司投保本保险。投保本保险的被保险人为未成年人时,投保人限为被保险人的父亲或母亲。

2. 保险责任

在合同有效期内,保险公司负有下列保险责任。

(1) 自本合同生效之日起,被保险人生存至每 3 周年生效对应日,本公司按保险单所列明保险金额的 9% 给付生存保险金。

(2) 被保险人因疾病或意外伤害在 100 周岁生效对应日前身故,本公司按保险单所列明保险金额给付身故保险金。本公司给付身故保险金后,本合同终止。

(3) 被保险人生存至 100 周岁生效对应日,本公司按保险单所列明保险金额给付生存保险金,本合同终止。

(4) 自本合同生效之日起,在每一保险年度末,若保险合同有效且所有到期保险费已缴纳,本公司将根据分红保险业务的经营状况分派红利给投保人。红利金额由本公司决定。

3. 红利领取方式

红利领取方式有以下 3 种,投保人在投保时可选择其中一种。

(1) 现金领取。

(2) 累积生息。红利存留在本公司,以复利计息。累积利率每年由本公司宣布。

(3) 抵缴保险费。红利可用来抵缴到期应缴保险费。若红利的金额不足以抵缴到期保险费,不足部分必须一并缴付。红利的金额超过到期保险费的余额、缴费期满后的红利,本公司以本条第(2)款规定的方式进行给付。

若投保人在投保时没有选定红利领取方式,保险公司将以本条第(1)款规定的方式进行给付。

4. 除外责任

对下列任一情形造成被保险人身故的,本公司不负给付保险金责任:

(1) 投保人或受益人对被保险人的故意行为;

(2) 被保险人犯罪、斗殴或醉酒行为;

(3) 被保险人服用、吸食或注射毒品;

(4) 被保险人自本合同生效或效力恢复之日起两年内的自杀、故意自伤身体;

(5) 被保险人酒后驾驶、无照驾驶及驾驶无有效行驶证的机动交通工具;

(6) 被保险人患先天性疾病、遗传性疾病、获得性免疫缺陷综合征(艾滋病)或感染获得性免疫缺陷综合征病毒（HIV 呈阳性）；

(7) 战争、军事行动、暴乱或武装叛乱；

(8) 核爆炸、核辐射或核污染，以及由此引起的疾病。

发生上述任何情况，本合同终止。投保人未缴足两年保险费的，本合同在扣除手续费后向投保人退还保险费；投保人已缴足两年以上保险费的，本公司向投保人退还本合同现金价值。

5. 保险金额和保险费

(1) 本合同的保险金额由投保人和本公司约定并于保险单上载明。最低保险金额为 1 万元人民币。

(2) 本合同保险费缴费期间为 10 年、20 年。

案例分析

精神病人自杀，保险公司应否理赔？

1. 基本案情

死者王某先后于 1999 年 10 月 7 日和 2001 年 10 月 16 日与中国人寿保险公司湖南某分公司为自己全家订立了全家福保险合同和为自己订立了个人人身保险合同，全家福保险合同已经缴清 3 年保费，个人人身保险合同已经缴清 1 年保费。

2002 年 4 月 21 日，王某突然神志不清，被送往医院，经诊断是患了突发性精神分裂症。在治疗期间（尚未痊愈），其又趁医生和家人不注意之时，上吊自杀并身亡。事发之后，死者的妻子周某以死者王某生前曾与上述保险公司订立保险合同为由，向保险公司提出给付死亡保险金的索赔要求，而保险公司则以死者系自杀身亡，且其自杀行为是发生在其与保险公司订立合同之后的两年之内，不符合索赔的条件，拒绝周某的索赔要求。

2. 分析意见

本案争议的焦点是死者在与保险公司订立个人人身保险合同以后的 7 个月之内就因为突发性精神病而自杀身亡，是否适用《保险法》第六十六条的有关投保人在订立保险合同后两年内自杀的，保险公司不负赔偿责任条款的规定。鉴于本案中存在两个保险合同，一个是死者王某与保险公司签订的全家福保险合同；另一个是其与保险公司签订的个人人身保险合同。在分析问题的时候，将其进行区别对待。

对于全家福合同而言，由于死者王某自杀身亡的时间是在 2002 年的 4 月，距订立合同的 1999 年 10 月相差了两年零 6 个月的时间，故不存在适用上述保险法规定的问题。根据《保险法》第六十六条第二款，以死亡为给付保险金条件的合同，自成立之日起满两年后，如果被保险人自杀的，保险人可以按照保险合同给付保险金的规定，保险公司应该给付死者妻子周某死者在全家福保险合同中应有份额的保险金，这是无可争议的。

对于死者的个人人身保险合同，由于死者是在订立该合同以后的 7 个月内自杀身亡的，所以保险公司根据《保险法》第六十六条提出自己的抗辩意见似乎是理所当然的，但是根据分析认为，在本案中不能适用上述《保险法》条款。

法律解释学所说的第一种法律解释的方法就是目的解释，该解释方法认为，人们在解释法律的时候首先应该从立法的目的来解释法律，从而决定被解释法律的适用。从《保险法》

设置上述条款的目的来看，主要是为了预防保险中有可能出现的道德风险，防止一些保险诈骗分子以骗取保险金为目的而故意实施自杀行为。通常情况下，这种自杀都是"未遂"的，他们以这种"未遂"自杀造成的伤害为由向保险公司要求索赔；另一种情况是，如果没有这一条款就会为一些走向绝路的"边缘人"，或者遇到困难无计可施的人提供一笔可观的保险费，因为相对于保险费而言，生命此时已无足轻重了，这在一个竞争日趋激烈而社会保障措施又不完善的社会里，这种极端事件的发生概率通常是很高的。从上面的分析可知，该条款的立法原意是预防道德风险，防止保险欺诈。在本案中，死者实施自杀行为完全由于其在患有精神病期间的无意识行为，因此毫无保险欺诈的故意可言。由此分析可以认为，如果单纯从字面上来理解《保险法》的第六十六条，从而对本案加以适用是有违保险法设置该条款的立法目的的。

进一步分析，依据民法的一般原理，精神病人属于无民事行为能力人，无民事行为能力人实施的行为在法律上是无效的。本案中的死者王某由于突发精神分裂症，已成为一个无民事行为能力人，其在住院治疗尚未痊愈期间所实施的一切行为（包括自杀）在法律上都是不能产生效力的，因此，如果适用上述条款于本案的当事人，显然有违民法的一般原理。众所周知，民法是基本法，保险法是民法的特别法，保险法在适用的时候必须要遵循民法的一般原理，所以，本案如果适用该条款显然是有违民法的基本法理精神的。

此外，还应该看到，人作为一种自然生命体的存在，生老病死都是自然现象，生病和死亡都具有突发性和不可预见性，属于法律上的意外事件。根据合同法的一般原理，在合同的履行过程中，如果发生了不可归责于一方当事人的意外事件而产生合同纠纷的，该方当事人是可以免责的。在本案中，死者王某由于突然患上精神分裂症而导致其实施自杀行为从而死亡，这在法律上纯属意外事件，因此，法律是不能追究死者王某的责任的。

在分析本案的时候，还应注意到中国人寿保险公司在其行业规章《中国人寿保险公司国寿简易人身保险条款》的第五条第四款的规定：被保险人因疾病身故，本公司给付身故保险金，本合同终止。根据这一规定，具有一般社会观念的人都可以作这样的解释，即如果被保险人是因为疾病身故的，无论其与保险公司订立的保险合同有多久，都可以获得身故赔偿金。如果是这样的话，在本案中，死者王某的精神分裂症是不是病呢？这恐怕不是一个问题：死者王某所患的精神分裂症与死者的自杀身亡又有无因果关系呢？据死者王某家人和当地群众的反映，死者生前是一个安分守己的手艺人，且家有妻儿、老父，全家安居乐业，因此，他是没有故意自杀动机的。换句话说，如果没有突发精神病，他是不可能通过自杀导致身亡的。因此，死者是由于疾病（精神分裂症）导致身亡的，本案案情是完全符合上述简易人身保险条款的。反过来，是不是可以这样推测，如果保险公司不给予死者之妻周某保险金，那就是中国人寿保险公司失信于社会的一个例证，因为，上述条款是该保险公司向社会的公开承诺，是其面向社会的"格式条款"。因此，根据这一条款可以认为，保险公司是应该给付保险金的。

3. 结果

本案的结果是很让人失望的。从上面的分析可知，要获得死者的个人人身保险金，就必须在事实上证明，死者的自杀是由死者自身突发精神病所引起的。而要使这一事实在法律上得以成立，就必须提供医院关于死者患有精神病的门诊病历或住院病历（因为只有这两种证明在法律上才是有效的），以此来证明死者患病在法律上是真实的。遗憾的是，死者将接受治疗的门诊病历弄丢了；而出于种种考虑，死者在治疗期间是住在医院附近的亲戚家，也就没有住院病历。因此，本案事实在法律上难以成立，此份保险金的索赔未能实现。

资料来源：中国保险网，http://www.china-insurance.com/anlidaquan/content.asp?id=133290，2009-10-12.

本章自测题

一、单项选择题

1. 在人寿保险合同中，订立不可抗辩条款的主要目的是（   ）。
   A. 将保险人以投保人在投保时违反最大诚信原则为由而主张合同无效的权利限制在一定时期内
   B. 将保险人以投保人在投保时违反损失补偿原则为由而主张合同无效的权利限制在一定时期内
   C. 将保险人以投保人在投保时违反协商一致原则为由而主张合同无效的权利限制在一定时期内
   D. 将保险人以投保人在投保时违反境内投保原则为由而主张合同无效的权利限制在一定时期内

2. 人身保险分为强制保险和自愿保险。这种划分的分类标准是（   ）。
   A. 实施方式　　　B. 投保方式　　　C. 保险金给付方式　D. 保单利益的归属

3. 在人寿保险合同中，如果把自杀一概列为保险责任，保险人承担保险责任，则利益受到损害的人是（   ）。
   A. 投保人　　　　B. 被保险人　　　C. 受益人　　　　D. 保险人

4. 人寿保险的主要风险是死亡率。在我国人寿保险公司的经营实践中，所考虑的影响死亡率的主要因素包括（   ）等。
   A. 住址、性别和职业　　　　　　B. 职位、性别和职业
   C. 身高、性别和职业　　　　　　D. 年龄、性别和职业

5. 在人寿保险中，投保人在整个缴费期间每年均按同一金额缴纳保险费的保费形式被称为（   ）。
   A. 相同保费　　B. 固定保费　　　C. 均衡保费　　　D. 自然保费

6. 对于中止效力后又复效的保单，保险人计算自杀条款责任期限的始点是（   ）。
   A. 失效时　　　B. 复效时　　　　C. 生效时　　　　D. 投保时

7. 根据以往一定时期内各个年龄人的死亡统计资料编制的统计表被称为（   ）。
   A. 生命表　　　B. 调查表　　　　C. 抽样表　　　　D. 测算表

8. 保险合同的关系人是指（   ）。
   A. 投保人和保险人　　　　　　　B. 被保险人和受益人
   C. 被保险人和保险代理人　　　　D. 投保人和受益人

9. 根据我国《保险法》的规定，自人身保险合同效力中止后，（   ）年内投保人和保

险人未达成协议的，保险人有权解除合同。

　　A. 2　　　　　　B. 3　　　　　　C. 4　　　　　　D. 5

10. 我国现行的人寿保险生命表的终端年龄为（　　）。

　　A. 99 岁　　　　B. 100 岁　　　　C. 101 岁　　　　D. 105 岁

11. 人寿保险以外的其他保险的被保险人或者受益人，对保险人请求赔偿或者给付保险金的权利，自其知道保险事故发生之日起（　　）年内不行使而消灭。

　　A. 2　　　　　　B. 3　　　　　　C. 4　　　　　　D. 5

12. 以下关于保险合同解除的表述中，正确的是（　　）。

　　A. 除法律另有规定或保险合同另有约定外，保险合同成立后，投保人可以解除保险合同

　　B. 除法律另有规定或保险合同另有约定外，保险合同成立后，保险人可以解除保险合同

　　C. 受益人可以解除保险合同

　　D. 保险代理人可以解除保险合同

13. 约定分期支付保险费的人身保险合同，投保人支付首期保险费后，除合同另有约定外，超过规定期限（　　）日未支付当期保险费的，合同效力中止。

　　A. 10　　　　　B. 20　　　　　C. 30　　　　　D. 60

14. 保险合同不因（　　）而终止。

　　A. 保险合同解除　　　　　　　　B. 保险合同变更

　　C. 保险合同期限届满　　　　　　D. 保险合同得到履行

15. 按照保险事故划分，人寿保险可分为（　　）。

　　A. 生存保险、死亡保险和两全保险　　B. 标准体保险和次标准体保险

　　C. 团体人寿保险和个人人寿保险　　　D. 定期死亡保险和终身死亡保险

16. 在定期寿险合同中通常规定一定时期为保险有效期间，当被保险人在约定期限内死亡时，保险人承担的保险责任是（　　）。

　　A. 给付受益人约定的保险金　　　　B. 给付投保人约定的保险金

　　C. 退还受益人约定的退保金　　　　D. 给付投保人约定的退保金

17. 在团体人寿保险中，被保险人的保险金额通常是依据统一的标准制定，雇主或雇员均无权予以增减。其主要目的是（　　）。

　　A. 防止道德风险发生　　　　　　　B. 保证公平、合理结果

　　C. 消除逆选择的行为　　　　　　　D. 简化承保理赔手续

18. 在团体人寿保险的风险选择与控制中，一般要求投保团体的被保险人员必须是能够参加正常工作的在职人员。其直接目的是（　　）。

　　A. 消除逆选因素的影响　　　　　　B. 防止道德风险因素影响

　　C. 保证所承标的的质量　　　　　　D. 引导次健康体合理投保

19. 在长期人寿保险中，投保人把原保单改为缴清保险单所反映的缴费实质是（　　）。

　　A. 以现金价值作为趸缴保险费　　　B. 以现金价值作为期缴保险费

　　C. 以危险保险费作为趸缴保险费　　D. 以危险保险人为期缴保险费

20. 两全保险的纯保费由危险保费和储蓄保费组成。其中，储蓄保费的主要用途是

（　　）。

  A. 用于支付退保金或用于生存给付 B. 用于支付退保金或用于死亡给付

  C. 用于支付退保费或用于生存给付 D. 用于支付退保费或用于死亡给付

二、多项选择题

1. 与财产保险相比，人身保险的特点包括（　　）。

  A. 保险标的的不可估价性 B. 保险金额的定额性

  C. 保险利益的特殊性 D. 保险期限的长期性

  E. 生命风险的相对稳定性

2. 以下情形中，体现保险中的逆选择的情况有（　　）。

  A. 身体状况不好的保险投保人愿意为自己选择购买死亡

  B. 身体状况好的投保人愿意为自己选择购买养老金保险

  C. 购买了死亡保险的被保险人故意撞车造成自身死亡

  D. 小心谨慎的投保人愿意为自己选择购买意外伤害保险

  E. 身体状况好的投保人愿意为自己选择购买健康保险

3. 法定保险的实施方式包括（　　）。

  A. 法律限定保险对象与保险人

  B. 法律限定保险对象与被保险人

  C. 法律限定保险对象与投保人

  D. 法律限定保险对象但投保人可自由选择保险人

  E. 法律限定保险对象但投保人可自由选择保险条款

三、案例分析题

A女士于2013年1月购买了一份长期寿险，并附加了一份住院医疗保险，条款约有180天观察期。2014年，A女士由于经济原因一直没有缴纳保费。2015年3月，A女士前往保险公司办理了保单复效手续。4月，她因病住院，向保险公司提出索赔。

根据以上资料，回答下列问题（多项选择）：

1. 保险公司拒绝了A女士的索赔请求，理由是（　　）。

  A. 保单失效后，保险合同终止

  B. A女士患病住院发生在复效后的观察期内

  C. 健康保险规定在观察期内支付的医疗费用属除外责任

  D. 保单复效后重新计算观察期

2. 本案可适用的人寿保险条款主要是（　　）。

  A. 不丧失价值条款 B. 自杀条款

  C. 宽限期条款 D. 复效条款

第6章
人寿保险实务之二——投资型险种

本章重点提示

通过本章的学习,要了解分红保险、投资连结保险的概念;熟悉投资连结保险的一些主要险种。

引言

分红保险、投资连结保险是随着人们越来越强的投资理财观而产生的。

6.1 分红保险

6.1.1 分红保险的概念

分红保险是指保险公司在每个会计年度结束后,将上一会计年度该类分红保险的可分配盈余,按一定的比例、以现金红利或增值红利的方式,分配给客户的一种人寿保险。分红保险是世界各国寿险公司规避利率风险,保证自身稳健经营的有效手段。相对于传统保障型的寿险保单,分红保单向保单持有人提供的是非保障的保险利益,红利的分配还会影响保险公司的负债水平、投资策略及偿付能力。

6.1.2 分红保险的红利分配

1. 红利来源

分红保险的红利来源于死差益、利差益和费差益所产生的可分配盈余。

(1) 死差益。死差益是指保险公司实际的风险发生率低于预计的风险发生率,即实际死亡人数比预定死亡人数少时所产生的盈余。

(2) 利差益。利差益是指保险公司实际的投资收益高于预计的投资收益时所产生的盈余。

(3) 费差益。费差益是指保险公司实际的营运管理费用低于预计的营运管理费用时所产生的盈余。

由于保险公司在厘定费率时要考虑3个因素:预定死亡率、预定投资回报率和预定营运管理费用,而费率一经厘定,不能随意改动。但寿险保单的保障期限往往长达几十年,在这样漫长的时间内,实际发生的情况可能同预期的情况有所差别。一旦实际情况好于预期情况,就会出现以上差益,保险公司将这部分差益产生的利润按一定的比例分配给客户,这就是红利的来源。

2. 红利分配方法

红利的分配方法主要有现金红利法和增额红利法。这两种盈余分配方法代表了不同的分配政策和红利理念，所反映的透明度及内涵的公平性各不相同，对保单资产份额、责任准备金，以及寿险公司现金流量的影响也不同。因此，从维护保单持有人的利益出发，寿险公司内部应当对红利分配方法的制定及改变持十分审慎的态度，既要重视保单持有人的合理预期，贯彻诚信经营和红利分配的公平原则，又要充分考虑红利分配对公司未来红利水平、投资策略及偿付能力的影响。

1）现金红利法

采用现金红利法，每个会计年度结束后，寿险公司首先根据当年度的业务盈余，由公司董事会考虑指定精算师的意见后决定当年度的可分配盈余，各保单之间按其对总盈余的贡献大小决定保单红利。保单之间的红利分配随产品、投保年龄、性别和保单年限的不同而不同，反映了保单持有人对分红账户的贡献比率。一般情况下，寿险公司不会把分红账户每年产生的盈余全部作为可分配盈余，而是会根据经营状况，在保证未来红利基本平稳的条件下进行分配。未被分配的盈余留存公司，用以平滑未来红利、支付末期红利或作为股东的权益。现金红利法下盈余分配的贡献原则体现了红利分配在不同保单持有人之间的公平性原则。

在采用现金红利法时，保单持有人一般可以选择将红利留存公司累计生息、以现金支取红利、抵扣下一期保费等方法支配现金红利。对保单持有人来说，现金红利的选择比较灵活，满足了客户对红利的多种需求。对保险公司来说，现金红利在增加公司的现金流支出的同时减少了负债，减轻了寿险公司偿付能力的压力。但是，现金红利法这种分配政策较为透明，寿险公司在市场压力下不得不将大部分盈余分配出去，以保持较高的红利率来吸引保单持有人，这部分资产不能被有效地利用，使寿险公司可投资资产减少。此外，每年支付的红利会对寿险公司的现金流量产生较大压力，为保证资产的流动性，寿险公司会相应降低投资于长期资产的比例，这从一定程度上影响了总投资收益，保单持有人最终获得的红利也较低。现金红利法是北美地区寿险公司通常采用的一种红利分配方法。

2）增额红利法

增额红利法是以增加保单现有保额的形式分配红利，保单持有人只有在发生保险事故、期满或退保时才能真正拿到所分配的红利。增额红利由定期增额红利、特殊增额红利和末期红利3部分组成。定期增额红利是每年采用单利法、复利法或双利率法将红利以一定的比例增加保险金额；特殊增额红利是只在一些特殊情况下，如政府税收政策的变动时，将红利一次性地转入到保险金额；末期红利一般是已分配红利或总保险金额的一定比例，将部分保单期间内产生的盈余递延至保单期末进行分配，减少了保单期间内红利来源的不确定性，使每年的红利水平趋于平稳。

增额红利法赋予寿险公司足够的灵活性对红利分配进行平滑，保持每年红利水平的平稳，并以末期红利进行最终调节。由于没有现金红利流出，以及对红利分配的递延增加了寿险公司的可投资资产，同时不存在红利现金流出压力，寿险公司可以增加长期资产的投资比例，这在很大程度上增加了分红基金的投资收益，提升了保单持有人的红利收入。但是，采用增额红利法时，保单持有人处理红利的唯一选择就是增加保单的保险余额，并且只有在保单期满或终止时才能获得红利收入，保单持有人选择红利的灵活性较低，丧失了对红利的支配权。此外，在增额红利分配政策下，红利分配基本上由寿险公司决定，很难向投保人解释现行分配政策的合理性，以及对保单持有人利益产生的影响，尤其在寿险公司利用末期红利对红利进行平滑后，缺乏基本的透明度。增额红利法是英国寿险公司采用的一种红利分配方法，这种分配方法必须在保险市场比较成熟的环境下运行。

6.2 投资连结保险

6.2.1 投资连结保险的概念

投资连结保险（简称投连险）是指包含保险保障功能并至少在一个投资账户拥有一定资产价值的人身保险产品。投资连结保险除了同传统寿险一样给予保户生命保障外，还可以让客户直接参与由保险公司管理的投资活动，将保单的价值与保险公司的投资业绩联系起来。大部分缴费资金用于购买由保险公司设立的投资账户单位，由投资专家负责账户内资金的调动和投资决策，将保户的资金投入到各种投资工具上。"投资账户"中的资产价值将随着保险公司实际投资收益情况发生变动，因此客户在享受专家理财好处的同时，一般也将面临一定的投资风险。

6.2.2 投资连结保险的特点

1. 透明性

投连险保单在操作上的透明度很高，保单所有人可以了解每期的保单资金在投资、死亡率费用、附加费用上的具体分配情况，也可以了解保费、风险保额、净风险保额、现金价值等保单要素的运作过程。透明性有利于减少保险公司与消费者之间的信息不对称，从而有助于提升消费者对保单的信心。透明性还有利于一个公正、公平、公开的保险市场的形成，增加"市场之手"的力量。这是因为消费者获得了知情权以后，就能够对不同保险产品进行比较。

2. 灵活性

投连险保单的保险费可以灵活支付，保险金额可以灵活调整，投资账户也可以灵活转换，一张保单就可以灵活地适应消费者未来多样化且不确定的理财需求。只要保单的账户价值足以支付按月扣缴的死亡率费用与附加费用，保单就继续生效。相比之下，传统保单的生效有赖于按时缴纳事先预定的保险费。

3. 消费者主导性

在支付了初期最低保险费之后，保单所有人可以按其需要在任意时间支付任意数量的保险费，甚至可以暂停保险费支付，只要保单的现金价值足够支付保险成本与附加费用。并且，只要理由正当，保单所有人可以自由地提高（在提供可保证明以后）或降低保额，也可以选择切换不同的基金账户。

4. 综合性的动态理财工具

投连险为保单所有人提供了多种投资选择，消费者可以广泛地介入货币市场基金、普通股票基金、指数基金、债券基金等，并把相当一部分的保险费专门用于投资。因此，投连险可以满足消费者保障理财、储蓄理财与投资理财 3 种需求，消费者可以按照自己的需要，把保险费在风险保障账户、货币市场账户、资本市场账户之间灵活配置，既可以做成"保障为主，投资为辅"，也可以做成"投资为主，保障为辅"，甚至"储蓄为主，保障为辅"等。

阅读资料

爱情保险

在现今的西方社会，婚姻家庭关系极不稳定，结婚和离婚发生的频率甚高，一个人在生活中结婚、离婚多次是不足为奇的，家庭人员分离和重新组合极为平常。

在这种情况下，英国有家保险公司推出了爱情保险业务。凡是已婚夫妇只需每月缴纳少量保险费就可享受爱情保险条款规定的保险责任。其重要责任有：自投保之日起，夫妻双方和睦相处25年者便可领取5 000英镑的保险金；在保险有效期内，夫妇双方有一人因病或其他原因不幸死亡，另一人可领取1 000英镑的抚恤金；参加保险的夫妇俩如果感情破裂，经法院调解无效而离婚的，被遗弃的一方可获得3 000英镑的保险赔偿金。

资料来源：轻松保险网，2009-08-10.

6.2.3 投资连结保险产生的背景

在一个金融市场受到管制与保护的环境中，传统寿险可以生存得很好。因此，保险公司几乎不存在任何刺激去正视消费者的需要及外部世界的变化。他们也因此而形成一种错觉：世界应以保险业的传统为重心来演进。

20世纪50—60年代，欧美发达国家相继进入消费者主权时代，推销观念为营销理念所取代。同时，就科技基础而言，信息技术革命开始发生并全面影响所有的经济领域。20世纪70年代，市场经济发达国家相继取消了对利率和汇率的管制，金融业进入壁垒开始崩塌。

同时，20世纪70年代的美、英等国处于高通货膨胀的阴影之下，消费者团体开始严厉抵制传统寿险保单的低预定利率模式。正如1979年10月美国联邦交易委员会公布的一份报告所说的那样，"消费者每年损失数十亿元，因为他们选择了资讯不足的、不适当的人寿保险"。该报告同时指出，终身寿险保单的储蓄部分平均收益只有1%～2%，旧保单持有人也许正在赔钱。同时，受到指责的还有传统寿险僵化的保费结构。传统寿险以静态为主要特征之一，即保额与保费固定、投资利率预定、缴费时间固定。由于保险金额和保费水平很难改变，它自然无法适应消费者因财务状况改变、金融与经济环境改变而变动的理财需求，这就造成了保险公司静态的理财服务与消费者动态变化的理财需求不匹配的矛盾。

受到指责的不只是僵化的保费结构，还包括传统寿险保费统收统支、暗箱操作的运作模式。统收统支使得消费者无法了解保费在死亡率费用、附加费用及现金价值之间的分配。

而且，在金融市场开始大幅波动的环境中，消费者正在舍弃传统寿险"低保证"的好处。传统寿险投资功能缺位的弱点日益突出，退保率大幅攀升。另外，在金融创新的浪潮中，由于市场竞争激烈，保险公司不得不一再调高预定利率，而这会使他们受到利差损的严重困扰，因此，从其自身利益考虑，保险公司也迫切需要转移投资风险。

投资连结保险的兴起，正是上述"消费者主权"思想和"动态理财"思想的集中产物。经过短短20多年的发展，投连险在主要OECD国家的市场份额迅猛增长。

6.2.4 投资连结保险实务

金盛金生赢家投资连结保险条款简介如下。

1. 保险责任

在本合同有效期内，本公司负下列保险责任。

1) 身故保险金

被保险人身故的，本公司按下列两者之和计算给付身故保险金，本合同保险责任终止：

（1）保险金额；

（2）本公司索赔申请审核完成日后的下一个投资账户计价日（以下简称"计价日"）的个人账户价值。

2) 全残保险金

被保险人致成下列各项残疾情况之一，并经本公司指定或认可的医生或医疗机构诊断确定的，本公司按"身故保险金"的给付方式计算给付"全残保险金"予被保险人。如被保险人同时有下列两项或以上残疾时，本公司只给付一项"全残保险金"。

本公司依规定给付"全残保险金"后，本合同保险责任终止：

（1）双目永久完全失明的；

（2）两上肢腕关节以上或两下肢踝关节以上缺失的；

（3）一上肢腕关节以上及一下肢踝关节以上缺失的；

（4）一目永久完全失明及一上肢腕关节以上缺失的；

（5）一目永久完全失明及一下肢踝关节以上缺失的；

（6）所有四肢关节机能永久完全丧失的；

（7）咀嚼、吞咽机能永久完全丧失的；

（8）永久完全的中枢神经系统机能或胸、腹部脏器机能极度障碍，终身不能从事任何工作，丧失生活自理能力。

2. 保险期间

本合同的保险期间自保险合同首页所载生效日当日零时起至被保险人年满 100 周岁后的首个保单周年日当日 24 时止。

3. 保险费

1) 期缴保险费

（1）投保人支付首期保险费后，应按本合同约定的方法、日期及金额缴付续期保险费。如到期未缴付，且个人账户余额不足以支付初始费用和风险保费时，本公司给予投保人自费用到期日次日起 60 日的宽限期。宽限期内，本合同仍有效。

（2）期缴保险费由基本保险费和额外保险费构成。投保人可以选定 2 000 元至 5 000 元之间的任一金额为一个保单年度内的基本保险费。当一个保单年度的期缴保险费超过基本保险费时，超过部分作为额外保险费。

（3）同一投保人、同一被保险人在本公司持有两张以上投资连结保险保单的，所有有效期缴保单的基本保险费之和不得高于投保人首次按照本合同选定的基本保险费。

2) 趸缴保险费

投保时或本合同有效期内，经本公司同意，投保人可缴纳趸缴保险费，但每次缴纳的金额需符合本公司规定的最高及最低限额。本公司按保险单签发日（投保时缴纳）或逐缴保险费收到日（合同生效后缴纳）的下一个计价日的投资单位买入价（以下简称"买入价"）买入投资单位，转入本合同的个人账户。

3）保险费假期

本合同有效期内，投保人可书面申请保险费假期。保险费假期自本公司核准后生效。投保人可于本公司核准后的下一个期缴保险费到期日起停止缴付期缴保险费，本公司将于约定的缴费日期从个人账户中以转出投资单位的形式收取初始费用和风险保费，本合同继续有效。

当个人账户余额不足以支付上述费用，保险费假期终止。本公司将提前书面通知投保人及时缴纳续期保险费。

4. 保险金额和保险金额的变更

（1）本合同所称保险金额是指保险合同首页所载的主保险合同的保险金额，若该金额按本合同其他条款修正而发生变更，则以变更后的金额为保险金额。

（2）本合同生效后，符合本公司规定的，经本公司同意后投保人可以变更保险金额。

（3）变更后的保险金额自完成变更的下一个计价日起生效。减少后的保险金额不得低于本公司当时规定的最低限额。

5. 投资账户

1）投资账户的建立

（1）本公司将设立多个独立的投资账户供投保人选择。投保人可根据自身的风险承受能力选择投资账户及保险费分配比例，但需符合本公司对最低保险费分配比例及最高投资账户种类数的规定。

（2）各项投资活动由本公司通过投资账户管理和计量，投资活动产生的投资损益均记入投资账户。

（3）投资账户的资产由本公司按照中国法律、法规及保险监管机构制定的相关规定进行管理。

（4）投资账户的资产每年由中国保险监管机构认可的独立会计师事务所进行审计。

（5）本公司在提前书面通知投保人的情况下可以：

① 结转关闭原有的投资账户、设立新的投资账户或进行投资账户的合并及分立，不影响本合同下对应的个人账户价值；

② 合并或分解投资单位，不影响本合同下对应的个人账户价值。

2）投资账户的评估和投资单位价格的计算

投资账户中的资产以投资单位计量，投资单位数精确到小数点后4位。

本公司于每个计价日评估投资账户价值、计算并公布投资单位买入价及投资单位卖出价（以下简称"卖出价"）。评估投资账户价值时，有关交易费用、税款、资产管理费及其他扣减项都从投资账户中扣除。

本公司至少每周对投资账户进行一次评估。

$$卖出价 = (投资账户资产价值 - 资产管理费) / 投资单位数$$

$$买入价 = 卖出价 \times 1.05$$

3) 暂停或延迟评估和交易

出现下列情况,本公司可以暂停或延迟投资账户评估和交易:

(1) 投资账户主要投资的证券市场被关闭或被限制、暂停交易时;

(2) 投资账户的投资对象被暂停交易或计价时;

(3) 投资账户内的资产不能被估价时;

(4) 其他不可抗力因素导致本公司无法进行正常的投资账户评估和交易时。

4) 转出限制

每一投资账户于同一计价日可以转出的投资单位数以该投资账户单位总数的10%为限。本公司将按比例于个人账户下转出部分被要求转出的投资单位,未被转出的投资单位将结转至下一个计价日以当日的卖出价转出,该计价日可转出的投资单位数同样受上述限制。

6. 个人账户

1) 个人账户的建立

保险合同生效后,本公司按照合同约定创建对应的个人账户,以记录其持有的投资单位数及选择的投资账户种类。

2) 个人账户价值的确定

本公司按本合同约定的保险费分配比例确定保险费划分到各投资账户的金额,然后买入投资单位,转入个人账户。

$$转入的投资单位数=转入个人账户的金额/买入价$$

$$个人账户价值=个人账户下的投资单位数\times 卖出价$$

3) 投资账户种类的转换

本合同有效期内,投保人可按下列要求转换个人账户项下的投资账户种类:

(1) 投保人需书面申请转换个人账户项下的投资账户种类,并同意支付相关手续费;

(2) 转换个人账户项下的投资账户种类需符合本公司对最低保险费分配比例及最高投资账户种类数的规定。

本合同其他有关个人账户的条款亦适用转换后的个人账户。

7. 费用

1) 初始费用

在首个保单年度,本公司按如下的方法和比例扣除期缴保险费的初始费用后,剩余的保险费按保险单签发日的下一个计价日的买入价买入投资单位,转入本合同的个人账户。

从第二个保单年度起,本公司按如下的方法和比例扣除期缴保险费的初始费用后,剩余的保险费按保险费收到日的下一个计价日的买入价买入投资单位,转入本合同的个人账户。

保单年度	初始费用比例
首年度	70%
第二年度	40%
第三年度	20%
第四年度	20%
第五年度	20%
以后年度	0%

投保人逾宽限期仍未缴纳续期保险费的,本公司将于个人账户中以转出投资单位的形式

扣取初始费用。

2) 买入卖出差价

本公司在每个计价日公布的投资单位买入价和卖出价的差价为5%，即：

$$买入价＝卖出价×1.05$$

3) 风险保费

风险保费是本公司对所承担的风险保额收取的费用。

首年度风险保费包含在首年度初始费用中一次性扣除。

从第二个保单年度起，本公司于本合同生效日的每月对应日，按主合同的风险保额，从个人账户中以转出投资单位的形式，收取风险保费。

投保人逾宽限期仍未缴纳续期保险费的，本公司将从个人账户中以转出投资单位的形式扣取风险保费。

4) 资产管理费

每一投资账户收取的资产管理费为：

$$投资账户资产价值×(距上次评估日天数/365)×1.5\%$$

该管理费将于评估投资账户价值时从投资账户中扣除。

5) 手续费

本公司在提供投资账户种类转换的服务时，按被要求转出金额的1%收取手续费，不收取买卖差价。

6) 费用调整

本公司保留对上述费用在中国保险监管机构当时允许的范围内进行调整的权利。

案例分析

5万元买保险，半年后取出为何会"缩水"

1. 基本案情

2006年3月，张大爷去当地某储蓄所存钱，按计划他想把5万元钱存一份3年的定期。谁知，储蓄所工作人员却劝他不要存定期，并介绍了另外一种"更保险、更划算"的存钱方式："我们正在代销某保险公司的一款产品，年保底收益2.5%，如果运作得好，收益还更高，这比银行存款划算多了……"一开始，张大爷不同意，说还是存定期放心。这时，保险公司的工作人员也开始劝说，向老人讲买保险的诸多好处："不仅收益高，还免税，而且，你还能得到额外保障……"慢慢地，老人开始动摇了，最终同意按她们的说法选择了买保险。

同年10月，张大爷的老伴生病住院，急需用钱，张大爷便去储蓄所想取出这5万元。一开始，储蓄所的工作人员还不同意，说是没到期，但经不住张大爷的再三要求，储蓄所终于同意"取钱"。当张大爷取回钱时大吃了一惊：5万元存进去，存了半年反而缩水了，拿到手的才46 000多元。工作人员解释，张大爷这种情况属于"退保"，要损失手续费。

"存银行利息再低，本金起码还是有保证的，早知道买保险连本金都不保，我肯定不会买！"张大爷愤愤地说。

2. 案例分析

目前，在银行、邮储网点代销的保险产品主要是理财型险种，如万能险、分红险等。张大爷购买的就是某保险公司的万能险产品。很多人之所以像张大爷那样"错买保险",其实是对这类保险产品的特点不熟悉,盲目追求高收益所致。

相比储蓄,分红险的特点是既有一定的投资功能,又有一定的保障功能,因而很适合某些投资渠道比较少、闲钱比较多的人,万能险就是这样一个产品。从长期看(如10年),由于保底收益较高,万能险一般是可以取得高于银行存款收益的。但是相比储蓄,它也有自身的劣势,最大的劣势是流动性差。保险产品一旦购买,最好是持有到期,如果中途退保,则要损失很大的一笔费用,很可能会低于本金,张大爷遭遇的情况就是如此。

3. 提示

万能险应坚持长期投资才能见效,如果是短期资金,随时需要用钱的家庭不适合购买。

资料来源:刘锋. 成都商报,2006-11-06。

阅读资料

常见的3个保险投诉案例

陷阱一:收益率被"放大"

1. 案例分析

近两年来,投资理财型保险产品开始走俏,殊不知,其中陷阱重重。2007年年底时,在银行工作人员的反复游说后,原本去办理转存的林女士,买了一份与股市紧密挂钩的投连险。"银行的人告诉我,这个产品每年能保障一定的投资收益率。"2007年一波牛市行情确实让林女士获利颇丰。然而,2008年年初以来,受累大盘调整,投连险的账户收益直线大跌,林女士才发现实际收益与当初承诺并不相符。

2. 见招拆招

一些保险代理人及代理机构(银行、邮局等)在推销保险产品时,往往将保险与银行储蓄产品作简单对比,片面夸大保险投资功能,并承诺"每年有不低于百分之几的收益率"。

其实,除万能险外,投连险、分红险两种新型保险理财产品都不保证收益率,实际收益水平并不是固定的。因此,消费者在购买这类保险产品时,一定要认真阅读投保特别提示书,并且还要明白保险的主要功能仍在于保障而不是投资,要理性看待保险与储蓄的区别。

陷阱二:免责条款遭"隐身"

1. 案例分析

很多保险纠纷都因免责条款而起。余小姐近日投诉某保险公司,事由是代理人在向她推销保险时隐瞒免责条款,导致其索赔无门。保险公司辩解称,产品条款中已对免责条款加以明示,余小姐既然已在保险合同上签字,就表示她已经仔细阅读过条款全文,责任并不在保险公司。

2. 见招拆招

无论上述纠纷过错在谁,需要提醒消费者的是,一定要仔细查阅保险条款内容,尤其是明确自己所投保险的保险责任及除外责任,避免出现不必要的纠纷。绝对不能在不了解条款细则内容的情况下,就与保险公司签订参保协议。同时,保险公司也应承担起主动解释免责条款内容的责任。

陷阱三：以往病史被"隐瞒"

1. 案例分析

事实上，有不少保险陷阱都是消费者自挖的，是完全可以避免的。例如，在购买保险前，很多消费者都隐瞒了过往的病史，导致事后保险公司拒赔。方女士在购买一款重大疾病保险时，已患有多年白内障，但她并没有意识到这与自己买保险有关系，也就没有告诉代理人，代理人也并没有仔细询问方女士。结果，等到她开刀住院要求理赔时，保险公司却告知拒赔。

2. 见招拆招

在购买保险时，消费者一定要充分认识到如实告知的重要性和不如实告知的严重后果。投保人如果不如实告知病史，会既得不到保险保障，甚至连保费都有可能拿不回来。

在本案中，方女士的代理人也负有不可推脱的责任。作为代理人，应该在购买保险前仔细询问保户的病史，并提醒其履行告知义务。但往往因为利益驱动，很多代理人对投保人是否如实告知听之任之，甚至还进行不当的干扰。消费者此时一定要保持清醒的头脑，排除干扰。

资料来源：黄蕾. 上海证券报，2008-03-13.

本章自测题

一、单项选择题

1. 在保险经济保障活动中，体现保险双方当事人权利和义务的依据是（　　）。
   A. 保险利益　　　　B. 保险合同　　　　C. 保险对象　　　　D. 保险标的
2. 企业财务分配中的风险处理手段包括（　　）。
   A. 自保风险和互助保险　　　　B. 自保风险和转嫁风险
   C. 互助保险和国家保险　　　　D. 国家保险和转嫁风险
3. 整体险种或其中的一部分险种有所创新或改革，能够给保险消费者带来新的利益和满足的险种被称为（　　）。
   A. 险种市场化　　B. 新险种　　　　C. 传统险种　　　　D. 投连险种
4. 在条件相同的情况下，分红保险费率和不分红保险费率之间的大小关系是（　　）。
   A. 分红保险费率小于不分红保险费率　　B. 分红保险费率大于不分红保险费率
   C. 分红保险费率等于不分红保险费率　　D. 分红保险和不分红保险费率不可比
5. 在人身保险中，有一类保险单每期盈利的一部分被保险公司以红利形式分配给了保单持有人。则这类人身保险被称为（　　）。
   A. 投资保险　　　B. 分红保险　　　　C. 万能保险　　　　D. 储蓄保险
6. 通常，一定量的资金在一定时期内的收益被称为（　　）。
   A. 贴息　　　　　B. 贴现　　　　　　C. 利息　　　　　　D. 利率
7. 在人身保险实务中，保险人通常用作判断投保人缴费能力的主要依据包括（　　）等。
   A. 被保险人职业和经济收入　　　　B. 投保人的职业和经济收入

C. 受益人的职业和经济收入　　　　　D. 投保人所投险种保额大小

8. 由于寿险合同的投保人缴纳保费的时间与保险人支付保险金的时间有很长的间隔，因此，人寿保险的保险人对投保人所缴纳的保费应该承担的特殊责任是（　　）。
   A. 保证给付　　　B. 保值增值　　　C. 到期返还　　　D. 不被挪用

9. 人身保险的作用之一是它可以作为一种投资手段。下列人身保险中，可以作为投资手段的是（　　）。
   A. 医疗费用保险　　B. 意外伤害保险　　C. 投资连结保险　　D. 重大疾病保险

10. 计算人寿保险营业保费的三元素法是将寿险费用分为三大类，即（　　）。
    A. 新契约费、维持费用和收费费用　　　B. 新契约费、服务费用和理赔费用
    C. 出单费用、维持费用和结算费用　　　D. 出单费用、维持费用和财务费用

11. 投保人衡量保险公司是否提供良好服务的标准之一是（　　）。
    A. 是否能提供较多选择的机会　　　B. 是否能赚取最大限度的利润
    C. 是否能迅速占领市场　　　　　　D. 是否能降低费率

12. 居住在低洼地区的居民按照平均费率选择投保洪水保险，这一行为构成（　　）。
    A. 逆选择　　　　　　　　　　　　B. 负选择
    C. 保险欺诈　　　　　　　　　　　D. 道德风险

13. 一般来说，规定保险公司保费准备金提取比例的法律法规是（　　）。
    A. 保险合同法　　　　　　　　　　B. 保险公司法
    C. 保险特别法　　　　　　　　　　D. 保险会计法

14. 资金运用的流动性原则要求保险公司的资金具有的特点是（　　）。
    A. 在不丧失价值的前提下的即时变现能力
    B. 在不损失价值的前提下的即时变现能力
    C. 在保证偿付能力前提下的即时变现能力
    D. 在保证收益的前提下的即时变现能力

15. 就定期死亡保险而言，被保险人的死亡率和保险费率之间的关系是（　　）。
    A. 死亡率越高，保险费率越低
    B. 死亡率越高，保险费率越高
    C. 生存率越低，保险费率越低
    D. 死亡率变动，保险费率不变

16. 因被保险人风险程度较高而不能按照标准保险费率承保，但可以附加条件承保的人身保险被称为（　　）。
    A. 标准体保险　　B. 弱体保险　　C. 特优体保险　　D. 完美体保险

17. 在人寿保险合同中，那些经常被使用，已经逐步规范化和固定化的规定被称为（　　）。
    A. 人寿保险的常用条款　　　　　　B. 人寿保险的规范规定
    C. 人寿保险的固定习惯　　　　　　D. 人寿保险的行业惯例

18. 在人身保险实务中，保险金额的确定方式是（　　）。
    A. 保险人和受益人协商确定　　　　B. 投保人和被保险人协商确定
    C. 保险人和投保人协商确定　　　　D. 保险人和代理人协商确定

二、多项选择题

1. 依保险经营性质分类，保险的种类包括（　　）。
   A. 公营保险　　　　　　　　　B. 盈利保险
   C. 非盈利保险　　　　　　　　D. 定额保险
   E. 人身保险

2. 保险公司采用的优惠价格策略主要有（　　）等。
   A. 统保优惠　　　　　　　　　B. 续保优惠
   C. 趸交保费优惠　　　　　　　D. 安全防范优惠
   E. 免交或减付保险费

3. 下列选项中，属于保险派生职能的有（　　）。
   A. 扩大就业　　　　　　　　　B. 监控风险
   C. 融通资金　　　　　　　　　D. 避免损失
   E. 促进消费

4. 投保人考察保险公司的经济实力，进行投保选择时主要考察的是保险公司的（　　）。
   A. 偿付能力　　　　　　　　　B. 资产比例
   C. 经营状况　　　　　　　　　D. 新险种开发
   E. 技术实力

三、案例分析题

某外资保险公司2013年12月31日的资产总额为52亿元，其中：现金0.02亿元，资金运用23.2亿元，应收保费1.5亿元，预付赔款0.8亿元，固定资产20.0亿元，其他资产6.48亿元。资金运用构成包括：银行存款10.4亿元，三年期企业债券3.6亿元，五年期国债4.2亿元，证券投资2.6亿元，房地产投资2.4亿元。2013年各项资金运用总收益1.108亿元，其中：银行存款利息0.24亿元，企业债券利息0.16亿元，国债利息0.15亿元，证券投资收益0.07亿元，房地产投资收益0.452亿元，其他投资收益0.036亿元。

根据以上资料，回答下列问题：

1. 该保险公司2013年资金运用率是（　　）。
   A. 44.65%　　　B. 40%　　　C. 44.62%　　　D. 24.62%

2. 以下对该保险公司资金运用结构的表述中，错误的是（　　）。
   A. 企业债券占资金运用总额的15.52%
   B. 国债占资金运用总额的18.10%
   C. 资金运用结构表示一具体公司的资金利用程度
   D. 科学合理的保险资金运用结构应当既能控制资金运用的总体风险，也能保证资金运作的收益

3. 以下对该保险公司资金运用收益的表述中，错误的是（　　）。
   A. 该公司2013年资金运用的收益率是4.78%
   B. 该公司证券投资的收益率为2.69%
   C. 该公司每百元债券投入能获得6.92元
   D. 资金运用收益率可用于衡量保险公司的资金管理水平的高低

4. 假设企业债券2015年年底到期,该公司2014年年底决定将债券提前变现,用于房地产投资,则该项投资的机会成本是( )。

　　A. 年收益率为2.31%的银行存款收益
　　B. 年收益率为4.44%的企业债券利息收益
　　C. 年收益率为17.71%的房地产投资收益
　　D. 年收益率为4.50%的资金运用收益率

第 7 章

人寿保险实务之三
——养老年金保险

本章重点提示

通过本章的学习,要着重理解养老保险的概念、特征及其类别的划分;了解补充型养老金的概念、功能及其类型;熟悉和掌握养老保险的一些主要险种。

引言

商业养老保险是社会养老保险的重要补充,其在提供老年生活保障方面发挥着锦上添花的作用。

7.1 商业养老保险概述

7.1.1 商业养老保险的概念

商业养老保险亦称年金保险,是指被保险人在年轻时一次性或分期缴纳保险费,在自己年老退休或丧失劳动能力后由保险人负责给付养老金的一种生存保险。目前,保险市场上绝大多数商业养老保险产品,都是限期缴费的年金保险,即投保人按期缴付保险费到特定年限时开始领取养老金。如果年金受领者在领取年龄前死亡,保险公司或者退还所缴保险费和现金价值中较高者,或者按照规定的保额给付保险金。

年金保险和生存保险都是以被保险人在保险有效期内生存为给付条件,年金保险是生存保险的一个变种,但是两者之间仍然有所区别。前者在保险期限内生存时由保险公司按照约定的期限和方式给付保险金,后者在被保险人生存至保险期满时由保险公司一次性给付保险金。

7.1.2 商业养老保险和社会养老保险的区别

1. 保险性质不同

(1)商业养老保险。商业养老保险是建立在自愿的基础之上,通过合同形式确立的一种较高水平的生活保障。

(2)社会养老保险。社会养老保险是国家强制实施的保障制度,其目的是维持社会稳定,保证因退休、失业、伤残而丧失收入者的基本生活保障。

2. 保险对象不同

(1) 商业养老保险。商业养老保险是只要符合承保条件的人，都可以购买。

(2) 社会养老保险。社会养老保险的对象是国有企业、城镇集体企业、外商投资企业、城镇私营企业和其他城镇企业及其职工，实行企业化管理的事业单位及其职工。在此范围内的用人单位和职工必须无条件地参加社会养老保险。

3. 保障程度不同

(1) 商业养老保险。商业养老保险具有较高的保障水平，并且用户可以灵活地选择保障程度。

(2) 社会养老保险。社会养老保险具有社会福利保障性质，提供的是基本养老保障。

7.1.3 商业养老保险（年金保险）的主要特点

(1) 投保人要在开始领取年金之前，缴清所有保费，不能边缴保费，边领取年金。

(2) 年金保险可以有确定的期限，也可以没有确定的期限，但均以年金保险的被保险人生存为支付条件。在年金受领者死亡时，保险人立即终止支付。

(3) 投保年金保险可以使晚年生活得到经济保障。人们在年轻时节约闲散资金缴纳保费，年老之后就可以按期领取固定数额的保险金。

(4) 投保年金保险对于年金购买者来说是非常安全可靠的。因为，保险公司必须按照法律规定提取责任准备金，而且保险公司之间的责任准备金储备制度保证，即使投保客户所购买年金的保险公司停业或破产，其余保险公司仍会自动为购买者分担年金给付。

阅读资料

生 死 攸 关

"爸爸，如果你再不答应我和他结婚，他就自杀了。"

"他自杀跟我有什么关系？"

"他在你的公司里投了 500 万元的人寿保险。"

资料来源：轻松保险网，2009 - 07 - 10.

7.1.4 商业养老保险（年金保险）的种类

1. 按缴费方法不同

商业养老保险按缴费方法不同，分为趸缴年金与分期缴费年金。

趸缴年金又称一次缴清保费年金，投保人一次性地缴清全部保险费，然后从约定的年金给付开始日起，受领人按期领取年金。

分期缴费年金的投保人，在保险金给付开始日之前分期缴纳保险费，在约定的年金给付开始日起按期由受领人领取年金。

2. 按年金给付开始时间不同

商业养老保险按年金给付开始时间不同，分为即期年金和延期年金。

即期年金是指在投保人缴纳所有保费且保险合同成立生效后，保险人立即按期给付保险年金的年金保险。通常即期年金采用趸缴方式缴纳保费。

延期年金是指保险合同成立生效后，且被保险人到达一定年龄或经过一定时期后，保险人在被保险人仍然生存的条件下开始给付年金的年金保险。

3. 按被保险人不同

商业养老保险按被保险人不同，分为个人年金、联合及生存者年金、联合年金。

个人年金又称单生年金，被保险人为独立的一人，是以个人生存为给付条件的年金。

联合及生存者年金是指两个或两个以上的被保险人中，在约定的给付开始日，至少有一个生存即给付年金，直至最后一个生存者死亡为止的年金。因此，该年金又称为联合及最后生存者年金。但通常此种年金的给付规定，若一人死亡则年金按约定比例减少金额。此种年金的投保人多为夫妻。

联合年金是指两个或两个以上的被保险人中，只要其中一个死亡则保险金给付即终止的年金，它是以两个或两个以上的被保险人同时生存为给付条件。

4. 按给付期限不同

商业养老保险按给付期限不同，分为定期年金、终身年金和最低保证年金。

定期年金是指保险人与被保险人有约定的保险年金给付期限的年金。有两种给付方式：一种是确定年金，即只要在约定的期限内，无论被保险人是否生存，保险人的年金给付直至保险年金给付期限结束；另一种是定期生存年金，即在约定给付期限内，只要被保险人生存就给付年金，直至被保险人死亡。

终身年金是指保险人以被保险人死亡为终止给付保险年金的时间。也即只要被保险人生存，被保险人将一直领取年金。对于长寿的被保险人，该险种最为有利，但一旦被保险人死亡，给付即终止。

最低保证年金是为了防止被保险人过早死亡而丧失领取年金的权利而产生的防范形式年金。最低保证年金具有两种给付方式：一种是按给付年度数来保证被保险人及其受益人的利益，该种最低保证年金形式确定了给付的最少年数，若在规定期内被保险人死亡，被保险人指定的受益人将继续领取年金到期限结束；另一种是以给付回返金额来保证被保险人及其受益人的利益，该种最低保证年金形式确定有给付的最少回返金额，当被保险人领取的年金总额低于最低保证金额时，保险人以现金方式自动分期退还其差额。第一种方式为确定给付年金；第二种方式为退还年金。

5. 按保险年金给付额是否变动

商业养老保险按保险年金给付额是否变动，分为定额年金与变额年金。

定额年金的保险年金给付额是固定的，不因市场通货膨胀的存在而变化。因此，定额年金与银行储蓄性质相类似。

变额年金属于创新型寿险产品，通常变额年金也具有投资分立账户，变额年金的保险年金给付额，随投资分立账户的资产收益变化而不同。通过投资，此类年金保险有效地解决了通货膨胀对年金领取者生活状况的不利影响。变额年金因与投资收益相连接而具有投资性质。

7.2 养老保险的主要险种及条款

养老保险是为了满足城乡居民的需要，为解决人们年老或丧失劳动能力之后能获得稳定的经济生活保障，使其晚年生活更加美满而开办的险种。现以中国人寿保险股份有限公司的鸿寿年金保险（分红型）为例，将养老保险主要条款介绍如下。

7.2.1 投保范围

凡年满 16 周岁以上、60 周岁以下的公民均可作为被保险人，由本人或对其具有保险利益的人作为投保人向中国人寿保险股份有限公司（以下简称本公司）投保本保险。

7.2.2 保险责任开始

本合同自本公司同意承保、收取首期保险费并签发保险单的次日开始生效。除另有约定外，本合同生效的日期为本公司开始承担保险责任的日期。

7.2.3 保险期间

本合同的保险期间为本合同生效之日起至被保险人年满 80 周岁的年生效对应日止。

7.2.4 年金开始领取日

年金开始领取年龄分为 55 周岁和 60 周岁两种，投保人可选择其中一种作为本合同的年金开始领取年龄。年金开始领取日为年金开始领取年龄的年生效对应日。

7.2.5 保险责任

在本合同有效期间内，本公司负以下保险责任。

（1）自本合同约定的年金开始领取日起至被保险人年满 79 周岁的年生效对应日止，每年在本合同的年生效对应日，若被保险人生存，本公司按保险单载明的保险金额的 5% 给付年金。

（2）被保险人身故，本公司按保险单载明的保险金额的 2 倍给付身故保险金，本合同终止。

（3）被保险人生存至年满 80 周岁的年生效对应日，本公司按保险单载明的保险金额的 2 倍给付满期保险金，本合同终止。

7.2.6 红利事项

在本合同有效期内，在符合保险监管部门规定的前提下，本公司每年根据上一会计年度分红保险业务的实际经营状况确定红利分配方案。如果本公司确定本合同有红利分配，则该红利将分配给投保人。

投保人在投保时可选择以下任何一种红利处理方式。

（1）现金领取。

(2) 累积生息：红利保留在本公司以复利方式累积生息，红利累积利率每年由本公司公布。若投保人在投保时没有选定红利处理方式，本公司按累积生息方式办理。

7.2.7 责任免除

因下列任何情形之一导致被保险人身故，本公司不负保险责任：
(1) 投保人或受益人对被保险人的故意行为；
(2) 被保险人故意犯罪、拒捕；
(3) 被保险人服用、吸食或注射毒品；
(4) 被保险人在本合同生效（或复效）之日起两年内自杀；
(5) 被保险人酒后驾驶、无有效驾驶执照驾驶，或者驾驶无有效行驶证的机动交通工具；
(6) 被保险人感染艾滋病病毒（HIV 呈阳性）或患艾滋病（AIDS）期间；
(7) 被保险人在本合同生效（或复效）之日起 180 日内因疾病；
(8) 战争、军事行动、暴乱或武装叛乱；
(9) 核爆炸、核辐射或核污染及由此引起的疾病。

无论上述何种情形发生，本合同终止。投保人已缴足两年以上保险费的，本公司退还本合同的现金价值；投保人未缴足两年保险费的，本公司在扣除本合同约定的手续费后，退还保险费。

7.2.8 保险费

保险费的缴付方式分为趸缴、年缴和月缴 3 种，分期缴付保险费的缴费期间分为 10 年和 20 年两种，由投保人在投保时选择。

7.2.9 首期后的保险费缴付、宽限期间及合同效力中止

首期后的分期保险费应按照如下规定向本公司缴付：
(1) 年缴保险费的缴付日期为本合同年生效对应日；
(2) 月缴保险费的缴付日期为本合同月生效对应日。

投保人未按上述规定日期缴付保险费的，自次日起 60 日为宽限期间。在宽限期间内发生保险事故，本公司仍负保险责任；超过宽限期间仍未缴付保险费的，本合同效力自宽限期间届满的次日起中止。本合同在效力中止期间不享有本公司红利的分配。

7.2.10 保险事故通知

投保人或受益人应于知悉保险事故发生之日起 10 日内以书面形式通知本公司，否则，投保人或受益人应承担由于通知迟延致使本公司增加的勘查、调查费用，但因不可抗力导致迟延的除外。

7.2.11 保险金的申请

(1) 在本合同有效期内，被保险人生存至年金领取日，由被保险人作为申请人，填写保险金给付申请书，并提交下列证明、资料。
① 保险合同及最近一次保险费的缴费凭证。

② 被保险人的户籍证明与身份证件。

(2) 在本合同有效期内被保险人身故的，由身故保险金受益人作为申请人，填写保险金给付申请书，并提交下列证明、资料。

① 保险合同及最近一次保险费的缴费凭证。

② 受益人的户籍证明与身份证件。

③ 公安部门或县级以上（含县级）医院出具的被保险人死亡证明书。

④ 被保险人的户籍注销证明。

⑤ 本公司要求提供的与确认保险事故的性质、原因等相关的证明与资料。

(3) 被保险人生存至年满 80 周岁的年生效对应日，由被保险人作为申请人，填写保险金给付申请书，并提交下列证明、资料。

① 保险合同及最近一次保险费的缴费凭证。

② 被保险人的户籍证明与身份证件。

(4) 本公司收到申请人的保险金给付申请书及上述证明、资料后，对核定属于保险责任的，本公司在与申请人达成有关给付保险金协议后 10 日内，履行给付保险金的义务；对不属于保险责任的，本公司向申请人发出拒绝给付保险金通知书。

(5) 被保险人或受益人对本公司请求给付保险金的权利自其知道保险事故发生之日起 5 年不行使而消灭。

55 周岁开始领取年金（女）、60 周岁开始领取年金（男）费率表如表 7-1 和表 7-2 所示。

表 7-1　国寿鸿寿年金保险（分红型）费率表（女）　　　　　　　　　　人民币元

（每 1 000 元保险金额，55 周岁开始领取年金）			
投保年龄	趸缴	10 年缴	20 年缴
16	874	103	56
17	895	106	57
18	917	109	59
19	940	111	60
20	963	114	62
21	986	117	63
22	1 010	120	65
23	1 035	123	66
24	1 060	126	68
25	1 086	129	70
26	1 113	132	72
27	1 140	135	73
28	1 168	138	75
29	1 197	142	77
30	1 226	145	79
31	1 256	149	81

续表

(每1 000元保险金额,55周岁开始领取年金)

投保年龄	趸缴	10年缴	20年缴
32	1 287	153	83
33	1 319	156	85
34	1 351	160	87
35	1 384	164	90
36	1 418	168	
37	1 453	173	
38	1 489	177	
39	1 526	181	
40	1 563	186	
41	1 601	191	
42	1 641	195	
43	1 681	200	
44	1 722	206	
45	1 765	211	
46	1 808		
47	1 852		
48	1 898		
49	1 945		
50	1 992		
51	2 042		
52	2 092		
53	2 144		
54	2 198		

表7-2　国寿鸿寿年金保险(分红型)费率表(男)　　　　人民币元

(每1 000元保险金额,60周岁开始领取年金)

投保年龄	趸缴	10年缴	20年缴
16	794	94	51
17	813	96	52
18	832	99	54
19	852	101	55
20	872	103	56
21	892	106	57
22	913	108	59
23	935	111	60

续表

(每1 000元保险金额，60周岁开始领取年金)

投保年龄	趸缴	10年缴	20年缴
24	957	114	62
25	980	116	63
26	1 003	119	65
27	1 027	122	66
28	1 052	125	68
29	1 077	128	70
30	1 103	131	71
31	1 130	134	73
32	1 157	137	75
33	1 185	141	77
34	1 213	144	79
35	1 243	148	81
36	1 273	152	83
37	1 303	155	85
38	1 335	159	88
39	1 367	163	90
40	1 399	167	92
41	1 433	171	
42	1 467	176	
43	1 502	180	
44	1 538	185	
45	1 574	189	
46	1 612	194	
47	1 650	199	
48	1 690	204	
49	1 730	210	
50	1 771	215	
51	1 813		
52	1 856		
53	1 900		
54	1 946		
55	1 993		
56	2 042		
57	2 091		
58	2 143		
59	2 196		

7.3 补充型养老金——企业年金

7.3.1 企业年金的概念

企业年金是指企业及其职工在依法参加基本养老保险的基础上,自愿建立的补充养老保险制度,是多层次养老保险体系的组成部分,由国家宏观指导、企业内部决策执行。

7.3.2 企业年金的功能

企业年金不仅是劳动者退休生活保障的重要补充形式,也是企业调动职工积极性,吸引高素质人才,稳定职工队伍,增强企业竞争力和凝聚力的重要手段。企业年金的主要作用和功能可以概括为以下 3 个方面。

1. 分配功能

企业年金既具有国民收入初次分配性质,也具有国民收入再分配性质。因此,企业年金形式的补充养老金计划又被视为对职工的一种延迟支付的工资收入分配。

2. 激励功能

企业年金计划根据企业的盈利和职工的绩效为职工年金个人账户供款,对于企业吸引高素质人才,稳定职工队伍,保障职工利益,最大限度地调动职工的劳动积极性和创造力,提高职工为企业服务的自豪感和责任感,从而增强企业的凝聚力和市场竞争力,获取最大经济效益,又是一种积极而有效的手段。

3. 保障功能

建立企业年金可以在相当程度上提高职工退休后的养老金待遇水平,解决由于基本养老金替代率逐年下降而造成的职工退休前后的较大收入差距,弥补基本养老金保障水平的不足,满足退休人员享受较高生活质量的客观需求,发挥其补充和保障的作用。

7.3.3 企业年金的类型

一般企业年金基金可分为设定缴存基金和设定受益基金,不同的基金类型所遵循的会计处理方法不同。

1. 设定缴存基金

设定缴存基金为每个计划参与者提供一个个人账户,并按照既定的公式决定参与者的缴存金额,并不规定其将收到的福利金额;将来在其有资格领取养老金时,个人所收到的养老金福利仅仅取决于其个人账户的缴存金额、这些缴存金额的投资收益,以及可被分摊到该参与者账户的其他参与者罚没的福利。这样基金的主办者(企业)承担了按预先的协议向职工个人账户缴费的责任。当职工离开企业时,其个人账户的资金可以随之转移,进入其他企业的企业年金账户,这在一定程度上降低了职工更换工作的成本,促进了人力资源的流动。设定缴存基金的会计处理较为简单。因为企业仅承担按期向账户缴费的义务,不承担职工退休后向职工支付养老金的义务,也不承担与企业年金基金有关的风险,这些风险将由企业年金基金的托管机构或基金参与者自行承担。因此,企业向基金管理者缴存的资产不再确认为企业的资产,企业当期应予确认的养老金成本是企业当期应支付的企业年金缴存金,确认的养老金负债是按照基金规定,当期及以前各期累计的应缴未缴企业年金缴存金。

2. 设定受益基金

设定受益基金是基金主办者(企业)按既定的金额提供养老金福利的企业年金;福利的金额通常是一个或多个因素的函数,如参加者的年龄、服务年数或工资水平;该福利既可以是一笔年金,也可以一次性支付。在这一基金下,按期足额支付养老金的责任由基金主办者承担,如果到期不能按照原先的约定支付养老金,则违约责任亦应由基金主办者承担。换言之,基金主办者承担了不能足额支付的风险、投资失败风险、通货膨胀风险等一系列风险;而该基金的参与者如果提前离开企业,则他过去服务所赚得的养老金福利有可能部分、甚至全部丧失。由于设定受益基金需要涉及大量的精算假设和会计估计,如职工未来养老金水平、领取养老金的年数、剩余服务年限、未来工资水平、能够领取养老金的职工人数的折现率等,故其会计处理比较复杂。企业当期应确认的养老金成本除当期服务成本外,还涉及过去服务成本、精算利得和损失及利息费用等项目。企业对职工的养老金义务符合负债的定义,因此,理应确认为企业的一项养老金负债。养老金负债是企业采用一定的精算方法、估计合适的折现率所计算出的未来需要支付的养老金总额的折现值。

7.3.4 企业年金的经办管理

目前,我国的企业年金经办管理主要采取以下两种形式。

1. 专业机构管理

对于大多数不具备自行设立企业年金管理机构条件的单位,尤其是已建立企业年金计划的中小企业,可以以委托方式将本单位企业年金的全部事务委托给企业年金专业工作机构经办管理。双方以委托协议形式确立委托人与受托人的法律关系,约定相关权利与义务和具体事项。企业年金工作机构严格依照法律、法规的规定和委托协议的约定,履行受托人的义务,承担受托人的法律责任,负责为委托人及其职工建立并管理年金个人账户,负责对受托企业年金资金进行市场化运营和管理,负责年金待遇支付等全部事务。目前,我国现有的企业年金专业工作机构都是由当地社会保险经办机构设立的。

2. 企业自建自管

具备自行设立企业年金管理机构条件的用人单位,可以根据需要设立企业年金理事会及其相应的专门管理机构,负责本单位企业年金计划的个人账户、年金资产、基金运营、待遇支付等全部事务的经办管理。但建立自管机构的单位,必须将企业年金资产与本企业资产相分离,以保障职工在企业年金方面的权益。由于自设管理机构必然会相应增加企业的事物负担和管理成本,因此,这种管理形式通常仅适合于大型或超大型企业,以及行业集团采用。

7.3.5 用人单位建立企业年金计划的原则

用人单位建立企业年金计划应遵循以下原则。

1. 民主原则

建立企业年金计划,应由用人单位与工会组织或职工代表集体协商确定。《企业年金方案》应征得本单位工会组织同意或提交职工代表大会审议通过。

2．效益原则

企业年金供款资金主要来源于企业经营成果和经济效益的增长，供款金额可以随经济效益变化适度调整。经济效益增长快时可以供款多一些，经济效益增长慢时可以供款少一些，经营出现亏损时可以暂停供款。

3．激励原则

用人单位可以根据盈利情况和职工的绩效考核，以及其他利于本单位发展的因素确定每个职工的不同供款水平，形成有利于稳定职工队伍和激发职工工作热情的内部激励机制。

4．保障原则

用人单位建立企业年金计划的目的是弥补基本养老保险保障水平的不足，为职工提供较为满意的退休生活保障。

7.3.6 企业年金与基本养老保险的区别与联系

企业年金与基本养老保险既有区别又有联系。其区别主要体现在两种养老保险的层次和功能上的不同；其联系主要体现在两种养老保险的政策和保障水平相互联系、密不可分。

企业年金实行市场化运营，应选择经劳动保障部认定的运营机构管理。企业年金由企业和员工共同承担，单位缴费一般不超过上年度工资总额的1/12，单位和职工合计缴费一般不超过上年度工资总额的1/6。

7.3.7 企业年金与商业保险的区别

可以肯定地说，企业年金计划不属于商业保险范畴。企业年金与商业保险的寿险产品有某些相似之处，但绝不是商业寿险产品。将两者混为一谈是认识上的误区。

1．两者的目的不同

企业年金属于企业职工福利和社会保障的范畴，不以营利为目的。是否建立企业年金，是企业劳资谈判中劳动报酬和劳动保障的一项重要内容。而商业寿险产品则是商业保险公司以盈利为目的的保险产品。

2．政府政策有差异

为了推动企业年金制度的发展，鼓励有条件的用人单位为职工建立企业年金计划，政府在税收、基金运营等方面给予优惠，允许一定比例内的企业缴费在成本中列支。而商业寿险产品则一般没有国家政策优惠。财政部财企〔2003〕61号文明确规定：职工向商业保险公司购买财产保险、人身保险等商业保险，属于个人投资行为，其所需资金一律由职工个人负担，不得由企业报销。

3．产品规范化程度不同

寿险保单是标准格式化产品，可以向个人按份出售。寿险合同一经生效，投保人必须按保单约定的金额缴费，保险人必须按保单约定的金额给付保险金。而企业年金计划不是标准化产品，它往往因企业经营特色和职工结构不同而具有个性化的特点。只要劳资双方达成一致，企业年金计划的供款可以调整或中止。

4．经办管理机构不同

企业年金可以由企业或行业单独设立的企业年金机构经办管理，也可以是社会保险经办机构专门设立的企业年金管理机构经办。而商业保险的寿险产品则只能由商业人寿保险公司经办。

7.3.8 企业年金计划与个人储蓄的区别

企业年金计划与个人储蓄是不同的，两者的区别表现在以下方面。

（1）企业年金计划对参保对象的年龄、范围有一定限制；而个人储蓄的对象则无限制。

（2）企业年金计划的供款额度是依据有关规定来确定的，并且有一定限制；而个人储蓄在额度上是没有限制的。

（3）企业年金计划是劳动者牺牲部分当前消费所采取的强制性年金积累，一般是在职工达到法定退休年龄并按有关规定办理正式退休手续后才能领取；而个人储蓄资金在支取使用上则没有限制。

（4）国家对企业年金计划的供款资金、基金积累、投资运营、投资收益，以及待遇享受给予政策优惠，而个人储蓄则没有类似优惠政策。

阅读资料

养老金缺口大 你有为自己的养老做准备吗？

和几年前相比，人们对养老问题的看法已经发生了很大改变，但与此同时，人们也需要为自己的养老生活承担更多的责任。据中国社会科学院预测，到 2025 年，我国 65 岁以上老年人口将超过 15%，其比重将超过 14 岁以下少儿人口的比重。中国正面临"未富先老"的尴尬局面。

为了解目前人们对养老问题的看法，以及对养老保险产品的认识程度，信诚人寿公司联合《第一财经日报》进行了广泛的问卷调查，于近日发布了《2009 年国内居民养老计划调查报告》。本次调查以《第一财经日报》读者反馈、信诚人寿公司网站在线问卷填写，以及信诚人寿公司营销员向现有客户发放问卷等形式进行。

整个调查活动持续进行了 1 个多月，共收回有效问卷 1.6 万份。从被调查人所处地域来看，已经覆盖了长江三角洲、珠江三角洲、环渤海三大主要经济区，以及华中、西南、东北等地区主要大中型城市。发起该项调查的机构双方表示，这次活动旨在了解国内居民在养老理财规划上的真实需求，在充分调研的前提下，针对人们目前普遍为自己退休后的生活缺少打算这一客观实际，采取科学的研究方法，提出专业意见。

1. "退休"不再是老年人的专属话题

海外权威机构此前曾预计在 2050 年，中国的老年赡养比率（退休人口与每 100 名劳动人口的比率）将由 2005 年的 11 上升至 39。尽管数值仍低于西欧国家（比率为 53），但是中国社会人口老龄化的速度却是史无前例的。也即中国在经历一代人后，便会成为人口老龄化的国家。

在这次调查中，多数受访者对"老龄化社会"这一名词已经不再陌生。与此同时，调查还发现对"退休养老"这一话题的关注，并不仅仅只局限于临近退休或已退休的人士。在此次调查中，对"退休养老"话题有兴趣的受访者，年龄主要集中在 30 岁左右，比例占到了 65%。其中，在 31～40 岁、41～50 岁、51～60 岁及 61 岁以上这几个年龄段中，20～30 岁和 31~40 岁的被调查人群占比最高,分别达到了 31.44% 和 33.51%,结果出乎意料。

由此可以看出,事实上,对未来"退休养老"的担忧已经趋于年轻化。在社会竞争如此激烈的今天,30 岁左右的人士,开始要承受事业和家庭的双重压力,即使了解老龄社会的种种隐忧,却往往无暇为自己规划养老。在这种状况下,对退休问题产生焦虑也是非常正常的。在受访者中,有超过 51% 的人是 3 口之家中的成员,由此也印证了作为"3 口之家"成员之一,受访者可能正处于"421"的家庭模式,将来更可能成为空巢家庭,因此他们会更加担心自己退休后的生活。

另外,调查中还发现一个现象,即女性的受访者与男性对退休话题的关注程度相仿,女性占比为 44%,男性占比为 56%。这也说明随着当今女性的独立意识和能力不断加强,以及社会角色不断改变,对自己人生的规划和危机意识也在发生着相应的变化。

2. 无准备却想提前退休

虽然,按照我国目前实行的法律规定:在国家机关、事业单位工作的男性 60 岁退休,女性 55 岁退休;在企业工作的男性 60 岁退休,女性 50 岁退休。而且大多数人也默认了这一退休的年龄。但是,在这次调查中发现,有近 23% 的受访者希望能在 50 岁之前退休,只有少于 1% 的受访者希望在 65 岁时还在工作。这反映出"提前退休,享受养老生活",是许多人目前辛勤工作的终极目标。

同时,也有 27% 的人认为,"应该在 31~40 岁之前"开始为退休生活做准备,因为他们明白,要早退休的话,就自然要早做准备。可惜尽管如此,但真正能够付诸行动的人却不多。调查数据还显示,超过 67% 的受访者表示,"考虑过,但还没有做准备"和"完全没有考虑过做什么准备"。更有超过 43% 的受访者表示并不清楚"目前的准备是否可以解决退休生活的需要"。有 26% 左右的受访者认为,目前所准备的只够将来退休生活需要的 20%。另外,有超过 64% 的受访者明确表示没有购买过任何可以为退休生活做准备的保险产品。

总而言之,绝大多数受访者希望能比较早地退休,他们也知道该为此早做准备。但是在本属于为将来养老囤积"储备"的"黄金时间段"里,他们却漫无目标,并没有采取任何行动。

3. 较低收入者更关心退休问题

由于该调查是在全国范围内开展的,各地经济发展程度不一,因而被调查人的月家庭收入情况差别较大。从调查的结果看,家庭月收入在 6 000 元以下的人群占了绝大多数比例,达到了 57%;家庭月收入在 6 001~15 000 元的受访者占比为 24%;而家庭月收入在 5 万元以上的,只占到了 1.5%,并且主要集中在北京、广州和东部沿海城市。

由此,可以认为,相对收入偏低的人群更关心自己的养老和退休。一个很重要的原因是,他们目前对政府的社会保障体系有比较大的依赖性,在受访者当中,有超过 75% 的人认为自己的养老和退休将会依靠社会保险(养老保险和医疗保险)、个人储蓄和个人投资积累这 3 项来完成。但正是因为对社会保障体系过于依赖,对于社会基础保障与实际所需之间的缺口缺少了解,也不清楚弥补的方法,因而使得这部分群体对退休后的生活更加缺乏自信。

4. 希望小投入能换取大回报

随着城市经济的发展,居民生活质量的提高,导致了人们生活方式的诸多改变,也造成了各类重大疾病的高发生率,由此相关的公众关注度也呈逐年上升趋势。另外,通货膨胀率的高涨,使得钱开始变得不值钱了,原本为退休所准备的,那笔不算太多资金的安全性也让不少人会感到比较担忧。在调查中，有47%的受访者就表达了上述观点，他们认为，退休后的生活面临最大的问题并不是日常生活开销或是投资失败，而是医疗费用的开支和通货膨胀。

在此基础上，有44%的受访者认为，"每个月家庭需要获得4 001~8 000元的退休金"，才能保证目前的生活水平。但是被问到"如果可以，您愿意每个月花费多少用于购买您和您配偶（若有）的退休养老保险和健康医疗保险"时，有超过50%的受访者选择的数字是500元以下。显而易见，这样的投入远远不足以达到他们之前所希望的那种生活水平。

不过与此同时，有超过71%的受访者表示，愿意在仔细了解后，通过购买保险公司的年金产品来规划自己退休后的财务生活。但是，也有将近48%的受访者表示，会将"产品的回报表现情况放在购买产品理由的第一位"，这比"将保障范围的覆盖面放在第一位"的比例高出了25%以上。

综上所述，通过这次调查，可以认为，目前国内居民对养老规划的重要性已经基本形成了共识，也已经意识到需要为自己的养老规划做更多的准备。然而在实际过程中，仅有少数人真正着手准备。从结果来看，多数国内居民在养老方面过多地依赖政府的保障基础，对养老问题的准备比较被动和消极。不少受访者会在临近退休前才开始落实为自己的养老生活准备资金。

另外，在这次调查中，还发现国内居民在对待养老问题上存在多组矛盾。首先，在投资方式选择方面，多数受访者一方面表示，应当选择低风险的金融产品，但是在另一方面又看重金融产品的收益率，也即多数受访者都希望能以通过购买低风险产品，来实现高收益；其次，不少受访者愿意从现在开始就为养老做准备，但是他们每个月只愿意支出很少的钱，即使有比较长时间的积累，也没办法达到他们所预期的那种舒适、安逸的退休生活。这些持续的矛盾心理，也在一定程度上耽误了国内居民提前进行养老准备的时间。

因此，保险方面的专业人士表示，一个安全有保障的养老生活需要早期和妥善、周全的规划。即使不少人以为已经拥有了自己制订的计划，但是依据实际现状和调查的经验来看，这些计划往往还是有许多不足之处，而这些不足之处会直接对养老目标是否能够顺利实现产生决定作用。调查认为，规划退休生活，需要尽早进行，并且坚持理性和长期的投资理念，同时还可以从保险公司等专业机构中寻找到切实的帮助。

资料来源：厦门平安保险网，http://www.xmpabx.cn/FEAS_detail.asp? id=167，2009-10-12。

本章自测题

一、单项选择题

1. 年金受领人死亡时，其年金领取总额低于其年金购买价格，保险人将返还其差额的年金保险被称为（　　）。

  A. 退还年金　　　B. 价值年金　　　C. 差额年金　　　D. 短期年金

2. 在社会保险的项目结构中，保障对象最广泛的是（　　）保险。

A. 养老　　　　B. 医疗　　　　C. 失业　　　　D. 工伤

3. 目前我国养老保险采取（　　）模式。
   A. 完全积累　　　　　　　　B. 社会统筹
   C. 强制储蓄　　　　　　　　D. 社会统筹与个人账户相结合

4. 从长远目标考虑收支平衡的养老保险基金积累制模式是（　　）。
   A. 收入关联　　B. 部分积累　　C. 完全积累　　D. 普遍保障

5. 我国《保险法》对投保人不履行年龄的如实告知义务，规定了（　　）年的除斥期间。
   A. 1　　　　　B. 2　　　　　C. 3　　　　　D. 4

6. 保险合同是（　　）和保险人约定的保险权利与义务关系的协议。
   A. 被保险人　　B. 投保人　　C. 保险代理人　　D. 受益人

7. 根据我国《保险法》的规定，如果保险合同未约定保险费交付地点，保险费应在（　　）所在地交付。
   A. 保险人　　　B. 投保人　　C. 被保险人　　D. 受益人

8. 最低保证年金是指在年金领取人死亡的情况下，保险人继续向其指定的受益人支付（　　）。
   A. 定额年金，直至受益人死亡
   B. 变额年金，直至受益人死亡
   C. 年金领取人没有领完的那部分金额
   D. 年金领取人没有领完的那部分金额，但需扣除一定费用

9. 年金保险按被保险人的人数分为（　　）。
   A. 个人年金保险与联合年金保险　　B. 趸交保费年金和分期缴费年金
   C. 即期年金和延期年金　　　　　　D. 定期年金与不定期年金

10. 兼有保障与投资功能的保险是（　　）。
    A. 万能寿险　　B. 生存保险　　C. 终身保险　　D. 年金保险

11. 人身保险费率的厘定要遵守（　　）原则。
    A. 收益最大　　B. 收支相等　　C. 稳定灵活　　D. 分散风险

12. 人身保险多为长期业务，保险费多采取（　　）。
    A. 自然保费　　B. 均衡保费　　C. 附加保费　　D. 纯保费

13. 合同成立后，保险人即行按期给付年金的是（　　）。
    A. 延期年金　　B. 定额年金　　C. 变额年金　　D. 即期年金

14. 下列有关人身保险合同陈述不正确的是（　　）。
    A. 以人的寿命与身体为保险标的
    B. 人身保险合同的金钱给付，事实上是一种约定给付
    C. 人身保险合同同样使用补偿原则，也存在重复保险、分摊、代位求偿等问题
    D. 人身保险合同的主体包括保险人、投保人、被保险人和受益人

15. 因重大误解和显失公平等原因引起的无效是（　　）。
    A. 绝对无效　　B. 相对无效　　C. 法定无效　　D. 约定无效

16. 分期支付保险费的保险合同，投保人在支付了首期保险费后，未按约定或法定期限

支付当期保险费的,合同效力中止。合同效力中止之后(　　)内双方未就恢复效力达成协议的,保险人有权解除保险合同。

　　A. 1年　　　　　B. 2年　　　　　C. 3年　　　　　D. 5年

17. 在人身保险合同中,投保人、被保险人或受益人故意制造保险事故且投保人已交纳2年以上保险费的(　　)。

　　A. 保险人无权解除保险合同

　　B. 保险人有权解除保险合同,但应在扣除手续费后退还保险费

　　C. 保险人有权解除保险合同,并向受益人退还全额保险费

　　D. 保险人有权解除合同,但应退还保险单的现金价值

18. 保险合同主体的权利与义务的变更属于(　　)。

　　A. 内容变更　　　B. 主体变更　　　C. 客体变更　　　D. 利益变更

19. 投保人要求解除保险合同的,保险责任开始后(　　)。

　　A. 保险人全额退还收取的保费

　　B. 保险人扣除手续费后退还收取的保费

　　C. 保险人收取的自合同生效至合同解除期间的保险费不予退还

　　D. 由当事人双方协商解决

二、多项选择题

1. 分析年金保险的种类时,通常使用的划分标准包括(　　)等。

　　A. 缴费方式　　　　　　　　　　B. 被保险人人数

　　C. 给付额是否变动　　　　　　　D. 给付开始日期

　　E. 给付期限

2. 养老保险基金的遵循原则为(　　)。

　　A. 多元投资原则　　　　　　　　B. 安全可靠原则

　　C. 经济效益原则　　　　　　　　D. 社会经济原则

　　E. 政府扶持原则

3. 在保险经营中,保险人控制逆选择的方法主要有(　　)等。

　　A. 分保　　　　　　　　　　　　B. 再保险

　　C. 不予承保　　　　　　　　　　D. 超额承保

　　E. 有条件地承保

4. 根据我国有关法律规定,保险中介人的主要形式有(　　)。

　　A. 保险代理人　　　　　　　　　B. 保险经纪人

　　C. 保险公估人　　　　　　　　　D. 保险核保人

　　E. 保险核赔人

三、判断题

1. 根据我国《保险法》的规定,在人身保险合同中,受益人依法丧失受益权或者放弃受益权,没有其他受益人的,被保险人死亡后,保险金将由保险人独立进行处理。(　　)

2. 根据我国《保险法》的规定,在人身保险合同中,被保险人死亡后,合同中没有指定受益人时,保险金将作为被保险人的遗产,由人民法院用来清偿被保险人的生前债务。(　　)

3. 根据我国《保险法》的规定，保险人收到被保险人或者受益人的赔偿或者给付保险金的请求后，对不属于保险责任的，保险人可以不予理睬。（　　）

4. 根据我国《保险法》的规定，保险代理人、保险经纪人应当具备保险监督管理机构规定的资格条件，向保险监督管理机构领取营业执照，并缴存保证金或者投保职业责任保险。（　　）

第 8 章 人身意外伤害保险

本章重点提示

通过本章学习要理解和记住人身意外伤害保险的定义及其特征；掌握该险种的保险责任及给付方式。

引言

人身意外伤害保险简称意外伤害保险或意外险，它是人身保险的重要组成部分。它可以作为一个独立的险种来经营，也可以作为其他险的附加险。

8.1 人身意外伤害保险的含义及其分类

8.1.1 人身意外伤害保险的含义

人身意外伤害保险，是指在保险合同有效期内，被保险人由于外来的、突发的、非本意的、非疾病的客观意外事故造成身体的伤害，并以此为直接原因致使被保险人死亡或残疾时，由保险人按合同规定向被保险人或受益人给付死亡保险金、残疾保险金或医疗保险金的一种保险。只有正确理解意外伤害的含义才能掌握意外伤害保险的保险责任。

1. 意外的含义

意外是指伤害的发生是被保险人事先没有预见的或者违背了被保险人的主观意愿。

1) 事先无法预见

事先无法预见包括两种情况：一是事先无法预料的和非故意的伤害，如飞机坠毁导致乘客死亡；天空坠物引起路人伤亡；二是事先能够预见但是因为过失或疏忽没有预见，如在停电时没有切断电源而进行线路维修，不久因恢复供电而触电身亡。

2) 违背主观意愿

违背主观意愿也包括两种情况：一是预见到伤害即将发生，但是在技术上已无法采取措施避免，如楼房失火，火封住门口和走道，被保险人迫不得已从窗口跳下摔成重伤；二是已预见到伤害即将发生，技术上可以采取措施避免，但由于法律和职责上的规定，或履行应尽义务，不去躲避，如民警与歹徒搏斗中受伤，又如职工为保护国家财产在救火中被烧伤等。

2. 伤害的含义

伤害是指被保险人身体遭受外来的事故侵害，发生损失、损伤，致使人体完整遭到破坏或器官组织生理机能遭受阻碍的客观事实。

3. 意外伤害的含义

意外伤害保险中的意外伤害是指在被保险人事先没有预见或违背被保险人意愿的情况下，突然发生的意外致害物对被保险人身体的剧烈地、明显地侵害的客观事实。意外伤害构成的条件可以概括为外来的、非故意的、剧烈的。

（1）外来的。是指来源于身体外部的原因造成身体的伤害，而不是人体内部生理机制作用或新陈代谢的结果。如食物中毒、失足落水等。

（2）非故意的。是指事故的发生及其导致的结果都是事先不能预见的或者很难预见的。如飞机坠落、车祸等。

（3）剧烈（突发）的。是指事故的原因与伤害的结果之间具有很直接的关系，在瞬间造成伤害，来不及预防。铅中毒、汞中毒、矽肺等职业病虽然是外来致害物质对人体的侵害，但由于伤害是逐步造成的，而且是可以预见和预防的，故不属于意外伤害。

8.1.2 意外伤害保险的分类

1. 按照所保险危险的不同分类

（1）普通意外伤害保险。也称一般意外伤害保险，是指被保险人在保险期限内，由于遭受普通的一般意外伤害而致死亡、残疾的，保险人给付保险金的保险。在实际业务中，我国开展的险种有团体人身意外伤害保险、个人平安保险。

（2）特定意外伤害保险。它是以特定原因、特定时间、特定地点为条件的人身意外伤害事故的保险。这种保险通常需要投保人与保险人特别约定，特约承保的意外伤害保险可以单独承保，也可以在其他保险单中附加，或出具批单从除外责任中剔除。例如，核辐射造成的意外伤害保险；从事剧烈体育运动、危险娱乐活动所致意外伤害保险；等等。

2. 按照实施的方式分类

（1）自愿性质的意外伤害保险。它是投保人根据自己的意愿和需要，投保的各种意外伤害保险。目前商业保险基本上都是自愿保险，如学生平安保险、航空意外保险等。

（2）强制性质的意外伤害保险。它是基于国家法令政府强制规定必须参加保险。例如，美国规定在美国国内乘坐飞机的旅客要投航空意外伤害保险。我国曾经实行过强制旅行意外伤害保险。

3. 按照保险对象不同分类

（1）个人意外伤害保险。它是投保人或被保险人个人购买的保险，一份保单只承保一个被保险人。

（2）团体意外伤害保险。它是以团体为保险对象的各种意外伤害保险。

8.2 人身意外伤害保险的特征

8.2.1 人身意外伤害保险的特征

人身意外伤害保险具有以下几个特征。

（1）人身意外伤害保险具有季节性。从人身意外伤害保险的业务数量来看，春秋季节是旅游者人身意外伤害保险的旺季；炎夏季节，游泳者平安保险相对集中。从出险的概率来看，寒冬季节，常常冰雪铺路，跌滑致伤较多；台风季节，舟船事故相对较多。

(2) 保险期限短。人寿保险保险期限一般是 10 年、20 年、30 年甚至到被保险人终身。健康保险可以短期，也可以长期；而人身意外伤害保险的保险期限较短，一般不超过 1 年，有的甚至只有几天或几个小时。如公路旅客意外伤害保险只承保旅客从上车到下车这一段时间，游泳者平安保险的保险期限更短，只有一个场次。

(3) 纯保险费率是根据意外事故发生的概率来厘定的。由于被保险人遭受意外伤害的概率与他的职业有关，与被保险人的年龄关系不大，因此人身意外伤害保险的纯保险费率取决于被保险人的职业、工种和从事活动的危险程度。由于疾病在人身意外伤害保险中属于除外责任，因此，保险公司在承保时不检查被保险人的身体。

(4) 年末未到期责任准备金计提的方法有年平均法、月比例法和逐日计算法。在我国一般按年平均法即当年有效保费的 50% 计提未到期责任准备金。

(5) 可以不出具专门的保险单。无论人寿保险、年金保险，还是医疗保险、疾病保险，保险人必须向投保人出具专门的保险单，作为保险合同的法定文件。而在人身意外伤害保险中，保险人可以出具专门的保险单，但在某些情况下，保险人也可以不出具专门的保险单，如索道游客人身意外伤害保险，就以索道票作为保险凭证，保险人不另外签发保险单。

8.2.2 人身意外伤害保险与相关保险的比较

要深层次地认识人身意外伤害保险的特征，还必须通过对人身意外伤害保险与人身伤害责任保险、人寿保险、健康保险的比较来阐明。

1. 人身意外伤害保险与人身伤害责任保险的比较

人身意外伤害保险与人身伤害责任保险都是以发生人身伤亡事故为给付保险金或补偿保险金的保险业务。但实质上是两类不同的保险种类，人身伤害责任保险是责任保险的一种，它是投保人或被保险人在保险期限内，由于被保险人疏忽、过失造成的第三者财产损失或人身伤害，从法律的角度应该承担的民事赔偿责任的保险，即依据保险合同的规定应由被保险人对他人承担的赔偿责任，保险人补偿被保人由此造成的损失。两者的区别主要表现在以下 5 个方面。

(1) 合同的主体不同。人身意外伤害保险合同的被保险人是遭受意外伤害的直接对象，而投保人和被保险人可以是同一个人，也可以是两个不同的人，投保人是个人或单位，被保险人是个人。人身伤害责任保险的投保人和被保险人是同一人，而被保险人造成第三者的人身伤害所承担的经济赔偿责任，通过保险转嫁到保险人身上。

(2) 保险标的不同。人身意外伤害保险的保险标的是被保险人的生命或身体，人身伤害责任保险的保险标的是被保险人对他人的民事赔偿责任。

(3) 保险责任不同。人身意外伤害保险的保险责任是被保人在保险合同范围内，遭受意外伤害导致死亡、残疾承担保险责任。人身伤害责任保险的保险责任是依据法律或合同规定，被保险人应对受害人承担民事赔偿责任，由保险人赔偿。

(4) 保险金额的规定不同。人身意外伤害保险是事先投保人根据保险金额的规定，缴纳保费，如果发生意外事故，从保险公司领取保险给付金的最高限额是保险金额。人身伤害责任保险的保险金额是规定限额，那么保险人的承担的赔偿责任的最高限额是根据合同规定的限额。如果受害人所得赔偿不足的由被保险人承担。

(5) 赔偿方式不同。人身意外伤害保险是定额保险，按照合同中的约定金额或者按比例给付保险金。人身伤害责任保险适用损失补偿原则，被保险人造成第三者的财产损失和人身伤亡，由法律或被保险人、受害人双方协商确定，但支付的赔款不能超过限额。

2. 人身意外伤害保险与人寿保险、健康保险的比较

人身意外伤害保险是以人的生命和身体为保险标的，而人寿保险是以人的生命为保险标的，健康保险是以人的身体为保险标的。它们之间存在不同，主要表现在以下 5 个方面。

(1) 可保的危险不同。人身意外伤害保险承担的是被保险人由于外来的、突然的、非本意的意外事件造成的人身伤亡，这种保险与人的年龄无关，但与职业有关。人寿保险是承保被保险人自然生存或死亡规律，依据合同规定期满给付保险金，或当被保险人身故给付保险金，与被保险人的年龄有密切关系。健康保险是由被保险人在保险合同内，已保疾病发生赔偿责任，与被保险人的年龄、生活习惯、生存环境有关。

(2) 给付方式不同。人身意外伤害保险中，死亡保险金按合同约定给付，残疾保险金则按保额的一定比例支付。人寿保险按定额支付保险金。健康保险可以依据疾病保险的合同范围定额给付或给予一定的补偿。

(3) 费率确定不同。人身意外伤害保险的费率厘定是根据过去各种意外伤害事故发生概率的经验及其对被保险人造成的伤害程度，尤其注重职业危险，进行分类统计计算。人寿保险的费率厘定是根据生命表和利息率计算。健康保险的费率厘定是根据患病率、利息率和费率来计算。

(4) 保险期限不同。人身意外伤害保险和健康保险的期限除最长 1 年外，多数意外伤害保险的期限属于较短时间，如各种运输工具的一次旅程。人寿保险期限较长，一般超过 1 年。

(5) 责任准备金提取方式不同。人身意外伤害保险的年末未到期责任准备金是按当年保险费收入的一定百分比计算的。人寿保险是长期性业务，保险人收取保费是按均衡办法计算。人寿保险的年末未到期责任准备金是依据生命表、利息率等因素计算。健康保险的年末未到期责任准备金是对于保险责任尚未届满的保费所应提取的准备金。

8.3 意外伤害保险的保险责任及给付方式

8.3.1 人身意外伤害保险的保险责任构成条件

人身意外伤害保险的保险责任是被保险人因遭受意外伤害而导致的死亡、残疾时，由保险人承担给付保险金的责任。构成人身意外伤害保险的保险责任必须具备三个条件，这三个条件缺一不可。

1. 被保险人在保险期限内遭受了意外伤害

被保险人在保险期限内遭受意外伤害是构成人身意外伤害保险的保险责任的前提条件。一方面被保险人遭受意外伤害必须是客观发生的事实，而不是主观臆造或者推测的；另一方面，被保险人遭受意外伤害的客观事实必须发生在保险期限内。如果被保险人在保险期限开

始之前遭受意外伤害而在保险期限内死亡或者残疾，都不构成保险人的保险责任。

2. 被保险人在责任期限内死亡或残疾

被保险人在责任期限内死亡或残疾是构成人身意外伤害保险的保险责任的必要条件。

1）被保险人死亡或残疾

死亡一般都是指医学意义上的生理死亡，即机体生命活动和新陈代谢的终止。由于人身保险合同是普通的民事合同，具有法律效力，受到《民法通则》的约束，因此在人身保险中适用于法律意义上的"死亡"。在法律上发生效力的死亡包括两种情况：一是生理死亡，即心跳和呼吸永久停止，机体被证实的死亡；二是宣告死亡，即按照法律程序推定的死亡。如：《中华人民共和国民法通则》第二十三条规定，公民有下列情形之一的，利害关系人可以向人民法院申请宣告他死亡：①下落不明满四年的；②因意外事故下落不明，从事故发生之日起满二年的。

残疾是指人体组织的永久残缺或人体器官正常机能的永久丧失。如果被保险人遭受意外伤害，但是经过治疗或自身康复在责任期限内未遗留组织器官功能障碍或缺损，则不属于残疾。

2）意外伤害所致的死亡或残疾必须发生在责任期限之内

责任期限是人身意外伤害保险与健康保险中特有的概念。在人寿保险中，没有责任期限的规定。因为在人寿保险中，只有被保险人在保险期限内死亡，保险人才承担给付保险金的责任。而在人身意外伤害保险中，对于在保险期限内发生意外伤害，却在保险期限结束之后死亡或被确定为残疾的情况，保险公司在保单中规定了责任期限。人身意外伤害保险中责任期限条款规定，只要被保险人遭受意外伤害是在保险期间，从意外伤害事故发生之日起算的90天或180天内，被保险人因该意外伤害事故死亡或者残疾，即使死亡或者残疾的结果是发生在保险期限结束之后，保险人仍然承担保险责任。

责任期限对于意外伤害造成的残疾，实质上是确定残疾程度的一个期限。被保险人遭受意外伤害后往往需要一段时间进行治疗才能确定是否造成残疾以及残疾程度如何。如果治疗结束后被确定为残疾时，责任期限尚未结束，保险人可以根据残疾程度给付残疾保险金。但是如果当责任期限结束时仍在治疗，还不能确定最终是否造成残疾以及残疾程度，那么就应该推定责任期限结束这一时点上被保险人的组织残缺和器官正常机能丧失是永久性的，并且以这一时点上被保险人的身体状况来确定残疾程度，按照这一残疾程度给付残疾保险金，保险责任终止。如果被保险人经过治疗痊愈或残疾程度减轻，保险人也不追回全部或部分残疾保险金；如果被保险人病情恶化，残疾程度加重甚至死亡，保险人也不追加保险金给付。

值得注意的是，被保险人因意外事故下落不明，从事故发生之日起满2年，法院宣告被保险人死亡后，责任期限已过，那么保险人是否承担保险责任呢？为了处理这一情况，人身意外伤害保险条款中订有失踪条款，条款规定被保险人确实因意外伤害下落不明超过一定期限时（如3个月、6个月等），视同被保险人因意外事故而导致死亡，保险人给付死亡保险金。但是日后被保险人生还，死亡保险金的受领人必须把保险金返还给保险人。

3. 意外伤害必须是造成被保险人死亡或残疾的近因或者直接原因

当意外伤害与死亡残疾之间存在因果关系，即意外伤害是造成死亡、残疾的直接原因或者近因时，才属于人身意外伤害保险的保险责任范围。

1) 意外伤害是造成死亡、残疾的直接原因

当意外伤害事故直接造成被保险人死亡或者残疾，如被保险人因车祸失去双腿；被保险人乘坐的飞机坠毁造成被保险人死亡等，属于保险责任，保险人必须按保险合同规定给付死亡保险金或者残疾保险金。

2) 意外伤害是造成被保险人死亡、残疾的近因

当意外伤害是造成被保险人死亡或者残疾的近因时，属于保险责任，保险人必须按保险合同规定给付死亡保险金或者残疾保险金。例如，被保险人被铁钉扎伤后患破伤风死亡，被铁钉扎伤是意外伤害，但并未直接造成被保险人死亡，从"铁钉扎伤—破伤风—死亡"这一逻辑过程中，铁钉扎伤这一意外伤害是引起被保险人患破伤风死亡的近因，保险人必须承担给付死亡保险金的责任。

3) 意外伤害是造成被保险人死亡、残疾的诱因

当意外伤害使被保险人的原有疾病发作、恶化，造成被保险人死亡或残疾。例如，被保险人原患血液病因轻微外伤血流不止而死亡，这轻微外伤可以被认为是意外伤害，但是这种意外伤害对身体健康的人来说造成的侵害后果是极其轻微的，其实真正造成被保险人死亡的是原患疾病，意外伤害只是被保险人死亡的诱因。当意外伤害是保险人死亡、残疾的诱因时，保险人不是按照保险金额和被保险人的伤害后果给付保险金，而是比照身体健康的人遭受这种意外伤害造成的后果给付保险金。

阅读资料

旅行社责任险与旅游人身意外险

旅行社责任险是由有关部门指令旅行社统一购买的，主要针对由旅行社造成的游客损失与伤害进行赔偿，而对于地震、海啸等不可抗力因素造成的损失被列为免除责任。旅游人身意外险则与旅行社责任险不同，它将自然灾害列入其赔偿范围，像飞机失事、海啸、地震等均属此范围之列。

8.3.2 特约承保的意外伤害

特约承保的意外伤害是指那些理论上可以承保但保险人出于保险责任区分的考虑、承保能力的限制或偿付能力的需要而一般不予承保的意外伤害危险。这类危险只有经过双方的特别约定，有时还需另加保费才准予承保。一般包括：被保险人在从事登山、跳伞、滑雪、江河漂流、赛车、拳击、摔跤等剧烈的体育活动、竞技性体育比赛或特别冒险活动中遭受的意外伤害等。这些意外伤害或者发生概率远远高于一般水平，或是对不同的被保险人发生概率有过大的差异。因而出于经营稳定的需要，出于对被保险人保险费负担公平合理的考虑，保险公司一般是不予承保的。但是可以通过特别约定，使之从除外责任中剔除，转为可保危险。

应该指出的是，特约承保的意外伤害与一般承保的意外伤害之间并没有绝对的界限。某些保险公司可以根据自身的技术条件、承保能力及经营业务地区的情况，把某些一般可保意外伤害列为特约承保的意外伤害；而某些曾经因危险程度过高而被列为特约可保意外伤害的

活动，因为科学技术的发展而危险程度不断降低，从而成为一般可保意外伤害。

8.3.3 人身意外伤害保险的给付方式

人身意外伤害保险属于定额给付性保险，当被保险人在保险有效期内遭受意外伤害，造成死亡或残疾，由保险人按照保险合同的约定给付死亡保险金、残疾保险金或医疗保险金。

1. 死亡保险金的给付方式

在确定被保险人死亡的确构成意外伤害保险的保险责任之后保险人就要按照保险单的规定履行死亡保险金给付的义务。

在意外伤害保险合同中，要规定死亡保险金的数额或死亡保险金占保险金额的比重。例如，规定被保险人因意外伤害死亡时给付保险金 3 000 元、5 000 元，或规定给付意外伤害保险金额的 100%、70%、50%等。

另外，有些人寿保险合同的附加意外伤害保险条款将死亡保险金的给付按行业危险程度做出了规定。例如，将意外伤害保险金分为特殊保险金和普通保险金两种，凡从事井下作业、海上作业、航空作业及其他高危险工作的人员适用特殊保险金，其他人员适用普通保险金，特殊保险金和普通保险金的比例为 1∶2，从而体现了人身保险合同权利和义务的对等原则。

2. 残疾保险金的给付方式

当被保险人因意外伤害导致残疾，只要意外伤害发生在保险期限内，被保险人残疾是在责任期限内，保险人按保险合同的规定给付残疾保险金。

如果意外伤害造成被保险人全残，保险人按保险合同约定的保险金额给付残疾保险金。

如果意外伤害造成被保险人部分残疾，保险人按残疾程度对应的给付比例给付残疾保险金。计算公式如下：

残疾保险金＝保险金额×残疾程度对应的给付比例

残疾程度对应的给付比例是指人体组织永久性残缺或人体器官机能永久性丧失对人的劳动能力影响的定量化，人身意外伤害保险的残费程度对应给付比例是根据人体各部位残疾对一般劳动能力的影响判定的，除了对一些从事特定职业的人之外，对大多数人都是适用的。如果某个被保险人要求按人体某个部位的残疾对其从事的特定职业的劳动能力的影响给付残疾保险金，必须在投保时与保险人特别约定。

从 1999 年 7 月 1 日起所有新签单的人身意外伤害保险业务按中国人民银行制定的人身保险残疾程度与保险给付比例表执行。该表详细列明了 7 个残疾等级，34 个残疾项目，对残疾程度与最高给付比例作了明确规定。还有一份是各家保险公司制定的《三度烧烫伤与给付比例表》，列出了头部、手部和身体其他部位 7 个项目的烧烫伤等级以及给付比例。当人身意外伤害保险的残疾程度确定后，保险人根据《人身保险残疾程度与保险金给付比例表》与《三度烧烫伤与给付比例表》的规定，按照保险金额及残疾所对应的给付比例给付残疾保险金。例如，某一被保险人一目永久完全失明，残疾所对应的给付比例（即最高给付比例）为 30%，如果保险金额为 10 000 元，则残疾保险金为 3 000 元，即 10 000×30%＝3 000 元。

3. 医疗保险金的给付方式

不同国家对于意外伤害医疗保险金给付的做法有很大不同，有的列为除外责任，有的是其中几个险种给付医疗保险金，有的则是将医疗保险金的给付作为一个常规条款列在保险条款之中。

当被保险人在保险有效期内遭受承保危险事故导致身体伤害，并且因此发生了医疗费用开支，在责任有限期内提出申请的，由保险人按实际发生数额在保险金额之内对被保险人进行补偿。此项保险金额包括实际医疗费用和住院费等，前者是被保险人必须支付的合理的实际医疗费用，给付医疗保险金，但每次给付不得超过保单所规定的"每次伤害医疗保险金限额"；后者是指被保险人因意外伤害经公费医疗或保险人指定医院住院治疗发生的费用，由保险人按其住院日数给付保单所载的"伤害医疗保险金日额"，或按规定金额报销，但每次伤害的给付或报销天数不得超过规定时日。

4. 保险金给付注意事项

在人身意外伤害保险中，保险金额既是计算保费的依据，也是保险人给付保险金的最高限额。在人身意外伤害保险的保险金给付时还必须注意以下几点。

1) 一次事故、多处残疾

当被保险人在一次意外伤害中造成身体若干部位多处残疾时，保险人根据保险金额与被保险人身体各部位的总和的残疾程度对应的给付比例计算残疾保险金。一旦总和的残疾程度对应的给付比例超过了100%，保险人按保险金额给付残疾保险金。

$$残疾保险金 = 保险金额 \times 总和的残疾程度对应的给付比例$$

例如，某被保险人在一次爆炸事故中造成一目完全永久失明（残疾程度对应的给付比例为30%），两手拇指缺失（残疾程度百分率为20%），假定保险金额为10 000元。被保险人各部位总和残疾程度百分率为50%，所以保险人给付残疾保险金为5 000元，即

$$10\ 000 \times (30\% + 20\%) = 5\ 000（元）$$

如果这一爆炸事故造成被保险人双目永久完全失明（残疾程度百分率为100%），两手拇指缺失（残疾程度百分率为20%），由于被保险人总和的残疾程度百分率达到120%，保险人按保险金额10 000元给付残疾保险金。

2) 保险期限内发生多次意外伤害

当被保险人在保险期限内多次遭遇意外伤害，只要属于保险责任，保险人对每次意外伤害造成的残疾都给付残疾保险金，但是累计给付的保险金不能超过保险金额。

例如，某一被保险人投保保额为10 000元的人身意外伤害保险，他在保险期限内发生第一次意外伤害造成一目永久失明，按照保险合同规定保险人给付了3 000元的残疾保险金。如果在保险期限内发生第二次意外伤害使被保险人失去双腿（残疾程度对应的给付比例为100%），此时保险人只给付7 000元的残疾保险金，理由是保险人累计给付的残疾保险金不能超过保险金额。

3) 先残后死

当被保险人在保险期限内遭遇多次意外伤害而先残后死，那么对于残疾保险金，保险人必须按照保险金额与残疾程度对应的给付比例计算并给付，但是死亡保险金就是合同约定的保险金额扣除曾经给付的残疾保险金后的余额，合同履约终止。

例如，某一被保险人投保保额为10 000元的人身意外伤害保险，在保险期限内发生第一次意外伤害造成一肢永久残缺，按照保险合同规定保险人给付了5 000元的残疾保险金。如果在保险期限内发生二次意外伤害造成被保险人死亡，此时保险人给付5 000元的死亡保

险金,理由是保险人累计给付残疾保险金和死亡保险金的总和以保险金额为限。

4) 特别约定残疾给付

人体各部位的残疾对从事不同职业的人的劳动能力的影响是不相同的。例如,普通的人丧失一手指并不会影响生计,但对钢琴演奏家来说却是致命的损失。为了弥补残疾程度对应的给付比例的不足,同时也为了满足特定职业的人对自己身体某个部位的特别需求,在人身意外伤害保险中有一项特别残疾给付,在投保时由投保人与保险人特别约定,要求保险人提高对这一部位的残疾给付比例。例如,钢琴家为自己的十指投保,足球明星为自己的双腿投保,歌唱家为自己的嗓子投保,等等,这都是利用人身意外伤害保险的特别约定来满足自身的特定需要。

案例分析

保洁员坠楼 家政公司被追责

本报讯(记者赵荣君 通讯员杨卫江 徐峭蓁)在保洁员擦窗坠楼身亡事件中涉嫌重大责任事故罪的本市某家政公司负责人何某近日被取保候审。

3月19日上午9时许,市公安局经保总队重大责任事故查处支队接报:本市某家政公司员工王氏姐妹在进行保洁服务的过程中发生意外,其中一人当场死亡。接到报案,警方迅速到达现场调查取证,很快查明了事实。事发当日,家政公司负责人何某带领王氏姐妹为客户(雇主)进行保洁服务,何某在现场监工。姐姐王某未系安全带就踩在室外窗沿上,擦窗过程中脚下打滑从4楼失足坠亡。

《天津市高处悬吊作业安全监督管理暂行规定》《天津市安全生产条例》等规定:从事外墙清洗、广告设施维护、空调设备安装等高处悬挂作业的单位,应当配备安全生产管理人员,负责本单位安全生产管理工作及作业现场的安全检查和监控。作业人员应当按照国家规定的特种作业类别,经专门的安全作业培训,取得相应的特种作业操作证书后方可上岗作业。本案中,作为家政公司主要负责人和现场负责人的何某违反上述规定,没有为上岗工作的工人配备必要的保证安全的劳动保障用品安全带等,并监督工人正确使用和佩戴,依照《刑法》第一百三十四条规定涉嫌重大责任事故罪。

本案中,客户(雇主)聘请的是有资质的家政公司且和家政公司签订了保洁服务合同,因此坠亡保洁员的人身损害赔偿由家政公司负责。由于家政公司很好地进行了赔偿,何某才得以取保候审。根据《最高人民法院关于审理人身损害赔偿案件适用法律若干问题的解释》,如果雇主直接聘用保洁人员,只要形成劳动事实,无论是否签订正式劳动合同,都已经具备了事实上的劳务关系。雇员在从事雇佣活动中遭受人身损害,雇主应当承担赔偿责任。依据《中华人民共和国安全生产法》的相关规定,生产事故是无责任赔偿,也就是说不论死者在这起事故中是否有违法情节存在,只要发生死亡生产事故,雇主(用人单位)都要进行赔偿。

本起事故中,客户(雇主)没有必然的赔偿义务,只是由于家政公司承担不起较高赔偿款,客户(雇主)从人道主义赔偿了死者家属部分款项。

资料来源:天津日报,2014-04-30。

阅读资料

发挥商业健康险"生力军"作用
河南省五部门制订促进健康险发展专项计划

近日,河南省政府金融办、发改委、卫生厅、人社厅和河南保监局等五部门联合下发《河南省促进商业健康保险发展专项行动计划(2015—2020年)》(以下简称《专项计划》),对今后一段时期河南商业健康保险的发展进行了全面规划。《专项计划》的出台,是河南省贯彻落实保险业"新国十条"、《国务院办公厅关于加快发展商业健康保险的若干意见》的重要举措,是促进商业健康保险与健康服务业融合发展、深化医药卫生体制改革的重要部署,对河南商业健康保险的发展具有重要意义。

据了解,近年来,河南商业健康保险通过发展多样化健康保险产品、承担基本医疗保险经办以及开展大病保险等方式,主动融入健康服务业发展,得到了各级政府的充分认可。2014年7月,河南省省长谢伏瞻对商业保险参与医疗救助工作进行了实地调研,对商业保险主动服务地方医疗保障体系建设给予高度评价。此次五部门联合印发促进健康保险发展的专项行动计划,既表明了省政府对前期商业健康保险工作的认可,更是对商业健康保险发展提出的新要求和新希望。

《专项计划》首次提出了河南商业健康保险发展的具体目标。到2020年,河南省商业健康保险的保费规模、健康保险赔付支出占社会卫生支出的比重、寿险和长期健康险责任准备金累计余额等指标,要在2013年的基础上翻一番。人均健康险保单持有量超过1件,大病保险覆盖全省城乡居民。保险资金深度参与健康服务业整合。

《专项计划》详细部署了2015—2020年间促进商业健康保险发展的5项重点任务。包括增强商业保险对基本医疗保障的补充作用,利用保险机制提高基本医疗保障运行效率,促进健康保险消费,提升健康保险专业能力,提高支持和保障健康服务业发展的能力等方面。

《专项计划》创新提出,各级政府应充分发挥商业健康保险在满足多样化健康保障和服务方面的功能,可以通过财政补贴、购买服务等方式,完善多层次医疗保障体系。各地新增的医疗保障项目,可优先选择采取直接购买保险服务或委托保险机构经办的方式开办。支持承办机构参与医疗行为监督管控,控制医疗费用不合理增长。在管理部门授权下,商业保险机构可以在社保经办服务大厅、社区宣传栏开展健康保险知识宣传和产品展示。

《专项计划》还对延伸健康保险产业链条、推广医疗执业保险、支持健康产业科技创新等工作进行了具体安排。鼓励健康服务产业资本、外资健康保险公司等社会资本,到河南投资设立专业健康保险公司;支持各种类型的健康保险及服务机构来豫发展;鼓励商业保险机构以出资新建等方式开办医疗、社区养老、健康体检等健康服务机构。

为了确保各项重点任务的完成,《专项计划》明确了相应的支持和保障措施,要求各级政府将商业健康保险发展纳入各级政府深化医药卫生体制改革和促进健康养老服务业发展的工作安排,强化政府在制度建设、政策规划及监管等方面的职责,通过财税、产业等政策引导,发挥商业保险市场机制优势,不断增加健康保障供给,提高服务质量和效率,促进河南多层次医疗保障体系建设。

据了解,近年来,河南商业健康保险快速发展,正在从多方面、多角度加快融入健康服务业发展，促进全民健康保障水平提升。2009年以来，商业健康险保费年均增速接近24%，赔付支出年均增速达到21%。相关保险机构开展的基本医疗保障经办业务已全面涉及新农合、城镇居民基本医疗保险、城镇职工基本医疗保险、民政医疗救助等各类医保项目，服务范围覆盖48个县区，占全省县区总数近1/4，服务人数达到1 552万，占全省总人口1/7，2014年度新增托管资金总额27.7亿元。2013年以来，城乡居民大病保险快速铺开，目前已实现新农合大病保险全省统筹和城镇居民大病保险全省统筹，覆盖全省9 400万城乡居民，年度保费总额超过15亿元。

河南保监局寿险处表示，今后，要以满足全省人民群众多样化的健康保障需求为目标，充分发挥市场机制作用和商业健康保险专业优势，扩大健康保险产品供给，丰富健康保险服务，使商业健康保险在深化医药卫生体制改革、发展健康服务业、促进经济提质增效升级中发挥"生力军"作用。

资料来源：中国保险报，2015-01-14.

本章自测题

一、概念题

意外伤害　　人身意外伤害保险　　特种意外伤害保险

二、单项选择题

1. 在意外伤害保险中，如果被保险人在保险期限内遭受意外伤害，在责任期限内治疗结束并被确认为残疾，则保险人确定被保险人残疾程度的时点是（　　）。
   A. 保险期限结束时　　　　　　　B. 意外伤害发生时
   C. 被保险人治疗结束时　　　　　D. 责任期限结束时

2. 假设意外伤害保险的责任期限是90天，则是指（　　）90天之内。
   A. 保单合同订立之日起　　　　　B. 保单合同结束之日起
   C. 保险事故发生之日起　　　　　D. 被保险人残疾或死亡之日起

3. 王某于2013年5月1日向某保险公司投保了意外伤害保险，责任期限为180天，保险期限为一年。2014年3月5日，王某遭遇交通意外事故并入院接受治疗。责任期限结束时，保险公司确认王某的残疾程度百分比为60%。后来王某病情进一步恶化，再次治疗结束出院时残疾程度百分比达70%。则保险公司的正确理赔意见是（　　）。
   A. 不承担残疾给付责任，因为王某出院时保险期限已经结束
   B. 承担残疾给付责任，并以责任期限届满时王某的身体状况确定残疾程度，按残疾程度60%给付保险金
   C. 承担残疾给付责任，并以王某出院时的身体状况确定残疾程度，按残疾程度70%给付保险金
   D. 应承担残疾给付责任，并以责任期限届满时和王某出院时的身体情况确定残疾程度，按保险金额的大小多退少补

4. 一名跳水运动员投保意外伤害保险，保险金额为15万元，保险期间是1年。在这1

年遭遇的3次保险事故中,受伤程度分别是5%、15%、80%,该运动员一共得到的残疾给付金是( )万元。

A. 15　　　　B. 12　　　　C. 2.5　　　　D. 0.75

5. 李明在一次意外事故中导致了部分伤残,无法从事较为繁重的工作。李明在伤残前每月工资收入为3500元,在伤残后,他的月收入减少了60%。他所购买的伤残保单的全残给付比例是65%,假设在没有其他伤残收入来源的情况下,他可以得到的部分伤残收入保险金是( )元。

A. 910　　　　B. 1 365　　　　C. 1 400　　　　D. 2 275

三、简答题

1. 如何理解人身意外伤害保险中的意外伤害?
2. 简述人身意外伤害保险的特点。
3. 人身意外伤害保险与人身伤害责任保险的相同点与不同点是什么?
4. 人身意外伤害保险与人寿保险、健康保险有何区别?
5. 分析人身意外伤害保险责任的构成条件。
6. 简述人身意外伤害保险的保险金给付注意事项。

第9章 健康保险

本章重点提示

通过本章的学习，应了解健康保险的基本概念、分类及特征；掌握健康保险常用条款；知晓医疗保险改革的相关内容。

引言

健康保险内容庞杂，一般凡不属于人寿保险和意外伤害保险的人身保险，都可以归入健康保险的范畴。

9.1 健康保险概述

9.1.1 健康保险的含义

狭义的健康保险是指商业健康保险。广义的健康保险既包括商业健康保险，又包括社会医疗保险。健康保险是以人的身体为保险标的，保险人对被保险人在保险期限内因疾病或意外事故造成伤害所导致的费用或收入损失予以补偿的一种保险。

健康保险的保险责任主要包括两个方面：①由疾病或意外事故所导致的医疗费用；②由疾病或意外事故所导致的收入损失。

健康保险中"疾病"的成立条件如下。

(1) 必须是由于被保险人身体的内在生理原因所造成的。外来的、剧烈的原因造成的病态属于意外伤害的范畴。

(2) 必须是非先天性原因所造成的。由于先天原因，身体发生缺陷或不正常，不可视为健康保险中所指的疾病，不属于健康保险的保险责任。

(3) 必须是非必然原因造成的。例如，不能称人到一定年龄以后必然出现的衰老现象为疾病，衰老不能成为健康保险的保险责任。

9.1.2 健康保险的特征

1. 保险标的及保险事故具有特殊性

(1) 健康保险以人的身体健康为保险标的，以疾病、生育、意外事故等造成的身体健康损失及由此发生的医疗费用或收入损失为保险事故。其中"疾病"必须是由人身体内部的生理原因引起的。人寿保险则只是以被保险人的生命为保险标的、以被保险人在保险期限内死亡或期满生存作为保险事故。意外伤害保险以被保险人因在保险期限内遭受意外伤害造成死亡或残疾为保险事故。健康保险的保险事故包括其他一切人寿保险、意外伤害保险不承保的人身危险事故。

（2）健康保险的风险具有变动性和不易预测性。健康保险涉及许多医学上的问题，风险的估测、保费的测定都比较复杂。随着医疗技术日益发展，医疗器械和药品不断更新，人类发现的疾病种类越来越多，疾病对人类身体的影响程度也常常发生变化。与此同时，医疗费用的支出水平也在不断上升。因此，对健康保险的风险很难有一个准确的预测。

阅读资料

一生风险知多少

死于工伤：危险概率是 1/26 000　　走路时被汽车撞死：危险概率是 1/40 000
死于手术并发症：危险概率是 1/80 000　　死于心脏病：危险概率是 1/340
死于火灾：危险概率是 1/5 000　　被刺伤而死：危险概率是 1/60 000
溺水而死：危险概率是 1/5 000　　死于中风：危险概率是 1/1 700
资料来源：中国保险理财网，2009-06-02。

2. 承保标准严格

健康保险需要对保险期间初患的疾病进行给付，因此，要对疾病产生的原因进行相当严格的审查，一般是根据被保险人的病例来判断。另外，为了防止被保险人带病投保健康保险，通常还会有一个观察期的规定，被保险人在观察期内患有疾病，保险人不负担赔偿责任，观察期通常为30天或90天。在健康保险中，对那些在体检中没有达到标准条款规定的身体健康要求的被保险人，通常采用次健康体的方式承保，一般做法是提高保费或重新规定承保范围，或者将某些疾病独立出来列为除外责任。

3. 保险期限一般较短

由于健康保险具有变动性和不易预测性的特点，所以它的保险期限一般较短，除少数特种疾病外，其保险期限一般不超过一年。这与寿险不同，因为寿险可以通过生命表和科学的方法，较为准确地测算出被保险人的生存率与死亡率等，进而对其保险费作出较为科学的计算。但是由于健康保险的风险常常受到外在原因的影响，不易准确地预测出疾病的发病率、医疗费用的实际支出情况等，所以为了能够适应这些易变动的因素，随时能够调整费率，健康保险的保险期限一般较短。但是通常情况下，保险人为了更好地经营，留住客户，常常会为客户续保提供更为有利的条件，如约定续保客户不受观察期约束等。

4. 保险金给付具有补偿性

健康保险特别是其中的医疗费用保险是一种补偿性保险，适用财产保险的费用补偿原则，即保险人在保险金额限度内，按照被保险人实际支出的医疗费用给付保险金，也即保险金的赔偿金额不能超过被保险人实际支出的医疗费用，目的是不能让被保险人通过保险事故发生而获得额外的收益，以此来避免投保人或被保险人的道德风险。

例如，某被保险人向多家保险公司分别投保健康保险，每份保额均为 10 000 元，被保险人在保险期间患病，共支付属于保险责任内的医疗费用 8 000 元，则被保险人最多只能获得 8 000 元的保险金给付。在保险人的条款中，通常会明确要求被保险人提供医疗费用原始凭证作为获取医疗费用赔偿的先决条件。

除此之外，在健康保险中保险人拥有代位求偿权。在健康保险中，被保险人发生医疗费用支出后，若医疗费用已经从第三方得到了全部或部分赔偿，保险人可以不再给付保险金或只给付第三方赔偿后的差额部分。若保险人已经支付了医疗保险金，而保险事故责任应当由第三方承担时，被保险人应当将向第三方的追偿权利转移给保险人。

9.2 健康保险的类别划分

9.2.1 根据承保内容分类

根据保险承保内容，健康保险可以分为医疗费用保险与残疾收入补偿保险。这是健康保险通常的分类方法。

医疗费用保险又称医疗保险，是指承保由疾病或意外事故所导致的医疗费用的健康保险。

残疾收入补偿保险又称收入损失保险、失能所得保险，是指补偿由疾病或意外事故所导致的收入损失的健康保险。

9.2.2 根据投保对象分类

根据投保对象分类，健康保险可以分为个人健康保险和团体健康保险。

个人健康保险是以单个自然人为投保人的健康保险。

团体健康保险是以团体法人为投保人，以团体成员作为被保险人的健康保险。

团体健康保险是对一个主合同下的一群人提供保障，投保人可以是企业、政府机关和各类事业单位。团体健康保险的保费率低于个人健康保险的保费率。

9.2.3 根据保险期限分类

根据保险期限分类，健康保险可以分为长期健康保险和短期健康保险。

长期健康保险是保险期间超过一年或者保险期间虽不超过一年但含有保证续保条款的健康保险。

短期健康保险是保险期间在一年及一年以下且不含有保证续保条款的健康保险。

保证续保条款是指在前一保险期间届满后，投保人提出续保申请，保险公司必须按照约定费率和原条款继续承保的合同约定。

9.2.4 根据承保标准分类

根据承保标准分类，健康保险可以分为简易健康保险、老年健康保险、特种风险健康保险、次健体健康保险。

简易健康保险是由保险代理人上门收取保费，保险人不仅提供保费、保险期限和保险金额均小的健康保障，而且可以任意撤销保单。

老年健康保险主要是针对身体健康但在60岁以上的老人，以补充实际医疗费用与社会保险保障的差额。

特种风险健康保险是保险人对特殊疾病制定出特种条款，以特定费率进行承保。

次健体健康保险是对没有达到标准条款规定的身体健康要求的被保险人所实行的承保方式，一般通过提高保费或重新规定承保范围，或者将某些疾病独立出来列为除外责任等方式来完成承保工作。

9.2.5 根据给付方式分类

根据给付方式分类，健康保险可以分为定额给付型健康保险、费用补偿型健康保险、提供服务型健康保险。

定额给付型健康保险是当保险合同约定的疾病发生时，按照合同规定向被保险人给付保险金。

费用补偿型健康保险是保险人依照被保险人实际支出的各项医疗费用按保险合同约定的比例予以给付。

提供服务型健康保险是提供由保险人直接支付住院、外科医生等医疗费用的服务。

9.2.6 根据保险合同结构形式分类

根据保险合同结构形式分类，健康保险分为主险和附加险。

健康保险主险是单独开办一张保险单，承保的责任仅限于健康保险或包括健康保险在内的几项保险责任的组合。

健康保险附加险是必须附加于主险之上，而且必须与主险同时投保。

9.2.7 其他分类方法

除上述分类方法以外，健康保险还可以依据损失产生原因的不同，分为意外伤害健康保险与疾病保险；依据有无附加利益，分为附加利益健康保险与无附加利益健康保险等。

9.3 健康保险常用条款

9.3.1 续保条款

人寿保险通常为长期保险，其保单一般通过年缴保费来自动续保。而健康保险一般保险期限为一年或更短的时间，而随着被保险人的年龄增长及身体健康状况的改变，保险人出于控制经营风险的目的，会在续保时重新审查被保险人的投保条件，但是这种做法可能会导致一些原本投保健康保险的被保险人在需要健康保险的时候被排除在保险范围之外。为了给消费者提供更为合理且完善的保障，有的保险人会在保险合同中与被保险人约定续保条款。例如，在合同中规定保证续约条款，则这种保单的被保险人在相当长的时间内有权续约，但是保险人根据损失经验，也有权利随年龄调整续保保费。

9.3.2 观察期条款

观察期条款又称等待期条款,是为了防止被保险人带病投保,维护保险人的权益。健康保险保单常规定合同生效一段时间后,保险人才对被保险人因疾病发生的医疗费用承担给付责任。这一段时间就是观察期,一般为30天或90天。被保险人在观察期内因疾病支出医疗费用或导致收入损失,保险人不负责任。等待期或观察期结束后,健康保险保单才正式生效。也即观察期内发生的疾病都假定为投保前就已经患有,保险人可以拒绝承担责任。

9.3.3 成本分摊条款

健康保险中存在比其他险种更为严重的道德风险问题。健康保险特别是其中的医疗保险,涉及保险人、被保险人及医疗服务提供者三方的利益,然而这三方的利益之间常常存在冲突。被保险人与医疗服务提供者之间是患者和医生的关系,应该是医疗服务者提供医疗服务,被保险人支付看病费用,如果仅仅是这样的关系,被保险人肯定会仔细把握看病的尺度,防止发生过高的医疗费用。但是,在存在医疗保险的情况下,由保险人替被保险人支付医疗费用,被保险人看病却不需要自己支付医疗费用或自己只是支付很少的医疗费用,那么俗话说"花别人的钱不心疼",这样就很有可能造成医疗费用的浪费,增加保险人的赔款支出。

所以,为了避免保险人在理赔时支付过多的赔款,尽可能地控制道德风险,健康保险一般采用以下方法来约束被保险人。

1. 免赔额条款

在健康保险中,一般都会对医疗费用规定一个免赔额,保险人只对超过免赔额的部分进行赔付。免赔额的规定主要有两方面的目的:①由于免赔额的规定,将医疗费用的支出与被保险人的切身利益相联系,被保险人在保险人给付保险金之前首先要自行支付免赔额以下的医疗费用,以此促使被保险人控制医疗费用,避免浪费;②可以减少保险人处理小额赔款过于频繁的麻烦。

免赔额的计算一般有3种:①单一赔款免赔额,针对每次赔款的数额规定免赔额;②全年免赔额,按全年赔款总计制定免赔额;③集体免赔额,针对集体投保而言,小额的医疗费用由被保险人自己承担。

2. 比例给付条款

比例给付条款是指对超过免赔额以上的医疗费用部分采用被保险人和保险人共同分担的比例给付办法。健康保险以人的身体为保险标的,所以很难区分清楚哪些是治疗的必要支出,哪些是浪费,风险不易控制。规定比例给付条款,也就是意味着医疗费用的实际支出中有一部分需要被保险人自行承担,这样被保险人可以结合自己身体的实际情况,自觉地避免那些不必要的支出,有利于保险人控制风险。

3. 赔偿限额条款

除了免赔额和比例给付以外,保险人为了更有效地控制道德风险,往往在保险合同中规定保险金的最高给付额度。也即超出给付限额的部分需要由被保险人自己负担,以此控制医疗费用的总支出水平。

阅读资料

医药费使亚洲增加 7 800 万穷人
——专家建议通过健康保险降低贫困风险

国际卫生专家估计,如果将医药费用考虑在内,生活在贫困中的亚洲人口比先前估计的多 7 800 万人。

亚洲国家许多人都没有健康保险,需要支付医药费,但传统上对贫困人口的统计都未将用现金支付的医药费用开支考虑在内。

研究人员从 11 个亚洲国家的家庭总收入中扣除医药费用,结果又有数以千万计的人降到国际公认的每人每天 1 美元的贫困线以下。

研究小组负责人、荷兰卫生经济学家埃迪·范·多尔斯拉尔博士说:"如果考虑到直接用现金支付的医药费用,又有 7 800 万人被算入贫困人口。"

"我们算了一下,在接受调查的人口中,在扣除支付的医药费用后,又有 2.7% 的人每天收入不足 1 美元。"

今天出版的医疗杂志《柳叶刀》周刊报道了上述数据,它是以各国国民支出调查中的医药支出资料为基础的。

研究人员通过对全国有代表性的抽样检查推断出全体国民的情况。总的来说,这项研究显示,贫困现象的普遍程度比其他没有包括现金支付医药费用的统计结果高出 14%。

范·多尔斯拉尔说:"这么大一部分医药费用要用现金支付,我们对此感到吃惊。"

他还说:"这些费用很大一部分由生活水平刚刚超过贫困线的人承担,一扣除这些费用,他们就被推到贫困线以下。"

研究显示,印度尼西亚、泰国和马来西亚的医药费用负担最轻。孟加拉国、中国、印度、尼泊尔和越南等较大国家的情况比较触目惊心。

范·多尔斯拉尔说:"这些国家的全部医药费用中,超过 60% 是用现金支付的。"

在将现金支付的医药费用考虑进去后,孟加拉国和印度有近 4% 的国民降到贫困线以下。

斯里兰卡、菲律宾和吉尔吉斯斯坦也在被调查之列。

范·多尔斯拉尔说:"很大一部分亚洲人面临高额医药费用的风险。"他还说,有必要通过公共健康保险或个人健康保险等方法来降低风险。

资料来源:参考消息,2006-10-15。

阅读资料

卫生部发布《全民健康生活方式行动倡议书》

2007 年 9 月 1 日,卫生部发布《全民健康生活方式行动倡议书》,全文如下。

健康是人的基本权利,是幸福快乐的基础,是国家文明的标志,是社会和谐的象征。在全面建设小康社会过程中,我国人民的健康水平明显提高,精神面貌焕然一新。然而,社会发展和经济进步在带给人们丰富物质享受的同时，也在改变着人们的饮食起居和生活习惯。与吸烟、酗酒、缺乏体力活动、膳食不合理等生活方式密切相关的高血脂、高血压、高血糖、肥胖等已成为影响我国人民健康素质的大敌。

面对不断增加的生活方式病，药物、手术、医院、医生的作为受到限制，唯一可行的是每个人都从自己做起，摒弃不良习惯，成为健康生活方式的实践者和受益者。为此，卫生部疾病预防控制局、全国爱国卫生运动委员会办公室与中国疾病预防控制中心共同携手，以"和谐我生活，健康中国人"为主题，发起全民健康生活方式行动，并向全国人民发出倡议。

（1）追求健康，学习健康，管理健康，把投资健康作为最大回报，将"我行动、我健康、我快乐"作为行动准则。

（2）树立健康新形象。改变不良生活习惯，不吸烟、不酗酒，公共场所不喧哗，保持公共秩序，礼貌谦让，塑造健康、向上的国民形象。

（3）合理搭配膳食结构，规律用餐，保持营养平衡，维持健康体重。

（4）少静多动，适度量力，不拘形式，贵在坚持。

（5）保持良好的心理状态，自信乐观，喜怒有度，静心处事，诚心待人。

（6）营造绿色家园，创造整洁、宁静、美好、健康的生活环境。

（7）以科学的态度和精神，传播科学的健康知识，反对、抵制不科学和伪科学信息。

（8）将每年的9月1日作为全民健康生活方式日，不断强化健康意识，长期保持健康的生活方式。

让我们在追求健康中实现人与自然的和谐，愿人人拥有健全的人格、健康的心态、健壮的体魄，实现全面发展，拥有幸福生活！

倡议者：
卫生部疾病预防控制局
全国爱国卫生运动委员会办公室
中国疾病预防控制中心

资料来源：中国保险网，2008－04－16.

本章自测题

一、单项选择题

1. 在健康保险中，专门向被保险人提供医疗费用保障的保险被称为（   ）。
   A. 补偿保险　　　B. 给付保险　　　C. 医疗保险　　　D. 收入保险

2. 在健康保险的成本分摊条款中，有一个针对一些金额较低的医疗费用支出作出不赔规定的条款。这个条款被称为（   ）。
   A. 免赔额条款　　B. 控制成本条款　　C. 小额不计条款　　D. 合理拒付条款

3. 健康保险的承保条件比人寿保险的承保条件严格得多，对被保险人要进行严格的投保审查。通常，保险人审查被保险人所依据的资料是（   ）。
   A. 投保人的陈述　B. 保险人的调查　C. 被保险人的陈述　D. 被保险人的病历

4. 健康保险的种类中既有给付性的又有补偿性的。下列健康保险中，属于给付性的险种是（ ）。

  A. 住院保险　　　B. 普通医疗保险　　　C. 特种疾病保险　　　D. 综合医疗保险

5. 对被保险人因疾病住院所发生的医疗费用（主要包括住院房间费、住院治疗费用、手术费用、医药费用、检查费用等）提供专门保障的健康保险被称为（ ）。

  A. 综合医疗保险　　　B. 普通医疗保险　　　C. 住院医疗保险　　　D. 手术医疗保险

6. 以被保险人支出医疗费用、疾病致残、生育或因疾病、伤害不能工作、收入减少为保险事故的人身保险被称为（ ）。

  A. 人寿保险　　　B. 意外伤害保险　　　C. 健康保险　　　D. 医疗保险

7. 对被保险人所患的特种疾病提供专门保障的健康保险被称为（ ）。

  A. 综合医疗保险　　　B. 普通医疗保险　　　C. 住院医疗保险　　　D. 特种疾病保险

8. 构成健康保险所指的疾病必须具有的条件之一是：必须是非先天原因所造成的。正常情况下，下列疾病中，符合这一构成条件的是（ ）。

  A. 视力减弱　　　B. 听力丧失　　　C. 患传染病　　　D. 身体畸形

9. 在健康保险中，提供被保险人在残疾、疾病等之后不能继续工作时所发生的收入损失补偿的保险称为（ ）。

  A. 残疾收入补偿保险　　　　　　B. 疾病医疗费用保险
  C. 身体伤残收入保险　　　　　　D. 失业收入损失保险

10. 构成健康保险所指的疾病必须具有的条件之一是：必须是由于非长期原因所造成的。下列所列疾病中，符合这一构成条件的是（ ）。

  A. 皮肤衰老　　　B. 器官衰老　　　C. 食物中毒　　　D. 功能减弱

11. 在人身保险实务中，健康保险的种类包括（ ）。

  A. 医疗保险、残疾收入补偿保险和重大疾病保险
  B. 检查保险、残疾收入补偿保险和重大疾病保险
  C. 门诊保险、残疾收入补偿保险和重大疾病保险
  D. 工伤保险、残疾收入补偿保险和重大疾病保险

12. 在健康保险中，对未能达到标准条款规定但符合身体健康要求的被保险人，一般采用的做法是（ ）。

  A. 规定观察期　　　　　　　　　B. 规定给付限额
  C. 提供次健体保单　　　　　　　D. 设计特殊疾病保单

13. 在人身保险合同中规定不可抗辩条款主要是为了保护（ ）的利益。

  A. 保险人　　　　　　　　　　　B. 被保险人或受益人
  C. 投保人　　　　　　　　　　　D. 保险中介人

14. 按照承保内容的不同，健康保险可分为（ ）。

  A. 医疗保险和残疾收入保险　　　B. 个人健康保险和团体健康保险
  C. 健康保险主险和健康保险附加险　　　D. 商业保险和社会健康保险

15. 长期健康保险的保险期间一般最短为（ ）。

  A. 一年　　　B. 三年　　　C. 五年　　　D. 十年

16. 在商业健康保险合同中，被保险人是（ ）。

①与保险人订立保险合同的人 ②承担支付保险费义务的人 ③保险合同所保障的人 ④保险事故发生时遭受损害的人 ⑤享有保险金请求权的人

  A. ③④⑤   B. ①③④   C. ①②③⑤   D. ①②③④

17. 关于健康保险的特征表述不正确的是（   ）。

  A. 健康保险无论是医疗保险、失能保险，还是护理保险，都是为自身提供经济补偿

  B. 由于疾病或意外伤害事故随时可能发生，这都可能导致医疗费用损失，都可能导致失能，都可能需要护理，因此，保未来是健康保险的重要特征

  C. 健康保险是以人的身体为保险标的，不论是医疗保险、失能保险，还是护理保险，都是为了保障自己的身体，使自己的身体更健康

  D. 绝大多数健康保险都不需要指定受益人

二、多项选择题

1. 在健康保险中，免赔额的计算方法主要包括（   ）。

  A. 单一赔款免赔额   B. 全年免赔额

  C. 比例免赔额   D. 集体免赔额

  E. 期间免赔额

2. 下述各项属于被保险人权利的有（   ）。

  A. 保险合同的变更权   B. 在一定条件下的保险合同解除权

  C. 请求给付保险金的权利   D. 保险单质押贷款

  E. 指定和变更受益人

3. 保险合同终止的原因包括（   ）。

  A. 投保人解除保险合同   B. 保险人解除保险合同

  C. 保险公司合并或分立   D. 保险合同期限届满

  E. 保险合同得到全部履行

三、案例分析题

投保人/被保险人：高某，男性，42岁，内勤

投保险种：个人住院定额医疗保险附加费用型住院医疗保险

保单生效日：2012年10月30日

投保/核保信息：投保时健康告知无异常，未体检，保险公司以标准体承保。

高某于2013年2月11日—28日因"急性肠胃炎"住院引起保险事故，共住院17天，产生医疗费用2 521元。出院后被保险人向保险公司提出理赔申请。保险公司审核后，认为该疾病属于保险责任范围，但被保险人就诊医院不在条款的定点医院范围。因此，保险公司依据合同赔付了费用型住院医疗保险金，而拒付日额保险金。而高某认为，按照合同约定，还应当向其支付住院日额保险金，但保险公司拒付，高某因此诉至法院。

根据以上资料，回答下列问题：

1. 在开展健康保险理赔工作时，索赔申请人需要提交的常见索赔申请材料包括（   ）。

①医疗费用原始发票 ②住院明细账单 ③医疗诊断证明书 ④病理诊断报告书 ⑤病历

  A. ①②⑤   B. ②③⑤   C. ①③④⑤   D. ①②③④⑤

2. 在健康保险中，保险公司通常会对就诊医院进行限制（如定点医院），其原因表述不

正确的是（　　）。
  A. 有利于保险公司控制风险，与医院最大限度信息共享
  B. 与医院相互监督促进，保证彼此能够最大获益
  C. 防止医院为了片面追求经济利益，造成医疗费用的过度上涨
  D. 保证客户能够在医院服务质量和管理水平较高、信誉较好的医院，提供医疗服务

3. 结合上述案例，以下分析正确的是（　　）。
  A. 虽然不是保险合同约定的定点医院，但是保险公司通融赔付，合情合理
  B. 不是保险合同约定的定点医院，保险公司也要承担部分赔偿责任，但是不局限于费用型住院医疗保险，具体数额协商决定
  C. 不是保险合同约定的定点医院、非急诊或者规定的转诊等情况，又未得到保险公司同意的其他医院治疗，保险公司不承担保险责任，因此要分情况而定
  D. 不是保险合同约定的定点医院，保险公司一律不承担保险责任，故保险公司应全额拒付

4. 假定上述案例中高某是在定点医院就诊，疾病住院日额保险金给付天数等于实际天数减去三天，日额保险金为100元，而费用型住院医疗保险其免赔额为1 000元，高某的自担比例为20%。那么，保险公司将会向高某支付保险金（　　）元。
  A. 1 216.8　　　　B. 2 016.8　　　　C. 2 521　　　　D. 2 616.8

第 10 章
健康保险实务之一——医疗保险

本章重点提示

通过本章的学习,应了解医疗保险的基本概念、责任范围及医疗费用分担等相关内容;熟悉医疗保险的一些主要险种。

引言

医疗保险是提供医疗费用保障的保险,它是健康保险的核心内容之一,是投保者关注最多的险种。

10.1 医疗保险概述

10.1.1 医疗保险的定义

医疗保险又称医疗费用保险,是健康保险的主要内容之一。医疗保险是指提供医疗费用保障的保险,保障的是被保险人因患疾病或生育需要治疗时的医疗费用支出。医疗保险主要包括医疗门诊费用、药费、住院费用、护理费用、医院杂费、手术费用、各种检查费用等。

10.1.2 保险期限和责任期限

保险期限是保险人对保险合同约定的保险事故所造成的损失承担赔偿给付责任的一段时间。只有在保险期限内发生的保险事故,保险人才会承担给付保险金的责任。

医疗保险保单中除了规定保险期限外,通常还会规定一个责任期限。责任期限是指被保险人自发生保险事故之日起的一段时间,如果被保险人患病治疗并超出保险期限,则保险人负责被保险人在责任期限内因治疗所支出的医疗费用。责任期限通常为90天或180天。

只有发生在保险期限内的保险事故才能享受责任期限的待遇,被保险人在保险期内患病但在保险期限内还未治愈,则从患病之日起的不超过责任期限内所支出的医疗费用由保险人提供补偿。另外,如果被保险人在保险期限内发生保险事故,但是治疗时间超出责任期限但未超出保险期限的,保险人也只承担在责任期限内的给付责任。由此可见,责任期限的规定保障了被保险人只要在保险期间发生保险事故就确实能够得到医疗费用的补偿,也同时保障了保险人的支出不会过大。

10.1.3 保险金额

医疗保险一般在合同中规定一个最高保险金额，无论被保险人是一次或是多次患病治疗，保险人在此限额内支付被保险人所发生的医疗费用，但是超过此限额之后，保险人就停止支付。在保险实务中，常常会有以下一些具体规定。

1. 规定总保险金额

总保险金额是指在保险期限内发生保险事故累积赔付的最高限额。无论被保险人一次还是多次患病治疗，保险人只对不超过总保险金额的实际支出的医疗费用予以给付。

2. 规定每次门诊的保险金额

有些保险人会在保险合同中明确规定每次门诊治疗的保险金最高给付金额以控制经营风险。

3. 规定每日住院金额

被保险人在保险期限内患病，在责任期限内住院治疗。保险人对被保险人每日住院支出金额都规定有明确的限额，超出限额的部分不予给付。

4. 即时限额补偿

即时限额补偿是在保险期限内，保险人只负责承担被保险人一定天数的住院医疗费用。

10.1.4 保险责任范围

被保险人在治疗过程中所花费的医疗费用范围广泛，有治疗疾病的直接费用，包括药费、手术费等；有治疗疾病的间接费用，包括住院费、膳食费等；有与治疗疾病不相关但患者必须支出的费用，包括假肢费、整形整容费等。对于这些费用是否属于保险责任范围，总的原则是直接费用予以负责，如药费、手术费；间接费用可以负责也可以不负责；无关费用不予负责。

一般保险人都会在合同中明确规定医疗费用给付范围。不予负责的费用在保险合同中一般以除外责任的方式采用列举法加以表示。

通常情况下，医疗保险中的除外责任包括：战争、军事行动、暴乱或武装叛乱中发生的医疗费用；被保险人因意外伤害或其他医疗原因、进行整容手术而发生的费用；因不法行为或严重违反安全规则所致疾病等。

阅读资料

英国大臣的脚趾保险

在西方国家，一些地位显赫、身居要职或具有某一专长的人物，对于自己身体的每一器官、每一个"零部件"都看得十分重要。因而，西方保险业为适应形形色色的特种保险需求，开办了五花八门的特约保险业务。

英国政府就业大臣、保守党的彼得·伯托姆，由于担心自己在长期的投票选举中有可能对自己的 10 个脚趾造成损害，于是为了自己的 10 个脚趾完好，缴纳了 5 000 英镑的保险费。保险公司为预防保险事故的发生，为他特制了一双具有加固鞋头的皮鞋，如果在其脚趾有可能受伤的场合，这位大臣穿了保险公司特制的皮鞋，保险公司将对他进行奖励，每周保险公司付给他 20 英镑。

彼得·伯托姆自从参加了脚趾保险后，开会时就穿上了保险公司专门设计的皮鞋，他说:"我发现到下院会客厅穿上这双鞋很管用，因为每次投票时脚趾都可能被踩伤。"

资料来源：轻松保险网，2009 - 07 - 10.

10.1.5 医疗费用分担

医疗保险一般有以下几种费用分担方式。

1. 免赔额

设定免赔额的基本做法是：当被保险人就医时，其费用在免赔额之内时，病人自负，超出部分由保险人补偿。免赔额的设定是，将轻微疾病所致的小额医疗费用视为被保险人正常的生活费用，保险人不予补偿不会造成被保险人的生活困难，而且能减少被保险人的保险费支出，这显然是可行的。在医疗保险中设置免赔额的目的是控制道德风险，减少医疗资源的浪费。如果被保险人无原则地支付医疗保险费，既损害保险人的利益，也损害自己的利益，于是被保险人会主动督促医疗服务单位尽量避免不必要的医疗费用支出，从而减少保险人的经营成本。

2. 比例给付

比例给付即在医疗保险中，对超过免赔额的医疗费用部分，规定一个给付比例，由保险人和被保险人共同分摊。比例给付既可以按某一固定比例给付，也可按累进比例给付，即随着实际医疗费用支出的增大，保险人承担的比例累计递增，被保险人自负的比例累计递减。例如，某保险公司个人住院医疗保险金给付比例表（见表 10 - 1）的规定，既有利于保障被保险人的经济利益，促进被保险人对医疗费用的节约，也有利于保险人经营的稳定。

表 10 - 1 某保险公司个人住院医疗保险金给付比例表

住院医疗费支出/元	本公司给付比例/%	被保险人自付比例/%
0～5 000	70	30
5 001～10 000	75	25
10 001～20 000	80	20
20 001～40 000	90	10
40 001 以上	95	5

3. 限额给付

一般在医疗保险中，保险人对医疗保险金的最高给付均有限额规定，即在合同中规定最高给付金额。医疗费用实际超过最高限额的部分，由被保险人自己负担，以控制保险人的总支出水平。

4. 制定观察期

在合同生效的最初一段时间内（观察期内），保险人对被保险人发生的保险事故不负赔付责任，以减少带病投保现象，从而降低保险人的经营风险。

10.2 医疗保险的主要险种与条款

10.2.1 平安个人住院安心保险简介

1. 保险期间及投保年龄

本合同的保险期间为1年。自本合同约定的生效日零时起至约定的终止日24时止。

投保年龄：3～64周岁。

2. 保险责任

1）基本部分

（1）一般住院日额保险金。被保险人因疾病经医院诊断必须住院治疗，本公司从被保险人每次住院的第4天开始按住院天数给付住院日额保险金，即每次疾病住院日额保险金给付天数＝实际住院天数－3天；被保险人因意外伤害经医院诊断必须住院治疗，本公司从被保险人住院第一天开始给付住院日额保险金，即意外伤害住院日额保险金给付天数＝实际住院天数。保险责任有效期内一般住院日额保险金给付天数最多可达365天。

（2）癌症住院日额保险金。被保险人因初次患癌症，经医院诊断必须住院治疗，本公司按被保险人实际住院天数给付癌症住院日额保险金。保险责任有效期内癌症住院日额保险金给付天数最多可达180天。

2）可选部分

（1）器官移植保险金。被保险人经医院诊断明确且施行器官移植手术者，本公司按其实际支出的合理且必要的器官移植费给付器官移植保险金。保险责任有效期内器官移植保险金累计给付以约定保险金额为限。

（2）手术医疗保险金。被保险人经医院诊断明确且施行非器官移植手术者，本公司按其实际支出手术费的80%给付手术医疗保险金，保险责任有效期内手术医疗保险金累计给付以约定保险金额为限。同一手术器官移植和手术医疗保险金不可兼得。

如果被保险人在保单年度内施行公司所列择期手术，各项责任本公司均按上述规定的50%给付（一般住院日额保险金、癌症住院日额保险金为每日保额减半）。但如果被保险人连续续保满3年，则从第4年开始，施行公司所列手术，各项责任本公司均按上述规定的80%给付。

3. 保险金额和保险费

本保险的保障分为6档（见表10-2），投保人可选择其中一档投保，一经确定，该保单年度内不得变更。

本合同的保险费（见表10-3）根据投保人与本公司约定的档次确定，并于保险单上载明。投保人在投保时一次缴清。下年度续保时，按续保时年龄缴纳保险费，同时本公司保留调整保费之权利。

表 10-2 《个人住院安心保险（99 型）》保险金额　　　　　　　　　　　元

档次 \ 保险责任	基本部分		可选部分	
	一般住院日额保险金	癌症住院日额保险金	器官移植保险金	手术医疗保险金
一档	30	100	50 000	5 000
二档	50	120	60 000	6 000
三档	80	140	70 000	7 000
四档	100	160	80 000	8 000
五档	150	180	90 000	9 000
六档	200	200	100 000	10 000
	最多给付 365 天	最多给付 180 天		被保险人自付 20%

表 10-3 《个人住院安心保险（99 型）》年缴保险费　　　　　　　　　　元

档次 \ 年龄	一档			二档			三档		
	基本	可选	总计	基本	可选	总计	基本	可选	总计
3～4	44	147	191	74	160	234	118	168	286
5～9	30	89	119	49	99	148	78	106	184
10～19	18	68	86	30	77	107	48	83	131
20～29	68	129	197	113	141	254	180	149	329
30～39	96	121	217	157	133	290	249	140	389
40～49	112	128	240	178	140	318	277	147	424
50～59	191	173	364	303	188	491	468	196	664
60～64 *	299	203	502	476	219	695	735	227	962

档次 \ 年龄	四档			五档			六档		
	基本	可选	总计	基本	可选	总计	基本	可选	总计
3～4	147	180	327	220	190	410	293	196	489
5～9	98	115	213	146	122	268	195	128	323
10～19	60	91	151	89	98	187	119	104	223
20～29	225	160	385	336	169	505	447	175	622
30～39	310	151	461	462	159	621	615	166	781
40～49	344	158	502	506	167	673	668	173	841
50～59	580	210	790	851	220	1 071	1 121	227	1 348
60～64 *	911	243	1 154	1 337	255	1 592	1 762	262	2 024

* 续保有效

4. 责任免除

因下列情形之一，造成被保险人住院、施行器官移植或其他手术的，本公司不负给付保险金责任：

（1）保单中特别约定的除外疾病和未告知的既往症、先天性畸形、变形和染色体异常；

（2）不孕不育治疗、人工授精、怀孕、分娩（含难产）、流产、堕胎、节育（含绝育）、产前产后检查，以及由以上原因引起之并发症；

（3）艾滋病或感染艾滋病病毒、性病、精神疾患；

（4）疗养、矫形、视力矫正手术、美容、牙科保健及康复治疗、非意外事故所致整容手术；

(5) 从事潜水、跳伞、攀岩运动、探险活动、武术比赛、摔跤比赛、特技表演、赛马、赛车等高风险运动；

(6) 投保人故意致被保险人伤害、患病；

(7) 故意犯罪或拒捕、自杀或故意自伤、殴斗、醉酒，以及服用、吸食或注射毒品；

(8) 酒后驾驶、无照驾驶及驾驶无有效行驶证的机动交通工具；

(9) 战争、军事行动、内乱或武装叛乱，以及核爆炸、核辐射或核污染及因此导致的疾病。

此外，对于当地正在执行的社会医疗保险（含公费）管理部门规定的自费项目和药品，本公司不负给付保险金责任。

5. 保险事故通知

投保人或被保险人应于被保险人入院之日起 3 日内通知本公司。否则，投保人或被保险人应承担由于通知迟延致使本公司增加的勘查、检验等项费用。但因不可抗力导致的迟延除外。

被保险人每次住院超过 15 天者，须向本公司提出书面申请，经本公司同意后，本公司对超过 15 天的住院天数部分给付住院医疗保险金，否则，本公司对每次住院的住院医疗保险金给付以 15 天为限。

被保险人应在本公司指定或认可的医院就诊，若因急诊未在指定或认可的医院就诊的，应在 3 日内通知本公司，并根据病情好转情况及时转入指定或认可的医院。若确需转入非指定或非认可的医院就诊的，应向本公司提出书面申请，本公司在接到申请后 3 日内给予答复，对于本公司同意在非指定或非认可的医院就诊的，对这期间发生的住院医疗费用按本条款规定给付保险金。

10.2.2　金盛附加意外伤害门急诊医疗保险简介

1. 附加合同的特别说明

本附加保险合同（以下简称"本附加合同"）依主保险合同投保人的申请，经列于保险合同首页后始生效。除非批单另有规定，本附加合同生效日与本保险合同生效日一致。本附加合同未约定的，以主保险合同为准；若主保险合同与本附加合同互有冲突，则以本附加合同为准。

2. 保险期间及投保年龄

本附加合同的保险期间为 1 年，自本公司同意承保并收取保险费后的次日零时起至约定的终止日 24 时止，可续保至 65 周岁。

投保年龄：16～60 周岁。

3. 保险责任

被保险人在本附加合同有效期内，因遭受意外伤害，自事故发生之日起 30 日内前往医院进行必要的治疗，本公司按如下规定给付"门急诊医疗费用保险金"：

(1) 本公司给付自事故发生之日起 90 日内支出的必须且合理的实际门急诊医疗费用。

(2) 给付前先扣除本附加合同所载"自负额"（自负比例 30%），同一意外伤害的累计给付金额不超过保险合同首页所载最高给付金额（最高给付金额 500 元）。

(3) 同一意外伤害的治疗跨两个保险年度时，其给付金额归入意外伤害事故发生当年度本附加合同之给付限额。

(4) 实际的门急诊医疗费用以当地政府核准的收费标准为限。给付范围包括门急诊药费、挂号费、门急诊手术费、救护车费等。

(5) 医生处方必须符合当地政府公费医疗、社会劳保医疗人员药品报销范围的规定。本公司在计算"门急诊医疗费用保险金"时，将扣除被保险人由政府、公司、单位、其他社会福利机构或其他医疗保险已支付的款额。

4. 责任免除

因下列情形之一，导致被保险人发生门急诊医疗的，本公司不负给付保险金责任：

(1) 投保人、受益人对被保险人的故意杀害、伤害；
(2) 被保险人故意犯罪或拒捕；
(3) 被保险人殴斗、醉酒、自杀、故意自伤，以及服用、吸食、注射毒品；
(4) 被保险人受酒精、毒品、管制药品的影响而导致的意外；
(5) 被保险人酒后驾驶、无照驾驶及驾驶无有效行驶证的机动交通工具；
(6) 精神疾病或其所致事故；
(7) 被保险人妊娠、流产、分娩、药物过敏及其导致的伤害；
(8) 被保险人因整容手术或其他内、外科手术导致的医疗事故；
(9) 被保险人进行整容手术、外科整形、牙齿修复、牙齿整形、视力矫正或天生畸形矫治；
(10) 被保险人先天性疾病、脊椎间盘突出症、蛛网膜下腔出血或视网膜剥离及其导致的伤害；
(11) 被保险人未遵医嘱，私自服用、涂用、注射药物；
(12) 被保险人从事潜水、跳伞、攀岩运动、探险活动、武术比赛、摔跤比赛、特技表演、赛马、赛车等高风险运动；
(13) 被保险人患有艾滋病或感染艾滋病毒（HIV 呈阳性）期间；
(14) 已宣战或未宣战的战争、军事行动、暴乱或武装叛乱；
(15) 核爆炸、核辐射或核污染；
(16) 一般体格检查、疗养、特别护理、静养、康复性治疗、物理治疗或心理治疗。

发生前项情形，被保险人身故的，本附加合同终止。

5. 受益人的指定和变更

本附加合同保险金的受益人为被保险人本人。若被保险人身故，本附加合同受益人为主保险合同受益人。本公司不受理其他指定或变更。

因投保人或被保险人变更受益人所引起的法律纠纷，本公司不负任何责任。

6. 保险事故的通知

投保人、被保险人应于知道或应该知道保险事故发生之日起 5 日内通知本公司。否则投保人、被保险人应承担由于通知迟延致使本公司增加的勘查、检验等项费用。但因不可抗力导致的迟延除外。

7. 保险金的申请

(1) 被保险人发生门急诊医疗的，由被保险人作为申请人，填写保险金给付申请书，并凭下列证明、资料向本公司申请给付保险金：

① 保险合同；

② 被保险人户籍证明或身份证明；

③ 本附加合同约定的医院出具的医疗诊断书（含相关的诊断依据）、医疗费用的原始凭证；

④ 如为受委托人的，应提供授权委托书、身份证明等相关证明；

⑤ 申请人所能提供的与确认保险事故的性质、原因、伤害程度等有关的其他证明、资料。

（2）被保险人未满18周岁的，由父母或监护人作为申请人向本公司申请给付保险金。

（3）若被保险人身故，由主保险合同中指定的身故保险金受益人作为申请人申领保险金。

（4）本公司收到申请人的保险金给付申请书和上述证明、资料后，如无特别约定，对确定属于保险责任的，经本公司审核通过后的10日内履行给付保险金责任。对不属于保险责任的，向申请人发出拒绝给付保险金通知书。

（5）申请人申请给付保险金时，本公司如认为必要，可对被保险人的身体予以复查。

（6）被保险人或投保人对本公司请求给付保险金的权利，自其知道或应当知道保险事故发生日起2年不行使而消灭。

8. 职业或工种变更

被保险人变更其职业或工种时，投保人或被保险人应于10日内以书面形式通知本公司。被保险人所变更的职业或工种依照本公司职业分类在拒保范围内者，本公司对该被保险人所负保险责任自其职业或工种变更之日起终止，且退还未满期保险费。

被保险人所变更的职业或工种，依照本公司职业分类在本公司拒保范围内而未依前项约定通知本公司而发生保险事故的，本公司不负给付保险金的责任。

10.3 医疗保险改革

10.3.1 我国医疗保险改革现状

在传统意义上，医疗保险是指由特定的组织或机构经办，通过带强制执行的政策、法规或自愿缔结的契约，在一定区域的一定参保人群中筹集医疗保险基金，在参保人（被保险人）因疾病而招致健康和经济损失时实施经济补偿的一系列政策、制度与办法。

在国民经济保持稳定增长的同时，中国保险市场保持了相对较为稳定的发展速度。2008年，保险业实现原保险保费收入9 784.1亿元，比上年增长39.1%，是2002年以来增长最快的一年。其中，寿险业务原保险保费收入6 658.4亿元，增长49.2%；健康险业务原保险保费收入585.5亿元，增长52.4%。

随着新医改政策的出台，各级政府都制定了相应的政策、法规，医疗保险市场迎来了新的拐点。2008年，我国基本医疗保险覆盖面继续扩大，新增229个扩大试点城市，其中江苏、浙江、安徽、福建、江西、河南、湖北、湖南、广东、海南、西藏、陕西、甘肃、青海和宁夏等15个省（区）全部纳入了试点。在2007年的88个试点城市中，参保人数达到2 583万，已有62万参保居民开始享受待遇。

新型农村合作医疗制度建设从2003年开始，经过了试点和全面推进阶段，截至2008年9月30日，全国开展新型农村合作医疗的县（市、区）数达到2 729个。参加新型农村合作医疗人口为8.14亿，参保率为91.5%。越来越接近新型农村合作医疗制度全覆盖目标。

2009年，新医改方案正式颁布，主要投入三大类：用于医疗保险补助即补助城镇居民和新型农村合作医疗等参保，约3 900亿元，公共卫生约600亿元，而各类医疗机构将迎来4 000亿元的投入量。新医改方案提出，到2011年基本医疗保障制度全面覆盖城乡居民，具体而言，就是在3年内使城镇职工医疗保险、城镇居民医疗保险和新型农村合作医疗的参保率都提高到90%以上。完成上述目标，按现行政策要求，政府财政要对居民和农民分别在城镇医疗保险和新型农村合作医疗参保上给予补贴。由此可见，未来3年内，我国医疗保险行业将面临巨大发展良机。

10.3.2 我国医疗保险改革规划

根据《中共中央、国务院关于深化医药卫生体制改革的意见》（中发〔2009〕6号，以下简称《意见》），2009—2011年重点抓好5项改革：①加快推进基本医疗保障制度建设；②初步建立国家基本药物制度；③健全基层医疗卫生服务体系；④促进基本公共卫生服务逐步均等化；⑤推进公立医院改革试点。

阅读资料

《中共中央、国务院关于深化医药卫生体制改革的意见》（中发〔2009〕6号）

1. 加快推进基本医疗保障制度建设

（1）扩大基本医疗保障覆盖面。3年内，城镇职工基本医疗保险（以下简称城镇职工医保）、城镇居民基本医疗保险（以下简称城镇居民医保）和新型农村合作医疗（以下简称新农合）覆盖城乡全体居民，参保率均提高到90%以上。用两年左右时间，将关闭破产企业退休人员和困难企业职工纳入城镇职工医保，确有困难的，经省级人民政府批准后，参加城镇居民医保。关闭破产企业退休人员实现医疗保险待遇与企业缴费脱钩。中央财政对困难地区的国有关闭破产企业退休人员参保给予适当补助。2009年全面推开城镇居民医保制度，将在校大学生全部纳入城镇居民医保范围。积极推进城镇非公有制经济组织从业人员、灵活就业人员和农民工参加城镇职工医保。政府对符合就业促进法规定的就业困难人员参加城镇职工医保的参保费用给予补贴。灵活就业人员自愿选择参加城镇职工医保或城镇居民医保。参加城镇职工医保有困难的农民工，可以自愿选择参加城镇居民医保或户籍所在地的新农合。

（2）提高基本医疗保障水平。逐步提高城镇居民医保和新农合筹资标准和保障水平。2010年，各级财政对城镇居民医保和新农合的补助标准提高到每人每年120元，并适当提高个人缴费标准，具体缴费标准由省级人民政府制定。城镇职工医保、城镇居民医保和新农合对政策范围内的住院费用报销比例逐步提高。逐步扩大和提高门诊费用报销范围和比例。将城镇职工医保、城镇居民医保最高支付限额分别提高到当地职工年平均工资和居民可支配收入的6倍左右,新农合最高支付限额提高到当地农民人均纯收入的6倍以上。

(3) 规范基本医疗保障基金管理。各类医保基金要坚持以收定支、收支平衡、略有结余的原则。合理控制城镇职工医保基金、城镇居民医保基金的年度结余和累计结余,结余过多的地方要采取提高保障水平等办法,把结余逐步降到合理水平。新农合统筹基金当年结余率原则上控制在15％以内,累计结余不超过当年统筹基金的25％。建立基本医疗保险基金风险调剂金制度。基金收支情况要定期向社会公布。提高基金统筹层次,2011年城镇职工医保、城镇居民医保基本实现市(地)级统筹。

(4) 完善城乡医疗救助制度。有效使用救助资金,简化救助资金审批发放程序,资助城乡低保家庭成员、五保户参加城镇居民医保或新农合,逐步提高对经济困难家庭成员自负医疗费用的补助标准。

(5) 提高基本医疗保障管理服务水平。鼓励地方积极探索建立医保经办机构与医药服务提供方的谈判机制和付费方式改革,合理确定药品、医疗服务和医用材料支付标准,控制成本费用。改进医疗保障服务,推广参保人员就医"一卡通",实现医保经办机构与定点医疗机构直接结算。允许参加新农合的农民在统筹区域内自主选择定点医疗机构就医,简化到县域外就医的转诊手续。建立异地就医结算机制,探索异地安置的退休人员就地就医、就地结算办法。制定基本医疗保险关系转移接续办法,解决农民工等流动就业人员基本医疗保障关系跨制度、跨地区转移接续问题。做好城镇职工医保、城镇居民医保、新农合、城乡医疗救助之间的衔接。探索建立城乡一体化的基本医疗保障管理制度,并逐步整合基本医疗保障经办管理资源。在确保基金安全和有效监管的前提下,积极提倡以政府购买医疗保障服务的方式,探索委托具有资质的商业保险机构经办各类医疗保障管理服务。

2. 初步建立国家基本药物制度

(6) 建立国家基本药物目录遴选调整管理机制。制定国家基本药物遴选和管理办法。基本药物目录定期调整和更新。2009年年初,公布国家基本药物目录。

(7) 初步建立基本药物供应保障体系。充分发挥市场机制作用,推动药品生产流通企业兼并重组,发展统一配送,实现规模经营;鼓励零售药店发展连锁经营。完善执业药师制度,零售药店必须按规定配备执业药师为患者提供购药咨询和指导。政府举办的医疗卫生机构使用的基本药物,由省级人民政府指定的机构公开招标采购,并由招标选择的配送企业统一配送。参与投标的生产企业和配送企业应具备相应的资格条件。招标采购药品和选择配送企业,要坚持全国统一市场,不同地区、不同所有制企业平等参与、公平竞争。药品购销双方要根据招标采购结果签订合同并严格履约。用量较少的基本药物,可以采用招标方式定点生产。完善基本药物国家储备制度。加强药品质量监管,对药品定期进行质量抽检,并向社会公布抽检结果。

国家制定基本药物零售指导价格。省级人民政府根据招标情况在国家指导价格规定的幅度内确定本地区基本药物统一采购价格,其中包含配送费用。政府举办的基层医疗卫生机构按购进价格实行零差率销售。鼓励各地探索进一步降低基本药物价格的采购方式。

(8) 建立基本药物优先选择和合理使用制度。所有零售药店和医疗机构均应配备和销售国家基本药物,满足患者需要。不同层级医疗卫生机构基本药物使用率由卫生行政部门规定。从2009年起,政府举办的基层医疗卫生机构全部配备和使用基本药物,其他各类医疗机构也都必须按规定使用基本药物。卫生行政部门制定临床基本药物应用指南和基本药物处方集，加强用药指导和监管。允许患者凭处方到零售药店购买药物。基本药物全部纳入基本医疗保障药品报销目录，报销比例明显高于非基本药物。

3. 健全基层医疗卫生服务体系

（9）加强基层医疗卫生机构建设。完善农村三级医疗卫生服务网络。发挥县级医院的龙头作用，3年内中央重点支持2 000所左右县级医院（含中医院）建设，使每个县至少有1所县级医院基本达到标准化水平。完善乡镇卫生院、社区卫生服务中心建设标准。2009年，全面完成中央规划支持的2.9万所乡镇卫生院建设任务，再支持改扩建5 000所中心乡镇卫生院，每个县1~3所。支持边远地区村卫生室建设，3年内实现全国每个行政村都有卫生室。3年内新建、改造3 700所城市社区卫生服务中心和1.1万个社区卫生服务站。中央支持困难地区2 400所城市社区卫生服务中心建设。公立医院资源过剩地区要进行医疗资源重组，充实和加强基层医疗卫生机构。对社会力量举办基层医疗卫生机构提供的公共卫生服务，采取政府购买服务等方式给予补偿；对其提供的基本医疗服务，通过签订医疗保险定点合同等方式，由基本医疗保障基金等渠道补偿。鼓励有资质的人员开办诊所或个体行医。

（10）加强基层医疗卫生队伍建设。制定并实施免费为农村定向培养全科医生和招聘执业医师计划。用3年时间，分别为乡镇卫生院、城市社区卫生服务机构和村卫生室培训医疗卫生人员36万人次、16万人次和137万人次。完善城市医院对口支援农村制度。每所城市三级医院要与3所左右县级医院（包括有条件的乡镇卫生院）建立长期对口协作关系。继续实施"万名医师支援农村卫生工程"。采取到城市大医院进修、参加住院医师规范化培训等方式，提高县级医院医生水平。

落实好城市医院和疾病预防控制机构医生晋升中高级职称前到农村服务一年以上的政策。鼓励高校医学毕业生到基层医疗机构工作。从2009年起，对志愿去中西部地区乡镇卫生院工作3年以上的高校医学毕业生，由国家代偿学费和助学贷款。

（11）改革基层医疗卫生机构补偿机制。基层医疗卫生机构运行成本通过服务收费和政府补助补偿。政府负责其举办的乡镇卫生院、城市社区卫生服务中心和服务站按国家规定核定的基本建设、设备购置、人员经费及所承担公共卫生服务的业务经费，按定额定项和购买服务等方式补助，医务人员的工资水平要与当地事业单位工作人员平均工资水平相衔接。基层医疗卫生机构提供的医疗服务价格，按扣除政府补助后的成本制定。实行药品零差率销售后，药品收入不再作为基层医疗卫生机构经费的补偿渠道，不得接受药品折扣。探索对基层医疗卫生机构实行收支两条线等管理方式。

政府对乡村医生承担的公共卫生服务等任务给予合理补助，补助标准由地方人民政府规定。

（12）转变基层医疗卫生机构运行机制。基层医疗卫生机构要使用适宜技术、适宜设备和基本药物，大力推广包括民族医药在内的中医药，为城乡居民提供安全有效和低成本服务。乡镇卫生院要转变服务方式，组织医务人员在乡村开展巡回医疗；城市社区卫生服务中心和服务站对行动不便的患者要实行上门服务、主动服务。鼓励地方制定分级诊疗标准，开展社区首诊制试点，建立基层医疗机构与上级医院双向转诊制度。全面实行人员聘用制，建立能进能出的人力资源管理制度。完善收入分配制度，建立以服务质量和服务数量为核心、以岗位责任与绩效为基础的考核和激励制度。

4. 促进基本公共卫生服务逐步均等化

（13）基本公共卫生服务覆盖城乡居民。制定基本公共卫生服务项目，明确服务内容。从2009年开始，逐步在全国统一建立居民健康档案，并实施规范管理。定期为65岁以上老年人做健康检查、为3岁以下婴幼儿做生长发育检查、为孕产妇做产前检查和产后访视，为高血压、糖尿病、精神疾病、艾滋病、结核病等人群提供防治指导服务。普及健康知识，2009年开设中央电视台健康频道，中央和地方媒体均应加强健康知识宣传教育。

（14）增加国家重大公共卫生服务项目。继续实施结核病、艾滋病等重大疾病防控和国家免疫规划、农村妇女住院分娩等重大公共卫生项目。从2009年开始开展以下项目：为15岁以下人群补种乙肝疫苗；消除燃煤型氟中毒危害；农村妇女孕前和孕早期补服叶酸等，预防出生缺陷；贫困白内障患者复明；农村改水、改厕等。

（15）加强公共卫生服务能力建设。重点改善精神卫生、妇幼卫生、卫生监督、计划生育等专业公共卫生机构的设施条件。加强重大疾病及突发公共卫生事件预测预警和处置能力。积极推广与应用中医药预防保健方法和技术。落实传染病医院、鼠防机构、血防机构和其他疾病预防控制机构从事高风险岗位工作人员的待遇政策。

（16）保障公共卫生服务所需经费。专业公共卫生机构人员经费、发展建设经费、公用经费和业务经费由政府预算全额安排，服务性收入上缴财政专户或纳入预算管理。按项目为城乡居民免费提供基本公共卫生服务。提高公共卫生服务经费标准。2009年人均基本公共卫生服务经费标准不低于15元，2011年不低于20元。中央财政通过转移支付对困难地区给予补助。

5. 推进公立医院改革试点

（17）改革公立医院管理体制、运行机制和监管机制。公立医院要坚持维护公益性和社会效益原则，以病人为中心。鼓励各地积极探索政事分开、管办分开的有效形式。界定公立医院所有者和管理者的责权。完善医院法人治理结构。推进人事制度改革，明确院长选拔任用和岗位规范，完善医务人员职称评定制度，实行岗位绩效工资制度。建立住院医师规范化培训制度。鼓励地方探索注册医师多点执业的办法和形式。强化医疗服务质量管理。规范公立医院临床检查、诊断、治疗、使用药物和植（介）入类医疗器械行为，优先使用基本药物和适宜技术，实行同级医疗机构检查结果互认。

探索建立由卫生行政部门、医疗保险机构、社会评估机构、群众代表和专家参与的公立医院质量监管和评价制度。严格医院预算和收支管理，加强成本核算与控制。全面推行医院信息公开制度，接受社会监督。

（18）推进公立医院补偿机制改革。逐步将公立医院补偿由服务收费、药品加成收入和财政补助3个渠道改为服务收费和财政补助两个渠道。政府负责公立医院基本建设和大型设备购置、重点学科发展、符合国家规定的离退休人员费用和政策性亏损补偿等，对公立医院承担的公共卫生任务给予专项补助，保障政府指定的紧急救治、援外、支农、支边等公共服务经费，对中医院（民族医院）、传染病医院、职业病防治院、精神病医院、妇产医院和儿童医院等在投入政策上予以倾斜。严格控制公立医院建设规模、标准和贷款行为。推进医药分开，逐步取消药品加成，不得接受药品折扣。医院由此减少的收入或形成的亏损通过增设药事服务费、调整部分技术服务收费标准和增加政府投入等途径解决。药事服务费纳入基本医疗保险报销范围。积极探索医药分开的多种有效途径。适当提高医疗技术服务价格，降低药品、医用耗材和大型设备检查价格。定期开展医疗服务成本测算，科学考评医疗服务效率。

公立医院提供特需服务的比例不超过全部医疗服务的10%。鼓励各地探索建立医疗服务定价由利益相关方参与协商的机制。

(19) 加快形成多元办医格局。省级卫生行政部门会同有关部门，按照区域卫生规划，明确辖区内公立医院的设置数量、布局、床位规模、大型医疗设备配置和主要功能。要积极稳妥地把部分公立医院转制为民营医疗机构。制定公立医院转制政策措施，确保国有资产保值和职工合法权益。

鼓励民营资本举办非营利性医院。民营医院在医保定点、科研立项、职称评定和继续教育等方面，与公立医院享受同等待遇；对其在服务准入、监督管理等方面一视同仁。落实非营利性医院税收优惠政策，完善营利性医院税收政策。

公立医院改革2009年开始试点，2011年逐步推开。

6. 保障措施

(20) 加强组织领导。国务院深化医药卫生体制改革领导小组统筹组织和协调改革工作。国务院有关部门要抓紧研究制定相关配套文件。各级政府要切实加强领导，抓好组织落实，加快推进各项重点改革。

(21) 加强财力保障。各级政府要认真落实《意见》提出的各项卫生投入政策，调整支出结构，转变投入机制，改革补偿办法，切实保障改革所需资金，提高财政资金使用效益。为了实现改革的目标，经初步测算，2009—2011年各级政府需要投入8 500亿元，其中中央政府投入3 318亿元。

(22) 鼓励各地试点。医药卫生体制改革涉及面广，情况复杂，政策性强，一些重大改革要先行试点，逐步推开。各地情况差别很大，要鼓励地方因地制宜制定具体实施方案，开展多种形式的试点，进行探索创新。国务院深化医药卫生体制改革领导小组负责统筹协调、指导各地试点工作。要注意总结和积累经验，不断深入推进改革。

(23) 加强宣传引导。坚持正确的舆论导向，制定分步骤、分阶段的宣传方案；采取通俗易懂、生动形象的方式，广泛宣传实施方案的目标、任务和主要措施，解答群众关心的问题；及时总结、宣传改革经验，为深化改革营造良好的社会和舆论环境。

资料来源：中国保险网，2009-10-12。

案例分析

杨某甲诉A保险公司深圳分公司保险合同纠纷案

1. 基本案情

2006年11月28日，杨某乙（杨某甲之女）与被告A保险公司深圳分公司签订了一份《家庭健康保险合同》，杨某乙向被告投保守护专家住院费用（推广版）个人医疗保险、守护专家意外医疗个人医疗保险、福佑专家人身意外个人意外伤害保险等险种，其中守护专家意外医疗个人医疗保险的保额档次是三档，福佑专家人身意外个人意外伤害保险的保额为10万元，保险期间均为1年，保险责任生效日为2006年11月27日零时。《守护专家意外医疗个人医疗保险责任条款》第1.2条规定：被保险人因遭受意外伤害事故，在医院门急诊或普通病房住院进行治疗，对每次意外伤害事故发生之日起180天内产生的合理且必需的急救车费及符合投保所在地社会基本医疗保险支付范围的、合理且必需的医疗费用（包括床位费用、药品费用、护理费用、诊疗费用、治疗费用、检查化验费用、手术费用），在扣除100元的免赔额后，本公司按100%的比例给付意外伤害医疗保险金。但是，每次意外伤害事故及全年意外伤害事故意外伤害医疗保险金的给付以附表一中相应档次规定的保险金额为限。附表一列明杨某乙所投保的第三档为每次意外伤害事故保险金额15 000元（其中急救车费与门急诊医疗费用合计保险金额1 500元），全年意外伤害事故总保险金额为75 000元。《福佑专家人身意外个人意外伤害保险责任条款》第1.2条规定：被保险人因遭受意外事故，并自事故之日起180天内身故的，本公司按保险金额给付意外身故保险金。在《守护专家意外医疗个人医疗保险责任条款》《福佑专家人身意外个人意外伤害保险责任条款》所附的条文释义中均指出"意外伤害"是指"因遭受外来的、突发的、非本意的、非疾病的客观事件而使身体受到伤害"。

2006年12月18号，杨某乙在社区公共水井边洗衣服时意外掉入水井内，经抢救无效死亡。深圳恒生医院出具的死亡证明上注明杨某乙的死亡原因系溺水导致呼吸循环衰竭。原告支付了抢救急诊医疗费用791.20元。

原告杨某甲系死者杨某乙的父亲，负责办理保险理赔事宜。2007年2月26日，被告向原告出具《理赔决定通知书》，以"被保险人生前患有疾病，投保时对以上事项未作如实告知"为由，决定"不承担给付保险金的责任，并不退还保险费"。原告遂诉至法院，要求被告依保险合同给付意外身故赔偿金10万元及给付急救医疗费791.2元。

案件在审理过程中，被告主张，死者杨某乙生前患有癫痫疾病，但未在投保时告知被告。为证明其主张，被告向法院提交了以下证据。①《家庭健康保险投保书》。在该投保书的健康状况告知栏内，投保人杨某乙对"最近一年内您是否参加身体检查并发现结果异常？""你目前或过去3个月内是否使用过药物？""你过去3个月内是否去过医院门诊检查或治疗"等问题均作出了否定的回答，投保书尾部注明"本页有关我的个人信息、理赔金账户、身故受益人、保障状况和健康告知，我已认真审核并确认"，杨某乙在被保险人栏内签名。②《南方都市报》对杨某乙死亡原因的报道反映杨某乙生前患有癫痫。③西乡人民医院门诊费用清单。该费用清单证明投保人杨某乙生前曾服用过抗癫痫的药物，但杨某乙投保时未告知。④CT检查申请单及诊断报告单。

2. 争议焦点

本案的争议焦点有两个：①死者生前是否患有癫痫疾病，其是否因癫痫疾病的发作而掉进水井受溺致死；②投保人在投保时未对其自身健康状况进行如实告知，是否违反了保险合同的告知义务，保险人对保险合同解除前发生的保险事故，可否依据《中华人民共和国保险法》第十七条第三款的规定，不承担赔偿或给付保险金的责任。

对于第一个焦点，审理意见认为，被告提供的证据尚不足以认定医院已确诊死者杨某乙患有癫痫疾病，亦无证据证明杨某乙系因疾病发作的原因导致死亡，根据深圳市恒生医院出具的死亡证明书，杨某乙是因溺水导致呼吸循环衰竭死亡，属意外死亡。而公安机关亦已出具"证明"证明其是因意外落井溺水死亡。

对于第二个焦点，一种意见认为，被告提供的证据尚不足以认定医院已确诊死者杨某乙患有癫痫疾病，但可以认定死者杨某乙生前是患有疾病，且到医院去检查过，并服用过相关药物，因此，杨某乙在投保时未如实告知，可能会影响被告对是否同意承保的判断，影响被告的对保险合同成立风险的判断，因此，依据《保险法》第十六条规定，被告不应承担赔偿责任。另一种意见认为，对于投保人告知义务的范围，保险法及保险实务确定的是"重要事实"的"询问告知义务"，本案杨某乙所投保的守护专家意外医疗个人医疗保险、福佑专家人身意外个人意外伤害保险是意外伤害保险，在合同条款中注明"意外伤害"是指"因遭受外来的、突发的、非本意的、非疾病的客观事件而使身体受到伤害"，因此，"疾病"并非本案所涉这两种保险的保险责任发生的原因，投保人是否患有疾病，并不会对保险人是否应当承保或提高保险费率的决定产生影响。被告应当按照保险合同的约定履行给付保险金的义务。

3. 审理结果

法院经审理认为，根据深圳市恒生医院出具的死亡证明书，杨某乙是因溺水导致呼吸循环衰竭死亡，属意外死亡。被告以投保人杨某乙未履行如实告知义务，而拒绝赔偿，其理由不成立，被告应当按照保险合同的约定履行给付保险金的义务。依照被告与杨某乙所签订的保险合同的约定，在保险事故发生后，被告应当给付保险受益人即本案原告意外身故保险金10万元，并在扣除100元的免赔额后，支付原告意外伤害医疗保险金691.20元，原告请求过高部分，法院不予支持。

综上所述，依照《民法通则》第一百二十八条，《保险法》第二条、第十七条、第六十四条第（一）项的规定，判决被告A保险公司深圳分公司应支付原告意外身故保险金10万元、意外伤害医疗保险金691.20元。

4. 法官评析

杨某乙与被告所签订的保险合同，系双方当事人真实意思表示，合法有效。对于投保人告知义务的范围，《保险法》及保险实务确定的是"重要事实"的"询问告知主义"，所谓"重要事实"，应看该事实是否足以影响保险合同的成立并决定保险费，换言之，如果一个谨慎的保险人得知该事实之后，会产生不签订保险合同或采取高于事先约定的保险费等变更保险合同措施的行为的事实或事项即为重要事项。

本案杨某乙所投保的守护专家意外医疗个人医疗保险、福佑专家人身意外个人意外伤害保险是意外伤害保险，在合同条款中注明"意外伤害"是指"因遭受外来的、突发的、非本意的、非疾病的客观事件而使身体受到伤害"，"疾病"并非本案所涉这两种保险的保险责任发生的原因，"疾病"亦不会导致"意外伤害"事故发生的风险性增强，故此，杨某乙是否患有疾病，并不会对被告是否应当承保或提高保险费率的决定产生影响。本案无证据证明杨某乙系因疾病发作的原因导致死亡。因此，投保人虽未告知保险人其进行检查及服药的事实，但由于投保人所投的是"意外伤害"险，根据保险合同条款对"意外伤害"的解释，"疾病"并不是保险责任发生的原因，"意外伤害"事件的发生并不因"疾病"的存在与否而增加发生的概率，因此，本案中的"疾病"不会影响保险人对是否承保的决策，不会引起保险人承保风险的增加，被告以此抗辩不同意赔偿，理由是不成立的。

5. 法眼透视

本案主要是对《保险法》第十七条的理解和具体适用，保险合同是一种射幸合同，其性质决定保险合同是一种最大诚信合同，这就要求当事人在订立保险合同时，不仅应具有一般的诚实信用，而且应负担特定的"信息披露"义务，具体为保险人的说明义务和投保人的告知义务。这些义务又称为先契约义务,在保险合同订立时必须履行。对于告知义务,《保险法》确定的是"重要事实"的"询问告知主义"。所谓"重要事实",审判过程中是需要法官运用自由心证来进行判断的一个事项,从理论上,是看该事实是否重要到足以影响保险合同的成立和保险费的决定,具体应看该事实是否会引起承保风险的增加。

诚实信用原则贯穿保险合同订立、解释、履行的各个领域。根据最大诚信原则,《保险法》规定了投保人的如实告知义务、保证义务、出险后的及时通知义务、危险增加后的通知义务、不能谎报或故意制造保险事故义务等;保险人主要有如实向投保人解释保险条款、免责条款的特别说明义务、出险后按合同履行赔偿或给付的义务。无论是投保人还是保险人,违反了各自的义务,都要承担相应的法律责任。从司法实践层面看,投保人为什么要履行如实告知义务?如何履行告知义务?不履行如实告知义务应该承担什么样的法律责任呢?保险人承保的是保险标的将来可能发生的风险,保险标的一般来源于投保人一方(也可能来源于被保险人),投保人通常对保险标的的危险状况比保险人更加了解,对所承保的风险责任的评估,主要基于投保人的信息提供,为了便于保险人评估承保风险,以及确定保险费率,投保人应当将有关保险标的的状况、保险利益的大小、危险程度等事实状况对保险人进行告知和披露,不得欺诈、隐瞒、虚假陈述。

对于投保人如实告知义务的范围,将关于保险标的的所有事实情况都进行告知是不可能的,也没有必要。在司法实践中,一般认为投保人如实告知的范围是其所知道的"重要事实",一般而言,不属于重要事实的情况,投保人无须告知。关于"重要事实"的认定,《保险法》第十七条第二款如此表述:投保人故意隐瞒事实,不履行如实告知义务的,或者因过失未履行如实告知义务,足以影响保险人决定是否同意承保或提高保险费率的,保险人有权解除保险合同。"足以影响"是判断是否为"重要的事实"的标准,根据这一标准,应当将重要事实理解为会对保险人的承保决定具有实质影响,即如果保险人因投保人未进行告知而不知晓该事实,他的承保行为会违背其真实意愿,而如果保险人知道该事实则将拒绝承保或提高费率水平。重要事实的告知义务也存在例外,如投保人不知道的重要事实不需要也不可能告知;保险人知道或应当知道的重要事实投保人不必告知;对保险人的影响为正面的重要事实不必告知;保险人放弃或双方约定排除的重要事实不必告知等。

《保险法》将不履行告知义务分为投保人故意不告知和过失不告知两种情形,并分别规定了不同情况下投保人应该承担的法律责任。根据《保险法》第十七条的规定,投保人故意不履行告知义务的,无论是否发生事故,保险人都有权解除保险合同,对已经发生的保险事故,保险人不承担保险金赔偿或给付责任,并且可以不退还保险费;如果投保人因过失没有履行如实告知义务,只有当不告知的情况足以对保险人承保决定和费率确定产生影响时,保险人才有权解除合同;如果解除前已经发生保险事故,则只有当投保人未履行告知的行为对该事故的发生有严重影响时,保险人才可以免于承担保险赔付责任,并可以不返还保险费。并非所有的未如实告知都构成告知义务的违反,保险人都可以据以免除保险责任。

资料来源:王平. 深圳市福田区人民法院.

本章自测题

一、单项选择题

1. 在健康保险的成本分摊条款中,有一个针对一些金额较低的医疗费用支出作出不赔规定的条款。这个条款被称为（　　）。
   A. 免赔额条款　　　　　　　　B. 控制成本条款
   C. 小额不计条款　　　　　　　D. 合理拒付条款

2. 在健康保险的比例给付条款中,如果采用累进比例给付方式,则保险人承担医疗费用的比例和被保险人自负比例之间的关系是（　　）。
   A. 医疗费用支出增加,保险人承担的比例减小,被保险人自负比例增大
   B. 医疗费用支出增加,保险人承担的比例减小,被保险人自负比例也减小
   C. 医疗费用支出增加,保险人承担的比例增大,被保险人自负比例减小
   D. 医疗费用支出增加,保险人承担的比例增大,被保险人自负比例也增大

3. 构成健康保险所指的疾病必须具有的条件之一是:必须是由于明显非外来原因所造成的。下列所列疾病中,符合这一构成条件的是（　　）。
   A. 烫伤　　　B. 摔伤　　　C. 溺水致残　　　D. 心脏病
   D. 残疾保险金＝保险金额×残疾程度（％）

4. 对被保险人的一般医疗费用、住院医疗费用和手术医疗费用等医疗费用提供全面保障的健康保险被称为（　　）。
   A. 综合医疗保险　　　　　　　B. 普通医疗保险
   C. 医疗费用保险　　　　　　　D. 特种医疗保险

5. 根据保险人的委托,向保险人收取手续费,并在保险人授权的范围内代为办理保险业务的单位和个人是（　　）。
   A. 保险公估人　　B. 保险经纪人　　C. 保险代理人　　D. 保险理算人

6. 某先生甲随旅游,投保了短期意外伤害保险附加医疗保险,在乘坐旅行团租用的大巴时发生车祸,造成轻度脑震荡,所花费的疗费超过保险金额。对此费用,保险公司就应（　　）。
   A. 全额给付
   B. 不予给付
   C. 以保险金额为限给会
   D. 按保险金额与所花费用的比例给给付

7. 在我国,社会医疗保险基金主要源于（　　）。
   A. 企业与个人　　　　　　　　B. 企业与政府
   C. 个人与政府　　　　　　　　D. 企业、个人与政府

8. 对于保险费的收取,一般采用银行自动转账的收取方式,这是因为（　　）。
①银行转账方便、安全、快捷;②银行转账缴费客户可享受优惠;③银行转账缴费保险公司利润更高;④银行转账可防止客户因为遗忘交费而中断保险保障;⑤对保险公司而言,

银行转账较其他方式更容易管理、成本更低

  A. ①②④⑤   B. ①③④⑤   C. ①③⑤   D. ①④⑤

9. 关于个人和团体健康保险的陈述不正确的是（ ）。

  A. 团体的逆选择风险远低于个人，因此，通常情况下团体保险的费率低于个人保险的费率

  B. 保险公司承保团体保险时，只关心整个团体的可保性，而不计较团体中的个人是否可保

  C. 团体健康保险的保单所有人与被保险人均是投保团体的员工

  D. 个人健康保险往往只有一个被保险人或同属一个家庭的多个被保险人，而团体健康保险则是保险公司和投保团体只签订一份保险合同

10. 分项限额费用住院医疗保险，其主要特点是将医疗费用细分为若干项，每一项医疗费用对应相应的保险金额，即单项医疗费用的最大给付以其保险金额为限。由于对医疗费用进行细分且限定各项费用的最大给付限额，因此该类产品一般不设免赔额。（ ）。

  A. 对   B. 错

11. 在多种控制费用的医疗服务补偿方式中，按病种付费是一种较为行之有效的手段，以下陈述不正确的是（ ）。

  A. 该方式可以促使医疗机构节省医疗费用，提高服务质量

  B. 当被保险人在医疗机构接受服务后，保险公司按该病种的标准费用向医院支付费用

  C. 病人治疗过程中的花费如有节余，则节余部分归医院所有，超支部分也由医院自行承担

  D. 由于每种疾病的支付标准很难确定，保险公司一般只针对部分容易确定支付标准的病种采用该方式

12. 商业健康保险作为社会医疗保险的补充或附加形式，其覆盖范围包括（ ）。

①补充社会医疗保险不覆盖的医疗服务；②覆盖社会医疗保险中起付线以下部分；③覆盖社会医疗保险中个人共付部分；④覆盖社会医疗保险中封顶线以上部分；⑤提供与社会医疗保险覆盖不同质量或档次的医疗服务

  A. ①②③④⑤   B. ①②③④   C. ②③④⑤   D. ①②④⑤

13. 健康保险附加值服务的种类包括（ ）。

①健康咨询与讲座；②健康检查与评估；③健康档案的建立与管理；④健康保单的变更；⑤设计个性化的健康计划

  A. ①②③④⑤   B. ①②③④   C. ①③④⑤   D. ①②③⑤

14. 以下关于商业健康保险直接客户服务方式的特点的陈述，不正确的是（ ）。

  A. 服务面小   B. 针对性强

  C. 反馈情况慢   D. 单位成本较高

15. 通常用来确定长期健康保险费率的方法是（ ）。

  A. 自然费率法   B. 分段费率法

  C. 平准费率法   D. 经验费率法

16. 根据《健康保险管理办法》有关规定，健康保险产品中能够进行费率浮动的是

（　　）。

  A. 短期个人健康保险产品　　　　　B. 长期个人健康保险产品
  C. 短期团体健康保险产品　　　　　D. 长期团体健康保险产品

17. 根据《健康保险管理办法》有关规定，保险公司拟定的健康保险产品包含两种以上健康保障责任的，应当（　　）。

  A. 由精算责任人按照标准保费高低判断主要责任，并根据主要责任确定产品类型
  B. 由精算责任人按照一般精算原理判断主要责任，并根据主要责任确定产品类型
  C. 由保监会根据风险等级高低，确定产品类型
  D. 由保监会根据往年积累经验，确定产品类型

18. 根据《健康保险管理办法》有关规定，保险公司以附加险形式销售无保证续保条款的健康保险产品时，下列说法正确的是（　　）。

  A. 附加健康保险的保险期限不得小于主险保险期限
  B. 附加健康保险的保险金额不得小于主险保险金额
  C. 附加健康保险的保险期限不得大于主险保险期限
  D. 附加健康保险的保险金额不得大于主险保险金额

19. 根据《健康保险管理办法》有关规定，以下关于费用补偿型医疗保险的说法不正确的是（　　）。

  A. 保险公司设计费用补偿型医疗保险产品，必须区分被保险人是否拥有公费医疗、社会医疗保险的不同情况，在保险条款、费率以及赔付金额等方面予以区别对待
  B. 保险公司销售费用补偿型医疗保险，应当向投保人询问被保险人是否拥有公费医疗、社会医疗保险和其他费用补偿型医疗保险的情况
  C. 保险公司销售费用补偿型个人医疗保险产品，应当在犹豫期内对投保人进行回访。若发现投保人被误导的，应当做好解释工作，并明确告知投保人在犹豫期内保险公司仍然会承担保险责任
  D. 保险公司不得诱导被保险人重复购买保障功能相同或者类似的费用补偿型医疗保险产品

二、多项选择题

1. 保险单的法律意义主要有（　　）。

  A. 证明保险合同的成立　　　　　　B. 确立保险合同内容
  C. 是提出书面要约的文件　　　　　D. 具有证券作用
  E. 是明确当事人双方履行保险合同的依据

2. 保险合同主体变更的特征有（　　）。

  A. 不改变合同权利义务
  B. 不改变合同的客体
  C. 改变的对象限于投保人、保险人
  D. 改变的对象限于投保人、被保险人
  E. 改变的对象限于投保人、被保险人或受益人

3. 按照保险责任的不同，医疗保险可分为（　　）等几类。

A. 住院医疗保险 B. 门诊医疗保险
C. 重大疾病保险 D. 高额医疗费用保险
E. 残疾收入保险

4. 保险公司承保管理的主要任务包括（　　）。
A. 建立经营目标，以补充或支持公司的总目标
B. 告诉承保人怎样完成特定的目标
C. 通过检查，判断承保人是否按照公司制订的"承保指南"的要求去做
D. 修改保险条款
E. 根据实践发展，不断修订"承保指南"

三、案例分析题

投保人/被保险人：张某，女性，44岁，花卉商
投保险种：个人住院定额医疗保险
保单生效日：2014年9月17日
投保/核保信息：投保时健康告知无异常。根据公司要求于2014年9月19日在保险公司定点体检医院体检（某市人民医院），体检项目为"普检、心电图、尿常规"，体检结果为"正常"，核保结论为标准体承保。

2014年12月10日，张某因"劳累后气喘、头晕一周，加重三天"在某市人民医院住院治疗，期间确诊为"高血压2级"。经对症处理后于2014年12月24日好转出院。2014年12月28日被保险人向保险公司提出理赔申请。保险公司接案后进行了调查，发现张某患"高血压"多年，据此保险公司以故意不如实告知，拒付张某保险金。张某对此决定不服，向保险公司提起申述，认为：虽然她在投保时未向保险公司告知上述病史，但公司在投保时也对她做了体检，体检时未查出高血压，并以标准体承保，公司应承担过错责任，不得再以告知不实为理由拒付本次住院的保险金。

根据以上资料，回答下列问题：

1. 在商业健康保险合同中，投保人必须先履行约定的义务后才能获取相应的权利。除了上述案例提到的如实告知义务之外，投保人还应履行的主要义务包括（　　）。
①缴纳保险费义务；②施救保护义务；③及时通知义务；④提供有关证明和资料的义务；⑤协助追偿义务
A. ①②③④⑤ B. ①②③④ C. ①③⑤ D. ①③④

2. 在商业健康保险合同中，为了避免逆选择和道德风险，投保人投保健康保险时，保险人往往会就被保险人的身体健康状况提出询问，投保人必须如实告知，如果投保人故意不履行这项义务，保险人（　　）。
A. 无权解除保险合同但只是部分承担保险金给付责任
B. 无权解除保险合同但不承担保险金给付责任
C. 有权解除保险合同并不承担保险金给付责任，同时不退还保险费
D. 有权解除保险合同并不承担保险金给付责任，但要退还保险费

3. 结合上述案例，以下分析正确的是（　　）。
A. 保险公司的体检行为不能免除投保人和被保险人的如实告知义务，故保险公司拒付有理

B. 保险公司的体检行为可以部分免除投保人和被保险人的如实告知义务，由保险公司承担主要责任，必须支付大部分保险金
C. 保险公司的体检行为可以部分免除投保人和被保险人的如实告知义务，但由投保人和被保险人承担主要责任，保险公司只需支付小部分保险金
D. 保险公司的体检行为可以完全免除投保人和被保险人的如实告知义务，由保险公司承担全部责任，必须支付全部保险金

第 11 章
健康保险实务之二
——重大疾病商业保险

本章重点提示

通过本章的学习，应了解重大疾病保险的基本概念、特点，以及重大疾病保险的保险责任等相关内容；熟悉重大疾病保险的一些主要险种。

引言

重大疾病保险的设定，是专为病情严重、花费巨大的疾病治疗提供经济帮助的一种重要医疗险种。

11.1 重大疾病商业保险概述

11.1.1 重大疾病保险的含义、种类与特点

1. 重大疾病保险的含义

重大疾病是指危及患者生命，需要支付高昂的医疗费用，影响患者生活质量的疾病。

重大疾病保险是当被保险人在保险期间内发生保险合同约定的疾病、达到约定的疾病状态或实施了约定的手术时，给付保险金的健康保险产品。重大疾病保险的根本目的是为病情严重、花费巨大的疾病治疗提供经济支持。

保险人通常会在保单中列明其承保的重大疾病种类，并对这些疾病的具体内容进行释义，以减少理赔纠纷。

2. 重大疾病保险的种类

重大疾病保险主要分为以下 3 种。

1) 普通重大疾病保险

普通重大疾病保险是最早出现的重大疾病保险。一般年龄在 1 周岁以上、60 周岁以下，身体健康，能正常工作或劳动的人均可作为普通重大疾病保险的保障对象。普通重大疾病保险承保被保险人一生中最可能面临的一些重大疾病，如恶性肿瘤、心脏病、冠状动脉旁路手术、脑中风、慢性肾衰竭、瘫痪、重大器官移植等。

2) 女性（男性）重大疾病保险

女性（男性）重大疾病保险专门以女性（男性）作为保障对象，单独开设保单承保针对

女性(男性)性别特点可能患有的重大疾病。

3) 儿童重大疾病保险

儿童重大疾病保险以婴儿、儿童作为保障对象,专门对婴儿、儿童可能患有的重大疾病进行保障。

3. 重大疾病保险的基本特点

(1) 重大疾病保险可以作为一种独立的险种,不必附加于其他某个险种之上。

(2) 与医疗保险、残疾收入补偿保险不同,重大疾病保险属于定额给付型保险。但是,虽然重大疾病保险和人寿保险都属于定额给付型保险,两者之间仍有所差别,其最本质的区别是一般寿险产品以被保险人的生存或死亡作为给付条件,而重大疾病保险以被保险人诊断出患有约定的疾病作为给付条件。

(3) 重大疾病保险条款中一般都规定了一个观察期或等待期,一般为180天,以防止被保险人带病投保的道德风险。被保险人在等待期或观察期内因疾病而支出的医疗费用及收入损失,保险人概不负责,观察期结束后保单才正式生效。

(4) 对保险责任中保障的疾病均在保单中规定明确的释义。

(5) 保险期限长,通常为自保单生效之日起至终身。

(6) 长期疾病保险的犹豫期不少于10天。犹豫期是指投保人购买保险后如果后悔了,可以无条件退保,取回自己所缴全部保费的时间期限。

(7) 保费缴付方式灵活,被保险人可以选择趸缴、5年缴、10年缴、20年缴、30年缴等方式。

11.1.2 重大疾病保险的发展历程

重大疾病保险于1983年在南非问世,是由外科医生马里优斯·巴纳德最先提出这一产品创意的。他的哥哥克里斯汀·巴纳德是世界上首位成功实施了心脏移植手术的医生。马里优斯医生发现,在实施了心脏移植手术后,部分患者及其家庭的财务状况已经陷入困境,无法维持后续康复治疗。为了缓解被保险人一旦患上重大疾病或实施重大手术后所承受的经济压力,他与南非一家保险公司合作开发了重大疾病保险。

1986年以后,重大疾病保险被陆续引入英国、加拿大、澳大利亚、东南亚等国家和地区,并得到了迅速发展。

1995年,我国内地市场引入了重大疾病保险,现已发展成为人身保险市场上重要的保障型产品。

重大疾病保险在发展过程中,保障范围逐渐扩大,保障功能日趋完善,但该类产品的设计理念一直延续至今。

阅读资料

美国人的离婚保险

在美国,许多保险公司明确地提醒热恋至谈婚论嫁的有情男女,如果不愿以合约形式制定财务权责,万一日后感情有变时,为分家产而对簿公堂就比较麻烦。因此,他们推出的婚姻保险更像是一份分产保证的合约,即"保证你离婚时可以分得保单上列明比例的财产"。

保单按夫妻实际共有的财产，把日后如果离婚的财产分配及赡养费是多少一一列明，正所谓"先小人后君子"。真要离婚时，就履行分产合约，若因为保险责任内的事故不能按此约履行，则由保险公司负责履行，减少纠纷，省下律师费。合同中并且可以写明，搞婚外情而导致婚姻破裂的一方，在财产分配方面要有所扣罚。喜新厌旧者行事前应知自己此举的机会成本和风险程度，从这方面看，它对道德素质不高者有一定的威慑作用。当然，经营这一险种风险相当大，所以对这种保险的要求很高。

资料来源：轻松保险网，2009-07-10.

11.1.3 我国重大疾病保险必保疾病

根据世界各国的经验，重大疾病保险所保障的多种疾病中，发生率和理赔率较高的疾病集中在3~6种，这些疾病对重大疾病保险产品的价格影响最大。为了保护消费者权益，充分发挥重大疾病保险的保障功能，在保险行业统一定义使用后，以"重大疾病保险"命名、保险期间主要为成年人阶段的保险产品，其保障范围必须包括以下6种必保疾病。

(1) 恶性肿瘤——不包括部分早期恶性肿瘤。
(2) 急性心肌梗塞。
(3) 脑中风后遗症——永久性的功能障碍。
(4) 重大器官移植术或造血干细胞移植术——须异体移植手术。
(5) 冠状动脉搭桥术（或称冠状动脉旁路移植术）——须开胸手术。
(6) 终末期肾病（或称慢性肾功能衰竭尿毒症期）——须透析治疗或肾脏移植手术。

我国保险市场上已经售出的大多数重大疾病保险产品包含这些疾病保障责任。

11.1.4 我国重大疾病保险的疾病定义制定工作情况

1995年重大疾病保险引入我国内地市场，经过十多年的发展，现已成为人身保险市场上重要的保障型产品。随着经营主体的不断增多，各家保险公司制定的重大疾病保险的疾病定义（以下简称"重疾定义"）存在差异，在客观上给消费者比较和选购产品造成不便，也容易产生理赔纠纷。

该问题引起了中国保监会的高度重视，为保护消费者权益，2005年年底，中国保监会要求中国保险行业协会研究制定行业统一的重疾定义。随后，在中国保监会的指导下，中国保险行业协会成立了重疾定义制定办公室，与中国医师协会合作开展了重疾定义的制定工作。经过一年的努力，中国保险行业协会和中国医师协会在充分研究我国重大疾病保险自身发展特点及医疗行业的实际情况，借鉴国际先进经验的基础上，共同制定了适合我国保险市场的、有中国特色的重疾定义及《重大疾病保险的疾病定义使用规范》（以下简称"《使用规范》"）。《使用规范》是我国针对重大疾病保险建立的第一个行业规范性操作指南。

为保护消费者权益，本次制定的行业统一的重疾定义及《使用规范》，具有以下6个特点。

(1) 根据成年人重大疾病保险的特点，对重大疾病保险产品中最常见的25种疾病的表述进行了统一和规范。

(2) 明确以"重大疾病保险"命名、保险期间主要为成年人阶段的保险产品，其保障范围必须有 6 种必保疾病。

(3) 对重大疾病保险产品涉及的保险术语制定了行业标准。

(4) 对重大疾病保险的相关除外责任进行了规范。

(5) 对重大疾病保险条款和配套宣传材料中所列疾病的排列顺序提出规范性要求。

(6) 借鉴英国 2006 年 4 月发布的最新版《重大疾病保险最佳操作指引》，对重大疾病保险宣传材料中的疾病名称进行规范。我国是继英国之后第二个对此进行规范的国家。

中国保险行业协会将建立常设机构，研究重大疾病保险相关疾病医疗实践的进展情况，并组织人员定期对重疾定义及《使用规范》进行修订。

11.1.5 重大疾病保险的保险责任

目前，我国各家保险公司都开设重大疾病保险，各公司产品均有其各自的特色，以下仅以某保险公司重大疾病保险的保险责任为例，简要介绍重大疾病保险的保险责任。

1. 身故保险金

被保险人于本合同生效（或复效）日起因意外伤害，或者于本合同生效（或复效）日起 180 日后因疾病导致身故，本公司按以下方式向身故保险金受益人给付身故保险金，本合同终止。

(1) 若被保险人身故时年龄在 18 周岁以下，身故保险金为累计已缴保险费与身故时所在的保险单年度末现金价值的较大者。

(2) 若被保险人身故时年龄在 18 周岁（含）以上，身故保险金为投保人与本公司约定的保险金额。

2. 高度残疾保险金

被保险人于本合同生效（或复效）日起因意外伤害，或者于本合同生效（或复效）日起 180 日后因疾病导致高度残疾，本公司按以下方式向被保险人给付高度残疾保险金，本合同终止。

(1) 若被保险人发生高度残疾时年龄在 18 周岁以下，高度残疾保险金为累计已缴保险费与发生高度残疾时所在的保险单年度末现金价值的较大者。

(2) 若被保险人发生高度残疾时年龄在 18 周岁（含）以上，高度残疾保险金为投保人与本公司约定的保险金额。

3. 重大疾病保险金

被保险人经定点医疗机构诊断于本合同生效（或复效）180 天后初次患有本合同约定的重大疾病中的一项或多项，并且被保险人仍生存时，本公司将按约定的保险金额向被保险人支付重大疾病保险金。本合同根据以下所列情形进行处理。

(1) 若被保险人患本合同约定的除癌症以外的其他重大疾病，本公司向被保险人支付重大疾病保险金，本合同终止。

(2) 若被保险人患有本合同约定的重大疾病中所列的癌症，本公司向被保险人支付重大疾病保险金，本合同的此项保险责任终止，本合同的现金价值降低为零。

当被保险人经定点医疗机构诊断患有本合同约定的重大疾病中所列的癌症，并且本公司已批准并支付重大疾病保险金时，本公司将豁免本合同的后续保险费。

4. 癌症额外给付

当被保险人符合下列所有条件时，本公司向被保险人支付本合同保险金额的百分之二十作为癌症额外给付，本合同终止。

（1）被保险人经定点医疗机构诊断患有本合同约定的重大疾病中所列的癌症，并且本公司已批准并支付重大疾病保险金。

（2）被保险人自患有本合同约定的重大疾病中所列的癌症后生存3年（以下称为癌症生存期）。

（3）癌症生存期结束后3年内，被保险人经定点医疗机构诊断患有本合同约定重大疾病中所列的癌症。

5. 保险费返还

被保险人于本合同生效（或复效）日起180日内，初次患有本合同约定的重大疾病中的一项或多项或因疾病导致身故或高度残疾时，本公司向被保险人或其受益人无息返还已缴保险费（复效情况下返还最后一次申请复效时所缴保险费），本合同终止。

11.2 重大疾病商业保险主要险种及条款

重大疾病保险是为保障某些重大疾病给病人带来的灾难性费用支付的风险，被保险人一经确诊罹患该合同所定义的重大疾病之一，立即一次性支付保险金额，以缓解重大疾病所产生的巨额医疗费用给病人及其家庭带来的经济压力。自《健康险管理办法》和《重大疾病保险的疾病定义使用规范》正式实行以来，重大疾病保险的产品设计和销售等方面都得到了良好的规范和统一，现介绍两款有代表性的商业重大疾病保险如下。

11.2.1 健康天使重大疾病保险简介

1. 投保范围

（1）被保险人范围：凡6个月以上、65周岁以下，身体健康者，均可作为被保险人参加本保险。

（2）投保人范围：被保险人本人、对被保险人有保险利益的其他人可作为投保人向本公司投保本保险。

2. 保险责任

在本合同保险期间内，本公司承担下列保险责任。

（1）被保险人于合同生效（或复效）一年内初次患本合同所指的重大疾病或初次实施本合同所指手术，本公司按保险单上载明的保险金额的10%给付"重大疾病保险金"，并无息返还所缴保险费，本合同效力终止；被保险人于合同生效（或复效）一年后初次患本合同所指的重大疾病或初次实施本合同所指手术，本公司按保险单上载明的保险金额$\times(1+2\% \times$保单经过整年度）给付"重大疾病保险金"，本合同效力终止。

（2）被保险人因疾病或意外伤害导致身故的，本公司按已缴保险费（不包括利息）给付身故保险金，本合同效力终止。

（3）若被保险人生存至满81周岁的生效对应日且未患本条所指的重大疾病或未实施本

条所指的手术，本公司将无息返还所缴保险费，本合同效力终止。

上述"已缴保险费"不包括被保险人因健康及职业类别等原因所增加的保险费。

3. 责任免除

因下列情形之一造成被保险人身故或患本合同所指的重大疾病或实施本合同所指手术，本公司不负给付保险金责任：

(1) 投保人、受益人对被保险人的故意杀害、伤害；
(2) 被保险人故意犯罪或拒捕；
(3) 被保险人殴斗、醉酒、故意自伤，以及服用、吸食、注射毒品；
(4) 被保险人在本合同生效（或复效）之日起两年内自杀；
(5) 被保险人受酒精、毒品、管制药物的影响而导致的意外；
(6) 先天性疾病；
(7) 被保险人酒后驾驶、无有效驾驶执照驾驶及驾驶无有效行驶证的机动交通工具；
(8) 被保险人患艾滋病（AIDS）或感染艾滋病病毒（HIV 呈阳性）期间，但医护人员于工作时间感染艾滋病（AIDS）或艾滋病病毒（HIV）不适用本条责任免除；
(9) 战争、军事行动、暴乱或武装叛乱；
(10) 核爆炸、核辐射或核污染。

发生上述第 4 项情形时，本公司对投保人退还保险单的现金价值。

发生上述其他情形，被保险人身故的，本合同效力终止。如投保人已缴足两年以上保险费的，本公司将退还保险单的现金价值；未缴足两年保险费的，本公司扣除手续费后退还已缴保险费。

如投保人有欠缴保险费的情形，退还上述款项时应扣除欠缴保险费及利息。

4. 保险责任开始

除另有约定外，本公司所承担的保险责任自本公司收取首期保险费、同意承保并签发保险单的次日零时开始生效。开始生效的日期为生效日，生效日每年的对应日为生效对应日。本合同的保险期间自本合同生效之日起至被保险人年满 81 周岁的生效对应日止。

5. 保险金额和保险费

(1) 本合同最低保险金额为人民币 1 万元。
(2) 本合同保险费的缴费方式可选择趸缴（一次缴清）或年缴。年缴方式的缴费期间可选择 10 年、15 年、20 年或 30 年，但缴费期满被保险人年龄不得超过 70 周岁。投保人缴纳首期保险费后，应当按保险单载明的缴费日期缴纳其余各期保险费。

6. 受益人的指定和变更

被保险人或投保人可指定一人或数人为身故保险金受益人。受益人为数人时，应确定受益顺序和受益份额；未确定受益份额的，各受益人按照相等份额享有受益权。

被保险人或投保人可以变更身故保险金受益人，但需书面通知本公司，由本公司在保险单上批注。

投保人在指定和变更身故保险金受益人时，须经被保险人书面同意。

被保险人身故后，遇有下列情形之一的，身故保险金作为被保险人的遗产，由本公司向被保险人的继承人履行给付保险金的义务：

(1) 没有指定受益人的；

（2）受益人先于被保险人死亡，没有其他受益人的；

（3）受益人依法丧失受益权或放弃受益权，没有其他受益人的。

重大疾病保险金的受益人为被保险人本人，本公司不受理其他指定与变更。

7. 保险事故通知

投保人、被保险人或受益人应于知道或应当知道保险事故发生之日起5日内通知本公司。否则，投保人、被保险人或受益人应承担由于通知迟延致使本公司增加的勘查、检验等项费用，因不可抗力导致的迟延除外。

8. 保险金的申请

（1）被保险人身故，由受益人作为申请人填写保险金给付申请书，并凭下列证明、资料向本公司申请给付身故保险金：

① 保险单或其他保险凭证；

② 最近一期保险费收据；

③ 受益人户籍证明及身份证明；

④ 公安部门或本公司认可医院出具的被保险人死亡证明书；

⑤ 如被保险人为宣告死亡，受益人须提供人民法院出具的宣告死亡证明文件；

⑥ 被保险人户籍注销证明；

⑦ 受益人所能提供的与确认保险事故的性质、原因、伤害程度等有关的其他证明和资料。

（2）被保险人初次患本合同所指的重大疾病或初次实施本合同所指手术，由被保险人作为申请人填写保险金给付申请书，并凭下列证明、资料向本公司申请给付重大疾病保险金：

① 保险单或其他保险凭证；

② 最近一期保险费收据；

③ 被保险人户籍证明及身份证明；

④ 由本公司认可医院出具的附有病历、必要病理检验、血液检验及其他科学方法检验报告的疾病诊断书。

（3）如委托他人代为申领，应提供授权委托书及受托人身份证明。

9. 保单质押贷款

本合同已缴足两年以上保险费且保险期间满两年时，经被保险人书面同意，投保人可凭保险单向本公司申请质押贷款。经本公司同意，贷款金额以本合同当时"保险单现金价值净额"的70%为限，每次贷款期限不得超过6个月。贷款利息在贷款到期时应与本金一并归还，逾期不还者，贷款本息与其他各项欠款本息达到保险单现金价值全数时，本合同终止。贷款利率按"贷款时中国人民银行5年期贷款利率或经中国人民银行认可的银行行业指导性5年期贷款利率"执行。逾期还款者，逾期期间的利率按原贷款利率上浮一个百分点执行。

上述所称"保险单现金价值净额"是指保险单现金价值扣除欠缴的保险费及利息，以及其他欠款本息后的余额。

投保人申请保单质押贷款须填写申请书，并凭保险单、最近一期保险费收据、投保人的户籍证明及身份证明办理。

10. 投保人解除合同的处理

（1）投保人于本合同生效后，可以书面通知要求解除本合同。投保人要求解除合同时，应提供下列证明和资料：
① 保险单或其他保险凭证；
② 最近一期保险费收据；
③ 解除合同申请书；
④ 投保人身份证明。

（2）投保人要求解除合同的，本合同自本公司接到解除合同申请书之日起，保险责任终止。本公司于收到上述证明和资料 30 日内退还保险单的现金价值，但未缴足两年保险费的，在扣除手续费后退还保险费。

11.2.2 国寿关爱生命女性疾病保险（B）简介

1. 投保范围

凡 16 周岁以上 40 周岁以下、身体健康的女性（如怀孕需未超过 16 周）均可作为被保险人，由本人或对其具有保险利益的人作为投保人向中国人寿保险股份有限公司（以下简称本公司）投保本保险。被保险人于本合同有效期间内分娩产下的已生存 7 日以上的婴儿为"附带被保险人"（除非本合同特别指明，本合同以下所说的被保险人均不包括"附带被保险人"）。

2. 保险责任开始

本合同自本公司同意承保、收取首期保险费并签发保险单的次日开始生效。除另有约定外，本合同生效的日期为本公司开始承担保险责任的日期。

3. 保险期间

本合同对被保险人的保险期间自本合同生效之日起至被保险人生存至 70 周岁的生效对应日止；本合同对"附带被保险人"的保险期间则自其出生并生存 7 日后至满 6 周岁止。

4. 保险责任

在本合同有效期内，本公司负下列保险责任。

（1）被保险人身故或身体高度残疾，本公司按基本保额给付身故保险金或高度残疾保险金，本公司对被保险人的保险责任终止。

（2）被保险人身故或身体高度残疾，如"附带被保险人"仍生存，本合同继续有效，并免缴本合同以后各期保险费。

（3）被保险人在本合同生效（或复效）之日起 180 日后初次发生、并经二级以上（含二级）医院确诊患特定癌症之一时，本公司按基本保额的 40% 给付癌症医疗保险金，但每种特定癌症的医疗保险金的给付以一次为限。

（4）被保险人在本合同生效（或复效）之日起 180 日后初次发生、并经二级以上（含二级）医院确诊患系统性红斑狼疮，本公司按基本保额的 20% 给付系统性红斑狼疮医疗保险金，但给付以一次为限。

（5）被保险人遭受意外伤害或在本合同生效（或复效）之日起 180 日后始患疾病，而接受合同所列手术时，本公司按基本保额的 5% 给付手术医疗保险金，但被保险人因意外伤害或同一疾病于同一手术位置接受合同所列手术时，本公司对手术医疗保险金的给付以一次为限。

（6）被保险人初次发生髋部骨折、并经二级以上（含二级）医院确诊患骨质疏松症，本公司按基本保额的 5% 给付髋部骨折医疗保险金，但给付以一次为限。

(7) 被保险人于怀孕期间经二级以上（含二级）医院确诊患合同所列疾病时，本公司按基本保额乘以附表二所列疾病对应的给付比例给付怀孕期疾病医疗保险金。

(8) "附带被保险人"于出生 7 日后 6 周岁前经二级以上（含二级）医院确诊患特定先天性疾病之一，本公司按基本保额的 15% 给付先天性疾病保险金。但无论"附带被保险人"患一项或多项特定先天性疾病，亦无论出生人数之多少，先天性疾病保险金的给付每人以一次为限。

(9) "附带被保险人"于出生 7 日后至 6 周岁前身故，本公司按基本保额的 10% 给付身故保险金，本公司对该"附带被保险人"的保险责任终止。

5. 责任免除

(1) 因下列情形之一导致被保险人身故或身体高度残疾，本公司不负给付身故保险金或高度残疾保险金的责任：

① 投保人、受益人对被保险人的故意行为；
② 被保险人故意犯罪、拒捕；
③ 被保险人服用、吸食或注射毒品；
④ 被保险人在本合同生效（或复效）之日起两年内自杀或自伤身体；
⑤ 被保险人酒后驾驶、无有效驾驶执照驾驶，或者驾驶无有效行驶证的机动交通工具；
⑥ 被保险人感染艾滋病病毒（HIV 呈阳性）或患艾滋病（AIDS）期间；
⑦ 被保险人在本合同生效（或复效）之日起 180 日内因疾病而身故或造成身体高度残疾；
⑧ 战争、军事行动、暴乱或武装叛乱；
⑨ 核爆炸、核辐射或核污染及由此引起的疾病。

被保险人在本合同生效（或复效）之日起 180 日内患特定癌症、系统性红斑狼疮或因病接受本合同所列手术时，本公司不负给付癌症医疗保险金、系统性红斑狼疮医疗保险金或手术医疗保险金的责任。

上述任何一种情形发生，本合同终止。投保人已缴足两年以上保险费的，本公司退还保险单现金价值；投保人未缴足两年保险费的，本公司在扣除手续费后，退还保险费。

(2) 发生下列任何一种情形，本公司不负给付先天性疾病保险金的责任：

① 投保人或被保险人于本合同订立时已知悉胎儿患特定先天性疾病的；
② 被保险人违反《中华人民共和国婚姻法》而结婚生育的；
③ 被保险人违反《中华人民共和国母婴保健法》而生育的；
④ "附带被保险人"于 6 周岁以后始经诊断确定患特定先天性疾病的。

因投保人、受益人对"附带被保险人"的故意行为导致其身故的，本公司不负给付"附带被保险人"身故保险金的责任。

6. 保险费

保险费的缴付方式分为趸缴和年缴。年缴保险费的缴费期间分为 5 年、10 年、15 年和 20 年 4 种。保险费的缴付方式和缴费期间由投保人在投保时选择。

7. 首期后保险费的缴付、宽限期间及合同效力中止

年缴保险费的，首期后的保险费应于本合同每年的生效对应日向本公司缴付。投保人如未按期缴付保险费的，自次日起 60 日为宽限期间；在宽限期间内发生保险事故，本公司仍

负保险责任；逾宽限期间仍未缴付保险费的，本合同效力自宽限期间届满的次日起中止。

8. 受益人的指定和变更

被保险人或投保人可指定一人或数人为受益人。受益人为数人的，可以确定受益顺序和受益份额；未确定受益份额的，受益人按照相等份额享有受益权。

被保险人或投保人可以变更受益人，但需书面通知本公司，经本公司在保险单上批注后方能生效。

投保人指定或变更受益人时须经被保险人书面同意。

被保险人为无民事行为能力人或限制民事行为能力人的，由其监护人指定受益人。

除本合同另有指定外，高度残疾保险金、各项医疗保险金、"附带被保险人"身故保险金和先天性疾病保险金的受益人为被保险人本人。

9. 身体高度残疾鉴定

被保险人因意外伤害或疾病造成身体高度残疾，应在治疗结束后，由二级以上（含二级）医院、本公司认可的医疗机构或鉴定机构出具能够证明被保险人身体高度残疾的资料；若保险合同任何一方对残疾程度的认定有异议，则以司法鉴定机构的鉴定结果为准。如果自被保险人遭受意外伤害或患病之日起180日内治疗仍未结束，按第180日的身体情况出具资料或进行司法鉴定。

10. 保险事故通知

投保人、被保险人或受益人应于知悉保险事故发生之日起10日内以书面形式通知本公司，否则，投保人、被保险人或受益人应承担由于通知迟延致使本公司增加的勘查、调查费用，但因不可抗力导致迟延的除外。

11. 保险金申请

（1）受益人申请领取被保险人身故保险金或"附带被保险人"身故保险金，应填写保险金给付申请书，并提交下列证明、资料：

① 保险合同及最近一次保险费的缴费凭证；

② 受益人的户籍证明与身份证件；

③ 公安部门或二级以上（含二级）医院出具的被保险人死亡证明书或"附带被保险人"死亡证明书及出生证明；

④ 被保险人或"附带被保险人"的户籍注销证明。

（2）受益人申请领取高度残疾保险金，应填写保险金给付申请书，并提交下列证明、资料：

① 保险合同及最近一次保险费的缴费凭证；

② 受益人的户籍证明与身份证件；

③ 二级以上（含二级）医院、本公司认可的医疗机构或鉴定机构出具的被保险人残疾程度的资料或身体残疾程度鉴定书。

（3）受益人申请领取本合同约定的各项医疗保险金或先天性疾病保险金时，应填写保险金给付申请书，并提交下列证明、资料：

① 保险合同及最近一次保险费的缴费凭证；

② 受益人的户籍证明与身份证件；

③ "附带被保险人"的出生证明或户籍证明（申请领取先天性疾病保险金）；

④ 二级以上（含二级）医院出具的诊断证明及相关检查、病理切片、手术报告。

如有必要，本公司有权对被保险人或"附带被保险人"的疾病诊断结果进行复核，费用由本公司负担。当被保险人或受益人与本公司对疾病诊断结果有异议时，应由地市级以上地方人民政府设立的医学技术鉴定组织进行医学技术鉴定。

（4）本公司收到申请人的保险金给付申请书及上述证明、资料后，对核定属于保险责任的，本公司在与申请人达成有关给付保险金协议后 10 日内，履行给付保险金的义务；对不属于保险责任的，本公司向申请人发出拒绝给付保险金通知书。

（5）被保险人或受益人对本公司请求给付保险金的权利自其知道保险事故发生之日起 5 年不行使而消灭。

表 11-1 为国寿关爱生命女性疾病保险（B）费率表。

表 11-1 国寿关爱生命女性疾病保险（B）费率表

保险金额：1 000 元　　　　　　　　　　　　　　　　　　　　　　　　　　　　　　　人民币元

投保年龄	缴费期间				
	趸缴	5 年	10 年	15 年	20 年
16	203	45	24	17	13
17	206	45	24	17	13
18	210	46	24	17	14
19	213	47	25	18	14
20	217	48	25	18	14
21	223	49	26	18	15
22	226	50	26	19	15
23	229	50	27	19	15
24	233	51	27	19	15
25	237	52	28	19	15
26	240	53	28	20	16
27	243	54	28	20	16
28	247	54	29	20	16
29	250	55	29	21	16
30	254	56	30	21	17
31	258	57	30	21	17
32	262	58	30	22	17
33	266	58	31	22	17
34	269	59	31	22	18
35	273	60	32	22	18
36	276	60	32	23	18
37	278	61	32	23	18
38	281	62	33	23	18
39	284	62	33	23	18
40	286	63	33	23	19

案例分析

损伤与疾病并存的人身保险理赔案分析

被保险人发生人身损伤事故进行索赔时，理赔医生需要对事故发生的原因进行分析，而在实践中常常遇到受伤者（被保险人）已患有某些疾病，有时还颇为严重，因此需要对损伤与疾病之间的关系进行明确区分。对损伤与疾病并存的人身保险理赔案进行正确分析，对于理赔理算结果具有非常重要的意义。

损伤是指机体受外界因素作用，导致组织器官的结构破坏或（和）功能障碍。疾病是人体在一定条件下，由致病因素所引起的一种复杂而有一定表现形式的病理过程。在损伤与疾病并存的人身保险理赔案中，两者的关系比较复杂，必须认真分析区分。在保险事故发生过程中，根据损伤与疾病对保险事故发生的影响程度，具体可分为以下7种情况。

1. 事故原因为疾病，与并存的损伤无关

被保险人已经存在严重疾病或病变，可以对保险事故性质进行解释，但同时又存在着轻微外伤，两者间无因果关系，也不存在一方加剧另一方的关系。这种情况下疾病为原因，与损伤无关。

案例简介：被保险人张某，男，53岁，投保寿险公司《人身意外伤害保险》，身故保额10万元。张某于某年5月1日在超市购物时，由于人多拥挤不慎从电梯滚下，当场昏迷。超市工作人员将其急送附近医院拍颅脑CT等相关检查，发现脑血管破裂出血，最终经治无效死亡。医院开具《居民医学死亡证明书》，死亡原因为：脑血管畸形脑出血猝死。保险公司认定张某系由于先天性脑血管畸形脑血管破裂出血导致死亡，与并存的损伤无关，所以以拒赔处理。

2. 事故原因为损伤，与并存的疾病无关

此种损伤必须同时具备两个条件：①损伤直接作用且事实明确；②疾病与损伤间无因果关系。

案例简介：被保险人申某，男，54岁，某环卫公司清洁工，投保寿险公司《人身意外伤害保险》，身故保额5万元。申某在清洁某居民小区时，告知一青年不要随意丢弃废物，不料遭到对方殴打，其右腹部被多次踢到，当场昏迷。小区居民呼叫"120"救护车后，申某被送至附近医院救治，但最终因肝脏破裂、腹腔大出血（约3 000 mL），导致失血性休克死亡。经申某家属同意，法医对申某进行尸体解剖，又发现心脏（左心室）明显增大、心肌肥厚、陈旧性心肌前壁梗死。保险公司理赔医生经分析，认定申某心脏病变与肝脏破裂无因果关系，其系由于唯一的肝破裂损伤导致的失血性休克而死亡。申某家属获得5万元身故保险赔偿金。

3. 疾病为主要原因，损伤为直接原因

这类案件中疾病是根本性的原因，损伤是由疾病引起的，虽然损伤是导致保险事故的直接原因，但损伤与疾病之间有明显的因果关系。

案例简介：被保险人刘某，女，50岁，投保寿险公司《人身意外伤害保险》，身故保额6万元。刘某早晨锻炼身体踢毽子时，由于高血压突然晕厥摔倒在地，由其他人将其送往附近医院救治，经检查诊断有颅骨骨折及硬脑膜外大血肿，数天后死亡，经尸体解剖证实硬脑膜外大血肿引起枕骨大孔疝。死亡医学证明书结论为：高血压眩晕（主要原因）致摔倒头部受伤，引起硬脑膜外大血肿致枕骨大孔疝（直接原因）死亡。保险公司理赔医生经分析，认定刘某系由于最初的高血压疾病导致的最终死亡，并非意外损伤因素使然，所以以拒赔处理。

4. 损伤为主要原因，疾病为直接原因

此类案件必须同时满足两个条件：①疾病必定是发生在损伤之后，而且是该损伤的并（继）发症；②这种并（继）发症必定是目前一般医疗条件下或当地医疗条件下难以避免的。

案例简介：被保险人赵某，男，30岁，籍贯四川汶川人，其工作单位投保寿险公司《团体人身意外伤害保险》，每人身故保额20万元。2008年5月12日，汶川发生里氏8级地震，造成赵某左股骨开放性粉碎性骨折。数天后，赵某被发现获营救，经国家组织安排转至广州市某医院进行救治。因其开放性骨折较严重及长时间搬动，导致继发骨髓炎、败血症、脂肪栓塞，医治无效于7月死亡。保险公司理赔医生经分析，认定赵某系由于最初的意外骨折所导致的最终死亡，遂赔付吴某家人身故保险赔偿金20万元。

5. 疾病为主要原因，损伤为诱因

疾病与损伤并存，两者在发生上无因果关系，但损伤诱发疾病发作，则疾病为主要原因，损伤为诱因。

案例简介：被保险人戴某，女，65岁，投保寿险公司《旅游人身意外伤害保险》，身故保额10万元。戴某随旅游团参加西藏7日游，待到达目的地后，因高原反应造成肺水肿、脑水肿，当时便死亡。经调查核实，戴某一年前曾确诊患肺心病，保险公司理赔医生经分析，认定戴某最初的肺心病系导致其死亡的主要原因，遂以拒赔处理。

6. 损伤为主要原因，疾病为诱因

对于许多损伤明确的严重外伤，要特别留意有无损伤致死的可能，因为有时即使存在明确的疾病但外伤剧烈时亦应将外伤作为主要原因。

案例简介：被保险人谭某，女，45岁，投保寿险公司《人身意外伤害保险》，身故保额15万元。谭某因严重贫血需住院治疗，在赴医院途中横穿马路时，被一闯红灯的出租车撞倒，造成其全身多处软组织挫伤、创伤性休克及挤压综合征，在医院经多日抢救，医治无效死亡。经治医生介绍，由于谭某外伤损伤较严重，并且其身体素质较差（严重贫血），故机体耐受性不佳，死亡主要原因为车祸外伤。保险公司理赔医生经分析，认定谭某系由于明确的外伤损伤致死，遂赔付身故保险赔偿金15万元。

7. 损伤与疾病原因难以区分

被保险人发生保险事故，外伤损伤与其既往疾病同时存在，但在事故发生的瞬间，很难区分是由于疾病导致（意外）损伤的发生，还是由于意外导致损伤发生的。

案例简介：某建筑工程公司投保《施工人员人身意外伤害保险》，施工人员每人身故保额30万元。施工工人钟某，在楼宇外围作业时"不慎"摔下，当场昏迷，工友急呼"120"救护车，救护车将赵某送往附近医院抢救，最终因其腹腔脏器大出血，失血性休克死亡。本案针对钟某坠落的一瞬间，具体情况保险公司是无法知晓的，所以要排除钟某坠落的原因是否为精神病、心脏病发作、醉酒、与工友打斗、自杀等因素。以上各种因素均是该险种的免赔责任。调查员从侧面获悉，钟某从不饮酒，性格外向，工作积极，与工友关系融洽，热爱家庭。调查员在钟某工作单位附近医院查到其于两年前曾经住院治疗，确诊患劳累型心绞

痛,现病史记载其近期发作1~2次。综合以上调查情况,理赔医生经分析,目前不能确定钟某摔下的具体原因,可能是意外不慎摔下,亦可能是心脏病发作导致摔下。经与钟某家属协商,同意按照保险金额的一定比例进行计算,最终保险公司给付钟某家人保险金额的80%,即24万元。

综合以上7种情况,被保险人投保了《人身意外伤害保险》,当发生损伤与疾病并存的案件事故时,理赔医生一定要遵循以上原则认真分析,明确损伤与疾病对于事故的发生的影响程度,从而为将来正确的理赔理算打下良好的基础。

资料来源:霍乾. 太平洋寿险广东分公司,2009-04-13.

本章自测题

一、单项选择题

1. 保险人为被保险人提供终身保障的重大疾病保险称为( )。
   A. 定额重大疾病保险   B. 终身重大疾病保险
   C. 有限重大疾病保险   D. 定期重大疾病保险

2. 在健康保险中,保险人承担的具体补偿或给付责任是( )。
   A. 投保人因疾病或意外事故导致伤害时发生的费用或损失
   B. 受益人因疾病或意外事故导致伤害时发生的费用或损失
   C. 被保险人因疾病或意外事故导致伤害时发生的费用或损失
   D. 被保险人因疾病或年老事故导致伤害时发生的费用或损失

3. 重大疾病保险可以分为提前给付型重大疾病保险、附加给付型重大疾病保险、独立主险型重大疾病保险、按比例给付型重大疾病保险、回购式选择型重大疾病保险。这种分类的依据是( )。
   A. 保险期间   B. 给付形态   C. 受益结果   D. 保险金额

4. 由于保险经纪人的疏忽、过失等行为而给保险人或投保人造成损失的,其民事法律责任承担者是( )。
   A. 保险人   B. 被保险人   C. 保险经纪人   D. 投保人

5. 对于健康保险经营风险,在其条款设计时采取的风险控制方式主要有( )。
①免赔额;②比例共付;③保险金给付限额;④除外责任;⑤等待期
   A. ①②③④⑤   B. ①②③④   C. ①②④⑤   D. ②④⑤

6. 关于商业健康保险保单复效的说法,不正确的是( )。
   A. 申请复效的保单要经过核保审核,评估被保险人的身体状况是否符合承保条件
   B. 若被保险人风险明显增大且超出保险公司的承保范围,保险公司可以拒绝办理保单复效
   C. 一般定期或长期健康保险产品约定,效力中止后一定期限内(通常为两年),只要投保人补缴了应缴而未缴保费后,可以恢复原保单的效力
   D. 为了防止逆选择,对于复效后的商业健康保险保单,被保险人还要经过保险条款

中约定的等待期后才能享受全部的保险保障

7. 我国健康保险在起步阶段（1982—1993年）主要特点是（　　）。

①国家实行公费和劳保医疗制度，由国家、企业包揽职工医疗费，故社会大众总体对健康保险的需求不大；②保险公司经验数据匮乏，产品开发技术不成熟，风险控制经验欠缺；③提供的健康保险大多是费用型医疗保险产品；④只局限于在局部地区为团体提供医疗保障；⑤保险人根据被保险人实际发生的医疗费用进行一定补偿，责任比较简单，保障水平有限

　　A. ②③④⑤　　　　B. ①②④⑤　　　　C. ①②③⑤　　　　D. ①②③④⑤

8. （　　）产品的优势在于死亡保障始终存在，不因重大疾病保障的给付而减少死亡保障；其缺点在于保费相对昂贵，定价风险偏高，生存期的确定易招致理赔纠纷。

　　A. 提前给付型重大疾病保险　　　　B. 回购式选择型重大疾病保险
　　C. 独立主险型重大疾病保险　　　　D. 附加给付型重大疾病保险

9. 保险公司在选择健康保险目标市场时，需要考虑目标市场的吸引力，而目标市场的吸引力主要受（　　）影响。

①同行业竞争者；②潜在的新竞争者；③替代产品；④购买者议价能力；⑤保险公司的目标和资源

　　A. ①②⑤　　　　B. ①②③⑤　　　　C. ①②③④　　　　D. ①②③④⑤

10. 核保师在对被保险人的每一风险因素进行具体分析与综合考虑之后，通过查阅健康险核保手册或根据以往经验确定其风险程度，最后将被保险人归入某个适当的风险级别，主要包括以下级别（　　）。

①优良体；②次优体；③标准体；④次标准体；⑤不保体

　　A. ①③⑤　　　　B. ①③④⑤　　　　C. ①②③④　　　　D. ①②③④⑤

11. 关于国外健康保险发展趋势的陈述，不正确的是（　　）。

　　A. 随着保护消费者权益运动的扩张，商业健康保险的发展遇到瓶颈
　　B. 适应人口和劳动变化，导致健康保险需求改变
　　C. 适应市场竞争的加剧，保险公司不断加大经营管理和技术创新
　　D. 健康保险业的兼并、收购与合营

12. （　　）机制是指病人就诊时直接支付医疗费，然后找保险公司报销，医院为获得较高利润向病人提供各种检查、化验等不适当的医疗服务，而保险公司作为第三方，没有权威性，其监督检查收效甚微。

　　A. 事前付费　　　B. 事后付费　　　C. 直接付费　　　D. 第三方付费

13. 关于健康保险核保原则的表述，不正确的是（　　）。

　　A. 确保公司经营安全的原则　　　　B. 公平、公正的原则
　　C. 最低成本原则　　　　　　　　　D. 最大利润原则

14. 商业健康保险合同内容的变更主要包括保障项目、保险金额、保险期限、缴费方式等内容的变更，变更保险合同的内容必须由（　　）和保险人达成一致意见。

　　A. 受益人　　　B. 被保险人　　　C. 投保人　　　D. 关系人

15. 以下不属于选择商业健康保险销售渠道的评价因素的是（　　）。

　　A. 应该使销售渠道按照市场动态和消费者倾向自主地规划销售行为

B. 应该使销售渠道领会保险公司开发健康保险产品的目标市场定位和客户群定位

C. 从制度上能够对销售过程产生的客户群偏差情况及时纠正，建立纠偏机制，避免群体逆选择风险

D. 估计销售渠道选择的成本时，既要分析保险公司支付给销售渠道的直接业务成本，也要分析这些销售渠道所带来业务的未来长期维护和服务成本

16. 2007年4月，中国保险行业协会与中国医师协会合作完成了我国首个保险行业统一的重大疾病保险疾病定义的制定工作，并由此推出了我国第一个重大疾病保险的行业规范性操作指南——重大疾病保险的疾病定义使用规范。于是，我国成为继（　　）之后第二个对此进行规范的国家。

    A. 马来西亚　　　　B. 新加坡　　　　C. 英国　　　　D. 美国

17. 根据《健康保险管理办法》有关规定，保险公司应当根据险种的风险性质和经验数据等因素，至少采用（　　）中的两种方法评估已发生未报案未决赔款准备金，并选取评估结果的最大值确定最佳估计值。

①逐案估计法；②链梯法；③案均赔款法；④准备金进展法；⑤B-F法

    A. ①②③④　　B. ①②④⑤　　C. ②③④⑤　　D. ②③⑤

18. 根据《健康保险管理办法》有关规定，长期健康保险产品应当设置合同犹豫期，并在保险条款中列明投保人在犹豫期内的权利。长期健康保险产品的犹豫期不得少于（　　）天。

    A. 10　　　　B. 15　　　　C. 20　　　　D. 30

19. 根据《健康保险管理办法》有关规定，下列公司中不可以办理健康保险再保险业务的是（　　）。

    A. 再保险公司及其分支机构　　　　B. 外国保险公司分公司
    C. 中资保险公司　　　　　　　　　D. 中资保险公司分支机构

二、多项选择题

1. 我国各家人寿保险公司经营的重大疾病保险的基本特点包括（　　）等。

    A. 是一个独立投保的险种　　　　　B. 规定有180天的观察期
    C. 提供了切实的疾病保障　　　　　D. 保险合同保险期限较长
    E. 保险费缴付的方式灵活

2. 保险人在通融赔付中应掌握的要求有（　　）。

    A. 有利于社会的安定团结　　　　　B. 有利于坚持保险利益原则
    C. 有利于维护保险企业的信誉　　　D. 有利于保险事业的稳定与发展
    E. 有利于维护保险企业在市场竞争中的地位

3. 保险代理合同是明确双方权利与义务关系的协议，其主体包括（　　）。

    A. 保险代理人　　　　　　B. 被保险人
    C. 投保人　　　　　　　　D. 保险人
    E. 保监会

4. 人身保险合同主体变更的情形主要包括（　　）等。

    A. 保险经纪人的变更　　　B. 投保人的变更
    C. 保险公证人的变更　　　D. 受益人的变更

E. 保险代理人的变更

三、案例分析题

2012年5月14日，投保人甲为其本人投保康宁终身保险，基本保额5万元，缴费方式为10年期交。2013年4月9日，被保险人因罹患乳腺癌，入住医院手术治疗，发生医疗费用2万元。因乳腺癌属于保单列保障责任范围，甲向保险公司申请给付重大疾病保险金。

根据以上资料，回答下列问题：

1. 根据康宁终身保险条款的规定，甲可以从保险公司领取重大疾病保险金（　　）万元。

  A. 2   B. 3   C. 5   D. 10

2. 康宁终身保险属于一种（　　）。

  A. 个人健康保险   B. 团体健康保险   C. 健康保险附加险   D. 管理式医疗

3. 甲得到保险公司支付的重大疾病保险金后（　　）。

  A. 保险合同自行终止

  B. 免交以后各期保险费，保险合同继续有效直至终止

  C. 调高以后各期保险费，保险合同继续有效直至终止

  D. 调低以后各期保险费，保险合同继续有效直到终止

第 12 章

健康保险实务之三
——失能收入损失保险

本章重点提示

通过本章的学习,应了解失能收入损失保险的基本概念、全残的界定及给付金额的确定等相关内容;熟悉失能收入损失保险的一些主要险种。

引言

失能收入损失保险在西方发达国家已有 100 多年的历史,但在我国还是一个新的险种,其经营较复杂,需具有一定的专业化水平和技术能力。

12.1 失能收入损失保险概述

12.1.1 失能收入损失保险的定义

失能收入损失保险又称残疾收入补偿保险、失能所得保险等,是指当被保险人因疾病或遭受意外事故而导致残疾、丧失全部或部分工作能力时,由保险人给付保险金以补偿被保险人失去收入或收入减少损失的保险。残疾收入补偿保险可以分为两类:一类是补偿因伤害而致残疾的收入损失;另一类是因疾病而致残疾的收入损失。

在西方发达国家,失能收入损失保险出现较早。1884 年,英国医疗疾病社提出失能收入损失保险,一年以后爱丁堡世纪保险公司开始发售个人失能保单。经过一个多世纪的发展,此保险在欧洲和北美发展得较为完善,不仅补偿了因疾病或意外伤害而致残的收入损失,更保障了失能后的生活水平。

在我国,失能收入损失保险还是一个新险种。据了解,失能收入损失保险在国内之所以出现较晚,主要是因为经营该险种的公司,需要在产品开发、业务运营、风险控制、理赔服务等各个经营环节都有专业化的技术能力。根据 2006 年 9 月 1 日实施的《健康险管理办法》,失能收入保险、护理保险、疾病保险和医疗保险为健康险的 4 种基本类型。

12.1.2 全残的界定

1. 通用的全残定义

目前,大多数残疾收入补偿保险对全残的定义是:如果被保险人在致残初期,由于残疾不能履行惯常的基本职责,则可以认定被保险人全残,被保险人可以按规定领取收入保险金。在致残后一个约定时期,通常为2年或5年,如果被保险人仍不能从事与其所受教育、训练或相关经验相当的任何职业,才可以认定为全残,并继续领取残疾收入保险金,直到保单规定的给付期满。

2. 列举式的全残定义

有的保险人在残疾收入补偿保险保单中列举了被保险人可被认定为"全残"的情况,并规定全残的鉴定工作应在治疗结束后由保险人指定或认可的医疗机构作出。但如果被保险人在治疗180日后仍未结束,则按照180日的身体状况进行鉴定。

保单中通常列举的全残包括被保险人出现下列情况之一:双目永久完全失明;两上肢腕关节以上或两下肢踝关节以上缺失;一上肢腕关节以上及一下肢踝关节以上缺失;一目永久失明及一上肢腕关节以上缺失;一目永久失明及一下肢踝关节以上缺失;四肢关节机能永久完全丧失;咀嚼、吞咽机能永久完全丧失;中枢神经系统机能或胸、腹部脏器机能极度障碍,终身不能从事任何工作,为维持生命必要的日常生活活动,全需他人扶助。

12.1.3 给付金额的确定

残疾收入保险提供的保险金不是为了完全补偿被保险人致残前的收入,残疾收入保险金有一个限额,它低于被保险人在致残前的正常收入,目的是为了防止道德风险,但是被保险人领取的残疾保险金与他残疾前的收入水平有一定的关系。

采用两种方法来确定被保险人的残疾收入给付金额:固定给付金额法和收入给付公式法。

1. 固定给付金额法

固定给付金额法通常适用于个人残疾收入补偿保险。在固定给付金额法中,保险双方事先在保单中约定一个固定金额作为保险金额,当被保险人因疾病或意外事故造成残疾时,保险人按照约定给付保险金。给付金额的约定取决于投保时被保险人的收入水平。在这种方式下,无论被保险人在残疾期间是否还有其他收入来源,保险人都要如数给付残疾收入补偿保险金。

2. 收入给付公式法

收入给付公式法通常适用于团体残疾收入补偿保险。保险事故发生后,保险人根据被保险人的残疾程度,给付相当于被保险人原收入一定比例的保险金。长期团体残疾收入补偿保险给付比例通常在60%~70%,团体短期保险的比例通常会高一些。

比例给付的具体方法如下。

(1) 若被保险人全残,其收入保险金按工资的一定比例给付。

(2) 若被保险人部分残疾,其收入保险金按以下公式进行计算:

部分残疾给付金额=全残给付金额×(残疾前收入−残疾后收入)/残疾前收入

阅读资料

英国球迷购神经险

英格兰足球队跻身世界杯十六强,一名英国球迷欣喜若狂,但在开心之余,却担心国家队不能连番报捷，夺取世界杯。他忧虑自己伤心过度，会令精神受损患上精神病，于是买下保险，保障自己一旦神经出问题，可以获得赔偿。

现年31岁的胡克是一名计算机从业员，他在一家保险公司用105英镑买下一份最高可获赔偿10万英镑的保单。若他不幸刺激过度而神经出问题，其家人可获得赔偿，但他须接受一连串的心理测试，证明心理不正常。他说："我给英格兰足球队捧场很多年，心理上饱尝辛酸，很害怕有一天会被逼疯，尤其是要以点球来定输赢时，就更加紧张。"他解释："作为英格兰球迷一点也不简单，若不是极度兴奋，就是极度哀伤。"

保险公司发言人表示："这看似是不大传统的保单，但却是十分严肃的议题。我们明白在重大赛事中，球迷感受到的沮丧心情，我们其实已承保了200份这类的保单。"

资料来源：轻松保险网，2009-07-10。

12.1.4 保险金的给付方式

1. 一次性给付

1) 被保险人全残

如果保单中规定保险金的支付方式为一次性给付，而且被保险人因患病或意外伤害导致全残，则保险人通常按照约定的保险金额给付保险金。

2) 被保险人部分残疾

如果保单中规定被保险人可以领取部分伤残保险金，则保险人通常根据被保险人的残疾程度，按照一定的比例向被保险人一次性支付保险金。

2. 分期给付

1) 按月或按周给付

保险人根据被保险人的选择，按月或按周提供合同约定金额的收入补偿。

2) 按给付期限给付

给付期限分为短期和长期两种。短期给付补偿是被保险人在身体恢复以前不能工作的收入损失补偿，期限一般为1~2年。长期给付补偿是被保险人因全部残疾而不能恢复工作的收入补偿，具有较长的给付期限。通常规定给付至被保险人年满60周岁或退休年龄；若此期间被保险人死亡，保险责任即告终止。

3) 按推迟期给付

在被保险人残疾后的一段时期，一般90天或半年，称为推迟期。在这期间，保险人不给付保险金；超过推迟期，被保险人仍不能正常工作的，保险人才开始承担保险金给付责任。推迟期的规定是因为被保险人在短期内通常可以维持一定的生活，而且推迟期的规定也可以降低保险成本。

3. 其他保险给付

除上述基本给付之外，还可包含下列选择性的给付类型。

1) 附加通货膨胀条款

附加通货膨胀条款主要是考虑到通货膨胀等问题对被保险人生活水平的影响。随着生活成本的变动而调整每年的保险金。调整系数以通货膨胀指数为准。

2) 未来增加保额条款

有两种附加保险允许未来增加保险金额：自动增加保险金额、保证未来的可保性。自动增加保险金额条款是事先约定增加每月支付额，一般每5年以一定的固定比率增加。有的保单提供此条款不需缴纳额外保费，而有的保单则会对增加的保额部分按增额时的年龄增加年缴保费（被保险人具有选择权）。保证未来的可保性是，允许被保险人在未来无论其健康状况如何，均可购买额外的残疾收入补偿保险，但可增加的额度要依据保险人的规定。

另外，还有社会保险补助、移植手术保险给付和康复保险给付等。

12.2　残疾收入损失保险条款及保险计划

保监会2006年出台的《健康保险管理办法》将失能收入损失保险与疾病保险、医疗保险、护理险并列为健康保险的4种形态。失能收入损失保险是指以因约定的疾病或意外伤害导致工作能力丧失为给付保险金条件，为被保险人在一定时期内收入减少或中断提供保障的保险。

据介绍，失能收入损失保险在发达国家已经有100多年的发展历史，目前在欧洲和北美市场已经较为完善。保险公司提供的失能收入损失保险种类繁多、形式多样，不仅补偿投保人的收入损失，保障其失能后的生活水平，同时在保持人们生活和社会稳定、促进经济发展等方面也起到了极大的作用。

但是，由于该险种对于保险公司在产品开发、业务运营、风险控制、理赔服务等各个经营环节都有很高的要求，长期以来国内保险公司限于专业技术能力原因很少涉足该领域，目前真正意义上的失能收入损失保险数量寥寥，现有的失能保障主要体现在被保险人丧失工作能力后的免缴保费方面。

12.2.1　中宏人寿附加安心失能补偿保险简介

中宏人寿附加安心失能补偿保险为客户提供因罹患癌症、意外残疾和身故时的月度收入补偿。月度收入补偿金额：最少1 000元，最多20 000元；给付期间可选择：5年或10年。在保险期满时如果没有出险，将可获得保险公司提供的等于300%月度利益给付金额作为满期健康恭贺金。

1. 保险期间

保险期间=缴费期间，可选择10年/15年/20年。缴费期内保证续保，均衡费率，最高续保至65岁。

2. 投保年龄

投保年龄为18~50周岁。

3. 利益给付

月度利益给付金额：最小1 000元，最大20 000元。

4. 保险责任

癌症收入补偿：在保险期间内，被保险人若患癌症，被保险人可获得月度利益给付金额,直至利益给付期间结束为止;若被保险人在利益给付期间内身故,由受益人继续按月领取,直至利益给付期间结束。

意外残疾收入补偿:在保险期间内,被保险人若意外残疾,被保险人可获得月度利益给付金额,直至利益给付期间结束为止;若被保险人在利益给付期间内身故,由受益人继续按月领取,直至利益给付期间结束。

身故收入补偿:在保险期间内,被保险人若身故,受益人可获得月度利益给付金额,直至利益给付期间结束为止。

满期健康恭贺金:生存至保障期满且未发生上述理赔,将获得健康恭贺金;金额等于300%月度利益给付金额。

应当注意:①以上利益不可同时兼得;②若在利益给付期间内,受益人也身故,则由其指定的受益人一次性领取剩余未领取的月度利益给付金额的现值之和(贴现利率根据届时公司公布的贷款利率确定)。

5. 投保意义

世界卫生组织调查显示,各类重大疾病的存活率(5年跟踪)男性60%、女性76%,存活10年以上的占患者人数的20%左右。存活率虽然提高了,除了需要为治病支付高额的治疗和住院费用,工作能力也可能受影响,导致其以后收入下降,大大影响家庭的生活水平。失能保险可以在因罹患癌症、意外残疾而丧失工作能力以后,每月获得固定的月度保险金,从而延续经济来源。

6. 特别说明

本险种为一款附加险,该产品必须附加在某一在售的寿险主合同之上,与各种寿险产品、重大疾病险、养老险、分红险等险种灵活搭配,不可单独投保。

知识链接

附 加 险

附加险是相对于主险而言的,顾名思义是指附加在主险合同下的附加合同。附加险不可以单独投保,要购买附加险必须先购买主险。一般附加险所缴的保险费比较少,但它的存在是以主险存在为前提的,不能脱离主险,形成一个比较全面的险种。

例如,一般个人人寿保险可以附加意外伤害保险和医疗保险;普通家庭财产保险可以附加盗窃保险等。

资料来源:中国疾病网,2009-08-03.

12.2.2 保险计划

1. 客户信息

王女士,单身职业女性,年龄30岁,任某公司销售部经理,月收入约8 000元,年收入10万元。

社保全,无商保,目前无任何负债。

父母有退休工资和基本社会医疗保险,无须赡养。

不是很擅长理财，基本是储蓄和基金，少量股票，盈利不多，喜欢稳健低风险的投资。

2. 保险需求分析

根据王女士的情况，可以分析得出以下信息。

（1）因为是单身，所以生活上一般不会太讲究。特别是饮食方面，可能工作原因有较多应酬，平时自己吃就会比较随便。长此以往明显对健康不利。

（2）工作性质决定了压力较大，加上已经30岁了，这对身体健康应该也是个不利因素。显然，身体健康应该是王女士首先要考虑的风险重点。现在的社会，大病的风险越来越高。女性特有疾病的得病概率更高。

（3）如果一旦得大病，王女士的收入肯定会减少，而且大病产生的治疗、护理费用和病后恢复的费用是巨大的，而仅有基本社会医疗保险是远远不够的。因此，重大疾病和失能是首先要考虑的风险，其中最好含有女性特有疾病。

3. 保险产品

（1）长保无忧黄金套餐。

（2）安心失能补偿计划。

4. 保险利益

（1）重疾保障：保单签发90天后首次罹患合同列明的重大疾病之一，将获得等同于保险金额（20万+IPO的增额部分）的现金给付，如果是患癌症或高残则每月领取5 000元月工资，共5年。

（2）额外疾病保障：若被保险人于保单签发90天后首次罹患合同列明的男性或女性特有疾病（女性原位癌），公司将赔付被保险人保险单上载明的额外疾病保险金，该金额等同于保险金额的20%，本项额外疾病利益给付随之终止。额外疾病保障至被保险人80周岁。

（3）身故保障：在合同有效期内，若被保险人不幸身故，受益人将得到等同于保险金额（20万+IPO的增额部分）的现金给付。同时一次性全额领取失能金30万元。

（4）期满利益：若被保险人生存至50岁未发生癌症、高残和身故，可以得到奖励金15 000元；生存至80周岁，并且未发生本产品指定的重大疾病，将得到等同于保险金额（20万+IPO的增额部分）的现金给付，合同随即终止。

（5）红利给付：合同生效后的周年红利分配，领取方式灵活多样。

阅读资料

我国应该大力发展团体失能收入损失保险

劳动者失能给社会、家庭、企业、个人带来一系列的问题，大力发展团体失能保险为国分忧、为民解难、为企业省心，有很强的社会意义和现实意义。

（1）团体失能险有为国分忧，构建和谐社会之功。

首先，我国社会残疾风险较高。根据我国卫生部1998年第二次国家卫生服务调查分析，我国城市人口长期失能率为3.39%，农村人口长期失能率3.11%，包括失能和残障流行率在内的多项卫生指标与1993年第一次国家卫生服务调查结果相比，均有不同程度的增加。其次，当前我国社会保障制度不够完善，难以为所有失能者提供基本生活保障。最后，一些失能人员、残疾人员生存维艰，成为社会安定团结的安全隐患，不利于社会主义和谐社会的构建。

(2) 团体失能险可以为民解难，保持人们生活稳定。

我国是一个人口大国，劳动人口多，并且在不断增长，劳动力多集中于劳动密集型产业。疾病、意外伤害时刻威胁着人们的身体健康和家庭经济稳定。目前，在我国，家庭成员因病或意外伤害失能以后，除了少数能从保险公司或相关责任人处获得一定赔偿外，绝大多数都只能由家庭自己承担损失，这可能给家庭带来致命伤害（特别是家庭主要劳动力失能），许多家庭因此穷困潦倒、支离破碎。

(3) 企业购买团体失能险有利于提升企业形象，吸引人才，减轻负担。

购买团体失能保险，为员工解决后顾之忧，体现了企业以人为本的经营思路，能有效激发员工的主人翁责任感和企业归属感，提高员工工作的主动性和创造性。此外，一旦员工不幸失能，企业经营成本风险可以通过失能保险进行有效转移。

资料来源：天地承心博客，http://blog.sina.com.cn/s/blog_504def400100ccw5.html，2009-03-16.

本章自测题

一、单项选择题

1. 当被保险人遭受意外伤害暂时丧失劳动能力而不能工作时，保险人给予被保险人停工收入损失保险金的保险被称为（　　）。
   A. 疾病停工收入损失保险　　　　B. 意外伤害停工收入损失保险
   C. 家庭收入损失保险　　　　　　D. 一般收入损失保险

2. 在残疾收入补偿保险中，对于部分残废的保险金计算公式是（　　）。
   A. 部分残疾给付＝全部残疾给付×(残疾前的收入－残疾后的收入)/残疾后的收入
   B. 部分残疾给付＝全部残疾给付×(残疾前的收入－残疾后的收入)/残疾前的收入
   C. 部分残疾给付＝全部残疾给付×(残疾前的收入－残疾后的收入)/全部残疾给付
   D. 部分残疾给付＝全部残疾给付×(残疾后的收入－残疾前的收入)/残疾后的收入

3. 在残疾收入被偿保险中，被保险人在丧失能力后的一段时间（比如3个月或6个月）内保险人不给付任何保险金。这段不给付保险金的期间通常被称为（　　）。
   A. 观察期　　　　B. 公示期　　　　C. 推迟期　　　　D. 理算期

4. 按照投保动因分类，人身意外伤害保险的种类包括（　　）等。
   A. 自愿意外伤害保险和强制意外伤害保险
   B. 单纯意外伤害保险和附加意外伤害保险
   C. 商业意外伤害保险和社会意外伤害保险
   D. 普通意外伤害保险和特定意外伤害保险

5. 在健康保险中，提供被保险人在残废、疾病等之后不能继续工作时的收入损失补偿的保险称为（　　）。
   A. 残疾收入补偿保险　　　　　　B. 疾病医疗费用保险
   C. 身体伤残收入保险　　　　　　D. 失业收入损失保险

6. 在残疾收入补偿保险中，推迟期的长度一般是（　　）。
   A. 3 个月　　　　　B. 12 个月　　　　C. 18 个月　　　　D. 24 个月
7. 按照保险人所负保险责任的次序分类，保险合同的种类包括（　　）。
   A. 特定保险合同和总括保险合同　　　　B. 专一保险合同和重复保险合同
   C. 定额保险合同和定值保险合同　　　　D. 原保险合同和再保险合同
8. 保险合同主体的权利与义务的变更属于（　　）。
   A. 保险合同客体变更　　　　　　　　　B. 保险合同主体变更
   C. 保险合同内容变更　　　　　　　　　D. 保险合同标的变更
9. 投保人以他人的生命、身体为标的，为他人利益订立人身保险合同时，投保人、被保险人和受益人的关系为（　　）。
   A. 投保人是被保险人，也是受益人
   B. 投保人不是被保险人，受益人是由被保险人指定的人
   C. 投保人不是被保险人，而受益人是由代理人指定的人
   D. 投保人不是被保险人，而受益人是由保险人指定的人
10. 投保人为订立保险合同而向保险人提出的书面要约叫作（　　）。
    A. 暂保单　　　　　B. 小保单　　　　　C. 投保单　　　　　D. 保险单
11. 在某些情况下，被保险人患病或遭受意外伤害，最终是否残疾在短期内难以判定，为此，保险公司往往在保险条款中规定一个定残期限（如180天）。如果被保险人发生的伤残在定残期限届满时尚无明显的好转征兆，将自动被认定为全残。这种全残称为（　　）。
    A. 推定全残　　　　B. 绝对全残　　　　C. 列举式全残　　　D. 原职业全残
12. 关于失能保险所提供的保险金额的陈述，不正确的是（　　）。
    A. 保险金额最高限额的设定可以由保险人设定一个固定的额度
    B. 保险金额最高限额的设定可以根据被保险人伤残前的收入水平来确定
    C. 失能保险只能在被保险人全残时才给付保险金
    D. 失能保险所提供的保险金一般都低于被保险人在伤残以前的正常收入水平
13. 关于失能保险免责期间的陈述正确的是（　　）。
    ①免责期间的保险金可延迟领取；②抑制道德风险和减少小额理赔；③降低保险人的理赔成本和管理费用；④除外一些短期失能的疾病或受伤；⑤免责期间允许中断，如被保险人在短暂恢复后再度失能，可将两段失能期间合并计算免责期
    A. ②③④⑤　　　　B. ①②③④　　　　C. ①②③⑤　　　　D. ①②③④⑤
14. 根据我国保险相关法规规定，我国商业健康保险的经营主体不包括以下（　　）。
    A. 人寿保险公司　　B. 财产保险公司　　C. 健康保险公司　　D. 农业保险公司
15. 在个人长期护理保险的核保中，核保师应重点注意以下风险因素，其中不包括（　　）。
    A. 家庭组成　　　　B. 家族病史　　　　C. 职业及业余爱好　D. 老龄化因素
16. 在实际核保工作中，出于既要控制风险又要节约成本的考虑，保险公司并不要求所有的被保险人都进行体检，一般来说，在（　　）情况下需要被保险人进行体检。
    A. 被保险人年龄较小　　　　　　　　　B. 无理赔记录的客户
    C. 投保的保险金额较高　　　　　　　　D. 投保短期团体健康保险

17. 商业健康保险合同通常都明确规定，合同的受益人为被保险人本人，保险人可以受理投保人或被保险人对受益人的指定及变更。（　　）。

　　A. 对　　　　　　　　　　　　B. 错

18. 在意外伤害保险中，如果被保险人在保险期限内遭受意外伤害，在责任期限内治疗结束并被确认为残疾，则保险人确定被保险人残废程度的时点是（　　）。

　　A. 保险期限结束时　　　　　　B. 意外伤害发生时
　　C. 被保险人治疗结束时　　　　D. 责任期限结束时

19. 王某投保人身意外伤害保险一份，保险金额为50万元，保险期限为2014年1月2日至2015年1月1日，且合同规定的责任期限为180天。王某于2015年3月1日遭受意外伤害事故，于2015年6月1日治疗结束，并被鉴定为中度伤残，伤残程度为45%。则保险人对此事故的理赔意见是（　　）。

　　A. 承担保险责任，给付保险金50万元
　　B. 承担保险责任，给付保险金27.5万元
　　C. 承担保险责任，给付保险金22.5万元
　　D. 不承担保险责任，因责任期限未满期

20. 规定团体健康保险的被保险人脱离团体时，保险人允许这些人购买个人医疗费用保险而无须提供可保性证明的条款被称为（　　）。

　　A. 调整保险金条款　　　　　　B. 观察期条款
　　C. 缓冲期条款　　　　　　　　D. 转化条款

二、多项选择题

1. 残疾收入补偿保险中所指的"残疾"类型包括（　　）。

　　A. 严重残疾　　　　　　　　　B. 完全残疾
　　C. 轻微残疾　　　　　　　　　D. 部分残疾
　　E. 中度残疾

2. 关于残疾收入补偿保险给付的一般规定包括（　　）。

　　A. 给付频率（按周或按月给付）　B. 给付期限
　　C. 给付对象　　　　　　　　　D. 推迟期
　　E. 给付限额

3. 缴纳保险费是投保人应履行的基本义务。影响保险费多少的因素主要包括（　　）。

　　A. 保险金额的大小　　　　　　B. 保险期限的长短
　　C. 保险费率的高低　　　　　　D. 保险公司的大小
　　E. 受益人数的多少

4. 在保险公司经营过程中，保险风险的集合与分散具备的条件包括（　　）。

　　A. 大量风险的集合体　　　　　B. 大量风险损失的存在
　　C. 大量保险基金的存在　　　　D. 同质损失的集合本
　　E. 同质风险的集合体

三、案例分析题

某单位购买了工伤保险后，又向保险公司购买了雇主责任保险，雇主责任保险条款规定，每人每次责任限额为2万元。雇主责任保险条款规定，"被保险人所聘用的员工，于本

保险有效期内，在受雇过程中（包括上下班途中），从事与本保险单所载明的被保险人的业务工作而遭受意外或患与业务有关的国家规定的职业性疾病，所致伤、残或死亡，对被保险人根据劳动合同和中华人民共和国法律、法规，须承担的医疗费及经济赔偿责任，保险人依据本保险单的规定，在约定的赔偿责任限额内予以赔付。"在保险期间内，该单位职工某甲因工受伤，发生的医疗费、交通费和食宿费、误工工资等共计19 500元。事后，该单位向保险公司索赔遭拒绝，而工伤保险金发放单位又要求该单位先向保险公司索赔，于是，该单位只好将保险公司诉至法院，要求保险公司承担赔偿责任19 500元。

根据以上资料，回答下列问题（多项选择）：

1. 如果由工伤保险承担赔偿责任，应遵循下述的（　　　）。
   A. 工伤保险条例　　B. 雇主责任法　　C. 劳动法　　D. 保险法

2. 工伤保险与雇主责任保险相比，正确的叙述有（　　　）。
   A. 一般来说，工伤保险由国家强制实施，雇主责任保险为雇主自愿投保
   B. 一般来说，工伤保险属社会保险，雇主责任险为商业保险
   C. 工伤保险与雇主责任保险均有责任限额
   D. 工伤保险与雇主责任保险的业务性质相同

3. 如果保险公司应该赔偿，应遵循下述的（　　　）。
   A. 工伤保险条例　　　　　　　B. 雇主责任法
   C. 保险法　　　　　　　　　　D. 雇主责任保险条款

4. 如果工伤保险基金应该赔偿，其赔偿的项目可能包括（　　　）。
   A. 医疗费用　　　　　　　　　B. 医疗期间的膳食费用
   C. 误工工资　　　　　　　　　D. 精神损失费

第13章 团体人身保险

本章重点提示

通过本章的学习，要掌握团体人身保险的基本知识，要求理解团体人身保险的概念、特点及团体保险的一些限制性规定；了解团体人身保险的分类；掌握团体人身保险的标准条款和特殊条款。

引言

团体人身保险以人寿保险、健康保险和意外伤害保险产品为基础，以一份保单承保多个被保险人。

13.1 团体人身保险概述

13.1.1 团体人身保险的含义

团体保险是团体人身保险的简称，是指以团体为投保人与保险公司订立一份总的保险合同，为该团体符合资格的所有员工提供有关意外伤亡、疾病、医疗、养老等保险的保障。

总团体保险合同的双方当事人是保险公司和团体保单持有人。团体保单持有人可以是一个人，也可以是一个组织，负责决定团体保险的保障类型，与保险公司商定保险条款并购买团体保险。在团体保险合同生效后，团体保单持有人还要负责处理团体保险的某些日常管理工作，如负责为团体保险计划增加新的团体成员、负责向保险公司缴付保险费等。

团体保险单的一个重要部分是对受保单保障的个人描述。受团体保单保障的个人在美国称为团体被保险人。在加拿大，团体人寿保险保单保障的个人称为团体寿险被保险人，团体健康保险保单保障的个人称为被保险的团体成员。团体成员不属于总团体保险合同的当事人，不参与保险合同的签订，也无权拥有一份独立的团体保险合同。但是被保险的团体成员在合同中享有一定的权利，如保险金的请求权、受益人的指定权等。依据保险法律规定，保险人必须向团体保单持有人提供团体保险计划的书面说明书，然后由团体保单持有人分发给每一位被保险人，这种书面说明书称为保险凭证，保险凭证上记载了团体保险合同的保障范围，以及团体被保险人在合同中享有的各项权利。因此，团体被保险人通常又被称为保险凭证持有人。

13.1.2 团体保险的特征

1. 团体保险风险选择的对象是团体而不是团体中的个人

团体保险与个人保险相比,最显著的特点是对团体的风险选择取代了对个人的风险选择。在个人人寿保险业务中,除了简易人寿保险外,保险人不仅要求被保险人体检,而且还要求投保人提供符合承保条件的证明或声明,根据每一个被保险人的医务审查和事务审查来决定是否承保,是正常承保还是条件承保。也即个人寿险业务是针对每一个被保险人的身体健康状况逐一进行风险选择。而在团体保险实务中,通常是不需要体检或提供其他可保证明就可以承保,风险选择的重点是团体的资格要求、团体的业务性质、团体的规模等要素,而不是选择团体中每一个个人的身体健康状况。

2. 团体保险使用一张总的团体保险单

保险人承保了个人保险业务后,给投保人或被保险人签发一张保险单,保险单中详细列明了保险条款的内容。而在团体保险业务中,保险人给投保团体签发一份总的团体保险单,一份团体保险单为团体中成千上万的被保险人提供保险保障。投保团体是团体保险保单的持有人,而团体中的每一个被保险人持有一份保险凭证,保险凭证上并不包括全部的保险条款,仅列明合同的保障范围,以及团体被保险人在合同中享有的各种权利。

3. 团体保险低成本、高保障

团体保险以相对低于个人保险的成本为众多的被保险人提供保险保障是团体保险有别于个人保险的又一显著特征。团体保险采用集体作业的方式,具有规模经营效益的特点,节省了经营者管理成本,可以较低的保费获得较高的保险保障,具体表现在以下4个方面。

(1) 团体保险使用一张总的团体保险单,简化了承保、收费、会计等手续,提高了工作效率。团体保单持有人负责处理许多日常管理工作,节约了保险公司的业务管理费用。

(2) 团体保险免检体格,节省了保险公司的体检费用。

(3) 团体保险采用团体投保,减少了逆选择因素的不利影响,相对降低了平均死亡率和疾病发生率。

(4) 团体保险往往是作为团体职工福利计划的一部分,保费全部或部分由团体支付,针对每一个被保险人来说,是以最低的保费获得较高的保险保障。

4. 团体保险计划的灵活性

个人保险合同是要式合同,保险条款和保险费率都是由保险公司拟定的,被保险人只能按照投保单上的要求如实填写。而在团体保险中,虽然团体保险合同也有一定的格式和标准的保险条款,但是相对于个人保险合同而言,保险计划具有一定的灵活性。对于较大规模的团体,投保单位可以与保险公司就保险条款设计、保障的范围、保额的确定、保险费率的厘定等进行协商。只要不违反法律、不引起严重的逆选择,不使管理手续复杂化,保险人都会充分考虑投保团体的要求,并在保险合同中体现出来。因此,团体保险在实务操作中根据投保单位的个性化需求设计有针对性的保险责任,并采取协议或特别约定的方式予以承保。

5. 保费以经验费率为基础

团体保险确定理赔成本或索赔金额的基本原理与个人保险相同,只是团体保险在厘定保险费率后,还要根据团体的规模和以前的索赔经验进行调整。

1) 不同团体保险费率的厘定

对于不同的团体，保险费率厘定的方法有手册费率法、经验费率法和混合费率法。

（1）手册费率法。手册费率法是在不考虑特定团体以往的赔付和费用经验的情况下，保险公司利用自己的经验数据或其他保险公司的经验数据来统计投保团体的预期赔付和费用经验，并计算团体保险费率的一种方法。手册费率法适用于新投保团体首期保费的确定和小团体首期保费和续期保费的确定。因为新投保团体和小团体都缺乏可供保险公司确定保险费率时参考的历史赔付经验和费用经验。

（2）经验费率法。经验费率法是指保险公司以特定团体的历史赔付经验和费用经验为基础来确定团体保险费率的方法。这种费率法适用于大型团体的续期保费和目前正被其他保险公司承保的大型团体的首期保费。

（3）混合费率法。混合费率法是指对于某些规模中等的团体，保险公司既不能完全采用经验费率法，又必须充分考虑其赔付的经验数据，保险公司采用将手册费率法和经验费率法相结合的方法即混合费率法来确定团体保险的保险费率。

2) 同一团体保险费率的厘定

对于同一团体不同的被保险人，保险费率的确定方法有同一费率法和差别费率法。

（1）同一费率法。同一费率法是指对同一团体内所有的被保险人采用同一费率。适用同一费率通常有两种情况：①团体内被保险人的年龄和工种比较接近，面临的风险状况类似；②为了方便投保人或满足投保人的特殊要求，保险公司在分别计算出每一被保险人的保费后加总换算成平均保险费率，然后按平均保险费率收取保险费。

（2）差别费率法。差别费率法是指对同一团体的不同被保险人根据其年龄、性别、工种、健康状况采用不同的保险费率，以体现保险的公平和权利与义务对等的原则。

个人保险费率厘定时以生命表为依据，考虑被保险人的死亡率，预期的利息率和保险公司的营业费用率。团体保险费率厘定是一个相当复杂的过程，除了考虑选用恰当的费率厘定方法外，还要考虑投保险种所确定的基本费率，团体的规模，团体的历史赔付经验，团体的管理制度和管理水平，团体中每一成员的年龄、性别，团体的平均年龄，团体的行业性质，以及团体成员的工种分布，团体成员的健康状况，团体中每一成员的保险金额、连带被保险人的情况等。在实务中，对于规模较大、风险程度较低、索赔记录较少的团体，在计算保费时，保险公司往往给予一定比例的减费处理，反之，则酌情进行加费处理。

团体保险的保费通常是按月缴付的，保险公司在每个保单年度初厘定续期保险费率，在每一个保单年度末，部分团体保险保费可能需要退还给团体保单持有人。保费的退还金额取决于保险公司对团体赔付经验和费用经验的评估。对于大型团体，评估主要依赖团体自身的经验，对于规模不大的团体，评估要综合考虑团体自身的经验和其他类似团体的经验。如果团体的赔付经验或保险公司的管理费用低于费率厘定时的预期值，保险公司将退还为此保障收取的部分保费。无论是分担型的团体保险（指保费部分由团体成员支付的团体保险）还是非分担型的团体保险（保费全部由团体支付的团体保险），所有的保费退还均支付给保单持有人。如果分担型团体保险的退还金额超过保单持有人所分担的团体保费，超过部分作为团体保险计划参与者的个人福利。

13.1.3 团体保险的限制性规定

团体保险一般不需要体检或提供其他可保证明就可以承保,但这样并不意味着团体保险承保时不进行风险选择和风险控制,只是其风险选择和控制的方法与个人保险不同。在团体保险中,为了保证团体保险的承保质量,防止逆选择的产生,保险公司通常对团体保险作出以下限制性规定。

1. 投保团体资格的限制和被保险人资格的限制

1) 投保团体资格的限制

投保团体必须是一正式的法人团体,有其特定的业务活动,独立核算,并能独立承担民事责任。团体资格的限制使得那些为了保险目的而临时集结在一起的团体不可能获得保险的保障。有资格购买团体保险的团体通常为机关团体企事业单位,其中,企业包括国有企业、集体企业、民营企业、中外合资企业、中外合作企业、外商独资企业;团体包括工会团体、协会团体、信用团体。

2) 被保险人资格的限制

团体保险的被保险人必须是能正常工作的团体在职人员,退休人员、长期因病全休及半休人员、兼职人员、返聘人员等均不能成为团体保险的被保险人。对被保险人资格规定的主要原因是:①能正常工作就是一种健康证明,虽然在正常工作的在职人员中,有的人体质较好,有的人体质较差,但从总体上,采用团体投保方式,可以消除逆选择的影响,保证承保对象总体上达到平均健康水平;②老职工退休,新职工加入,新老职工的正常交替,使大多数团体的平均年龄趋于稳定,从而保证了死亡率和疾病发生率的稳定。

2. 投保人数的限制和保险金额的限制

1) 投保人数的限制

团体保险对团体投保人数限制包括以下两个方面。

(1) 对投保团体绝对数的限制。在早期经营团体保险时,对投保人数的要求是不少于 100 人,随着保险公司承保技术和风险管理技术的提高,以及团体保险市场竞争的加剧,投保人数的要求逐渐降低。根据我国团体保险投保人数的规定,对一、二、三类行业,团体投保的最低投保人数为 8 人,如投保团体总人数不足 8 人,须全员投保,3 人以下团体不能投保团体保险,四类及四类以上行业的团体投保,最低投保人数须达到 20 人。若保险条款的承保对象中包括连带被保险人,则符合条件的连带被保险人必须全员参加。

(2) 对投保团体相对数的限制。投保团体全额负担保险费时,要求团体所有符合投保条件的在职员工都必须参加;被保险人自付部分保费时,投保人数比例不得低于 75%。若保险条款的承保对象中包括连带被保险人,则符合条件的连带被保险人的参保比例必须达到连带被保险人总数的 60% 以上。

2) 保险金额的限制

为了防止逆选择,团体保险的被保险人不能自行选择保险金额。团体保险中保险金额的确定方法有 3 种:①团体中所有的被保险人,无论年龄大小,采用统一保险金额;②按照被保险人工资水平的约定倍数确定每一个被保险人的保险金额;③根据被保险人的职务级别分别确定保险金额。在团体保险中为了防止保险金额不成比例地集中在少数人身上,团体保险中最高保险金额与平均保险金额之间要有一个合理的平衡,通常最高保险金额不能超过平均保险金额的 10 倍。

在保险实务中，究竟根据哪种规定来计算保险金额，在签订保险协议时，由投保团体与保险人具体协商决定。但是，一旦保单签发，投保团体和被保险人均无权增减保险金额。

13.1.4 团体保险的标准条款

团体保险的标准条款有团体成员资格要求条款、宽限期条款、不可抗辩条款和保单终止条款，这些条款无论在团体人寿保险、团体健康保险中均适用。

1. 团体成员资格要求条款

团体成员资格要求条款界定了团体保险下哪些团体成员有资格获得团体保险保障。一般情况下，只有身体健康能正常工作或学习的在职员工（或在校学生）才能获得保障资格。有些团体保险既承保团体成员，也承保被保险团体成员的受抚养者，但是他们的权利不同。例如，保单通常将受益人规定为团体成员本人，提供给受抚养者的保险是任选的，合格的团体成员有权选择或拒绝这项保险。

团体保险中的在职工作条款和观察期条款规定了新团体成员获得保障必须满足的条件。在职工作条款规定：为了有资格获得团体保险保障，被保险成员在保单生效之日必须在职工作，而不是在职患病或休假，否则在其重返工作岗位之前，得不到保险保障。观察期条款规定：新的团体成员在有资格参加团体保险之前必须等待一段时间，通常是 6 个月，如果是非分担型的团体保险，满足其他资格要求的新团体成员在观察期满将自动获得该团体保险保障。如果是分担型的团体保险，观察期满之后还有一段适任期，通常是 31 天，在适任期间，新团体成员可以申请参加团体保险，但是新团体成员必须签署授权书允许企业（或雇主）从其工资中扣除部分薪金以缴付保费分担额。只有新团体成员完成这种授权后，其团体保险保障才能生效。

例如，玛丽和乔治到了另一个城市从事新的工作，他们俩都有资格获得雇主提供的团体人寿保险的保障。两张保单都含有 30 天的观察期。但是玛丽的保险属于非分担型的团体寿险，而乔治的保单属于分担型的团体寿险。根据团体保险中的观察期条款可知，玛丽的非分担型团体寿险在观察期 30 天之后自动生效。而乔治的分担型团体寿险，在 30 天的观察期后还有一段适任期，在适任期内，他可以申请这一团体寿险并签署授权书允许雇主从他的工资中扣除他的团体寿险的保费分担额。因此，在 30 天的观察期后，只有乔治在适任期间签署了授权书，他的团体寿险保单才能生效。

2. 宽限期条款

与个人保险一样，团体人寿保险和团体健康保险中都包含一个 31 天的宽限期条款。团体保险的宽限期条款规定：在宽限期内，团体保险保单继续有效，如果团体保单持有人过了宽限期仍不缴保险费，团体保险保单中止。如果团体保险保单因为在宽限期后未缴保险费而中止，团体保单持有人在法律上有责任为宽限期内提供的保障缴付保险费。

3. 不可抗辩条款

团体保险的不可抗辩条款用以限定保险公司根据团体投保单中的陈述对总团体保险合同的有效性提出抗辩的期限。抗辩期限限制在保单生效的两年内。如果团体投保单中包含蓄意不实告知，保险公司在任何时候可以对该团体保险合同的有效性提出抗辩。由于团体投保单中出现重大不实告知的可能性很小，因此，保险公司很少对团体保险单的有效性提出抗辩。

一般情况下，团体保险的被保险人无须提供可保证明就可以参加团体保险。但是，如果团体人寿保险或团体健康保险要求团体被保险人在投保时提供可保证明，而团体被保险人在他的书面证明中对其可保性作了重大不实告知，则团体保险保单的不可抗辩条款允许保险公司在被保险人提供可保证明的两年内对单个被保险人的保险保障提出抗辩，而不是对总团体保险保单的有效性提出抗辩。

4. 保单终止条款

团体保单终止条款规定了团体保险合同何时终止，以及团体被保险人的保险保障何时终止。

大多数团体保险保单明确规定：团体保单持有人可以在任何时候书面通知保险人终止团体保险合同。同样，如果满足条件，保险人也可以在任何一个保费到期日终止团体保险合同。例如，团体保险的参保比例低于保单规定的最低要求，保险人有权终止团体保险合同。但是，保险人在终止团体保险合同时，必须提前书面通知团体保单持有人，告知保单将在下一个续期保费到期日终止。

团体保险保单中含有规定团体被保险人的保险何时终止的条款。如果团体被保险人不再是有资格享有保险的团体中的成员，或者团体被保险人已被终止雇佣关系，或者团体被保险人不能缴付保费分担额时，团体被保险人的保险保障将被终止，而团体保险保单则继续有效。

13.2　团体人寿保险

在美国，团体保险业务主要分为两大类：一类是为被保险人的死亡提供保险保障的团体人寿保险；另一类是为被保险人的疾病和意外伤害提供保险保障的团体健康保险。按照我国的分类习惯，团体保险分为团体人寿保险（包括团体年金保险）、团体健康保险、团体人身意外伤害保险。

13.2.1　团体人寿保险及团体年金保险

1. 团体人寿保险

1) 团体人寿保险的概念

团体人寿保险又称团体寿险，是以团体方式投保的定期或终身死亡保险。团体寿险分为两类：一类是团体定期寿险；另一类是团体终身寿险。雇主通过给雇员投保团体寿险，不仅解决了雇员因意外死亡给家庭带来的经济困难，也部分解决了依法要由雇主承担的经济责任，更为重要的是，通过团体寿险为那些无法获得个人寿险保障的被保险人的老年生活提供了经济保障。因此，在发达国家，团体寿险是雇员福利计划的一种最主要的形式。

2) 团体人寿保险的种类

（1）团体定期寿险。团体定期寿险是团体寿险中最早开办的险种，也是最主要的险种。团体定期寿险保障的是被保险人的早逝风险。绝大多数团体定期寿险采用每年续保方式承保。在每年续保时，团体被保险人无须提供可保证明，保单也不具备现金价值。保险公司有权根据投保团体的年龄结构、性别等方面的变化，在每年续保时调整保险费率。

团体定期寿险中，如果保单是非分担型的团体定期寿险，投保团体所缴付的保费可以作为营业费用处理，并从应税收入中扣除。

(2) 团体终身寿险。团体终身寿险经常是作为补充保险签发的，由团体被保险人在团体定期寿险的基础上，选择终身保险计划，并且要缴付相当一部分的保费。团体终身寿险为雇员退休后的生活提供保险保障。由于不具备团体定期寿险的税收优惠，团体终身寿险的发展速度和规模远不及团体定期寿险。

团体终身寿险最常见的形式有 3 种：团体缴清保险、均衡保费终身寿险、团体万能寿险。

① 团体缴清保险。团体缴清保险是缴清终身寿险和保额递减定期寿险的综合体。每年由雇员支付的那部分保费用作趸缴保费购买缴清终身寿险，由雇主支付的那部分保费用于购买团体定期寿险。缴清终身寿险的保额每年递增，定期寿险的保额每年递减。团体缴清保险可为雇员提供终身保障，即使雇员离开团体或退休，保单仍然有效。

② 均衡保费终身寿险。均衡保费终身寿险通常是在期限缴费终身寿险（如 65 岁缴清终身寿险）的基础上签发的。如果是分红型的保险，雇员对保单的部分现金价值享有既得利益，其金额由雇员的保费分担额决定。如果是非分红型保险，雇员对保单现金价值没有既得利益。当雇员脱离团体时，其保险保障被终止，保单的任何累积现金价值归雇主所有。

③ 团体万能寿险。美国寿险市场在推出个人万能寿险不久，保险公司又推出了团体万能寿险。从很多方面看，团体万能寿险更接近个人寿险而不是团体寿险。虽然，在投保时必须满足团体保险的条件，但是在团体万能寿险中，雇主不支付保费，保费的高低由雇员根据自己的经济承担能力来决定，保单的现金价值也取决于团体被保险人缴付的保费金额。如果保额较高，通常要求被保险成员提供可保证明。团体被保险人可以改变保险金额，但是增加保额时也需要提供可保证明。团体万能寿险为团体被保险人提供随同保障，当团体的成员离开团体或退休时仍然可以得到保障，而不像其他团体寿险，一旦被保险成员离开团体，只能将团体寿险更换为个人寿险。

在团体万能寿险保单下，保险公司为每个保单持有人设置了单独账户，该账户上有 3 个收入项目，即新缴保险费、对现金价值保证支付的利息、对现金价值支付的超额利息。支出项目有按死亡率收取的提供死亡给付保障的费用、管理和销售费用。收支余额可以用来增加保单的现金价值。保险公司每年向保单持有人寄送一份报告书，详细列明所缴保费如何在提供死亡给付保障、费用和现金价值中间进行分配。团体万能寿险的最大特点是保单具有灵活性、被保险人可以定期改变缴费数额，也可以改变保险金额。

(3) 团体信用人寿保险。团体信用人寿保险是债权人为其现在和未来的债务人购买的一种保险。与其他团体寿险不同的是，团体信用人寿保险必须指定保单持有人即债权人，如商业银行、财务公司、年金机构为受益人，当团体被保险人死亡时，由债权人领取死亡保险金，以抵偿被保险人所负的债务。团体信用人寿保险中每一个被保险人的保险金额等于其所欠债权人的债务数额。作为债务人可以参加团体信用保险，也可以不参加，但是法律一般规定，作为债权人，不允许以要求债务人购买团体信用人寿保险作为提供贷款的附加条件。当债权人申请终止合同时、债权人欠缴保费时、债务人已经清偿债务时，团体信用人寿保险终止。

3) 团体人寿保险的费率

在个人寿险保单下，由于保险期限的长期性，保险公司在费率厘定时除了考虑死亡率、费率外，还要考虑利息率，利息率不仅是寿险保单费率厘定的一个重要因素，也是影响保险公司现金流变化的一个重要因素。而在团体寿险保单下，由于绝大多数团体保单是每年更新的定期寿险，因此，团体寿险费率厘定时主要考虑死亡率和费用率两个重要因素。由于团体的保单持有人负责管理保单的日常事务，简化了保单营销、承保、理赔、会计等手续，因此团体寿险的费用率比普通个人寿险的费用率要低。

在计算团体寿险的保险费时，保险公司通常要考虑 3 个因素：①团体寿险的初年度费率，初年度费率因缺乏经验，通常采用手册费率法确定；②团体中每一成员的年龄和性别；③每个团体被保险人的保险金额。对于计算出的保险费，保险公司还要考虑团体的平均年龄、团体规模、团体所从事的业务性质、团体总保费金额等因素进行加费和减费处理，以反映投保团体规模的大小和面临的风险程度。在保险实务中，对于规模较大、风险程度较低的团体，按计算出的保费的一定百分比减费。对于规模较小、风险程度较高的团体，按计算出的保费的一定百分比加费。通常下列 4 种情况不予减费：①年缴保费太少；②团体总人数低于 50 人；③雇主（或投保团体）分担总保费的比例低于 50%；④投保团体对保险公司的行政支持与配合不佳。

每年可更新团体寿险的费率在保单年度内保持不变，但是如果团体的人数或保险内容有变化，保险人要调整投保团体应缴的保费。每年续保时，保险公司考虑团体在年龄和性别分布方面的变化和上年度的保险赔付经验重新调整费率。

2. 团体年金保险

1) 团体年金保险的概念

团体年金保险简称团体年金，又被称为团体养老保险，是以团体方式投保的年金保险。团体年金的合同由团体与保险人签订，被保险人只领取保险凭证，保险费由团体和被保险人共同缴纳或主要由团体缴纳。

随着我国社会养老保险制度改革的深化，各经济组织普遍参加了社会养老保险统筹。由于社会养老保险仅提供退休人员的基本生活保障，因此，较高水平的养老保障需通过商业途径的团体年金保险来实现。许多寿险公司都设计出各种形式的团体年金保险，以适应各种经济组织建立年金保障的需要。

我国规定，在团体年金保险业务中，保单约定的被保险人年龄必须达到国家或特殊行业规定的退休年龄。被保险人办理退休手续后，才可凭投保人有关证明到保险公司以现金等形式领取年金。被保险人因特殊情况提前退休的，可以在办理退休手续后重新领取年金。被保险人因其他原因提前离开投保人的，必须在投保人出具有关证明后，才能到保险公司按养老计划规定的比例以现金等形式领取年金。如果被保险人缴纳了部分保费，则在退保时，被保险人可根据投保单位的证明到保险公司领取相应部分的退保金。

2) 团体年金保险的种类

在我国当前的保险市场上，常见的团体年金险种主要有以下几种。

(1) 团体延期年金。这是一种最古老的团体年金形式，由团体组织一次或每年按员工工资的一定比例缴存保费至保险公司，保险公司对投保的每一个团体分别建立一个账户，当团体中的成员生存至约定时间,保险公司一次或每年按约定的金额给付保险金。在此年金中,保险人对团体的人数有所要求,以降低管理费用。团体的规模越大,管理费用比例也越低。保险人一般对团体年金所积存的资金进行长期资金应用,投资风险由保险人承担。

(2) 预存管理年金保险。投保的团体每年向保险公司缴纳保险费,在该团体的账户下形成一笔基金(即预存管理基金),这笔基金由保险公司对其加以投资运用并保证其收益不低于某一约定的利息。当该团体的某个员工退休时,从基金中划出一定比例作为其趸缴保险费,为该员工投保个人即期终身年金保险。

(3) 团体分红年金保险。与传统团体年金保险不同的是,团体在签订保险合同时与保险人约定,投保人所缴纳的保险费扣除管理费后记入缴费账户,保险人对其进行投资,当账户的投资出现盈利时,保单所有人享有红利的处分权。红利可以退还给投保人,也可转入缴费账户。

(4) 团体投资年金保险。投保团体在签订保险合同时与保险人约定,投保人所缴纳的保险费扣除营业费用后记入投资账户,保险人对其进行投资,保险人对投资收益率不作任何保证,把所有投资风险都转嫁给保险单所有人。

在投资年金保险中,保险人除按保险费的一定比例收取营业费外,还按被保险人的人数每月收取保单管理费和投资账户管理费。与团体分红保险相比,其账户的透明度更高。

13.2.2 团体人寿保险的特殊条款

团体人寿保险除了包括团体保险标准条款外,还包括一些特殊的条款,这些特殊的条款有给付金额条款、受益人指定条款、保单转换条款、年龄误告条款、保险金给付选择权条款等。

1. 给付金额条款

团体保险保单必须明确规定每一位团体被保险人的保险金额,或者规定保险人确定保险金额的方法。通常在团体寿险保单中列有一张给付表,用以确定每一个团体被保险人的保险金额。在团体寿险保单中最常见的给付表类型有两种:一种给付表是根据一个特定公式来确定保险金额,如团体寿险中每一位成员按照其年收入或薪金的约定倍数确定保险金额;另一种给付表是所有团体被保险人确定一个保险金额,如团体寿险可以确定所有团体被保险人的保险金额为3万元,或者根据每一个团体被保险人的职业性质或职务级别分别确定一个保险金额,如团体的总经理、副总经理、部门经理、普通职员分别确定一个保险金额。但是为了防止逆选择,团体寿险保单不能以个人为基础来确定保险金额,而是以客观指标为基础确定保险金额。

如果团体寿险保单还为团体成员的受抚养者提供保险保障,在团体寿险中又会包含另一张用以确定受抚养者保险金额的独立给付表。这种给付表也有两种类型:一种是向所有的受抚养者提供一个统一的保险金额;另一种是先为团体被保险人的配偶确定一个保险金额,再为其子女确定一个较低的保险金额。保险公司通常规定:团体成员的保险金额必须高于受抚养者的保险金额,因为团体寿险是企业雇员福利计划的重要组成部分,主要是为团体成员提供保险保障。

2. 受益人指定条款

与个人寿险保单受益人指定的规则和要求一样,团体寿险保单中指定和变更受益人是团体被保险人特有的权利而不是团体保单持有人的权利。如果团体保险保单还为团体被保险人的受抚养者提供保险保障，团体被保险人也有权指定该保险保障的受益人。当然团体保单也可以规定，团体被保险人就是受抚养者保险保障的受益人。

团体寿险保单中指定受益人的唯一一个限制条件就是团体被保险人不能将团体保单持有人指定为受益人。不过团体信用人寿保险例外，团体信用人寿保险通常由团体保单持有人指定自己作为保单的受益人。

3. 转换权条款

团体寿险保单的转换权条款规定：如果团体被保险人因为特定原因而终止团体保险保障，团体被保险人可以将团体寿险转换为个人寿险而无须提供可保证明。

（1）当团体被保险人因终止雇佣关系，脱离团体或不再属于某合格团体的一员而终止了团体保险保障时，美国 NAIC 示范法和加拿大团体准则都赋予了团体被保险人将团体寿险转换为个人寿险而无须提供可保证明的权利。在行使转换权时，团体被保险人必须填写个人寿险投保单，并在团体寿险保单终止后的 31 天内缴付首期保费，保费根据团体被保险人的性别和年龄相对应的标准保险费率计算。但是 NAIC 示范法规定，年龄在 65 岁或 65 岁以上的团体被保险人可以获得转换权。一般情况下，有转换权的被保险人可以购买保险公司正在销售的任何一种个人寿险，但是保险金额是有限制的。一些团体寿险保单规定转换后的个人寿险保额不能超过其团体寿险中的保额。而根据 NAIC 示范法和加拿大团体准则，许多团体寿险保单规定，转换后的个人寿险保单的保额不能超过团体被保险人在原团体寿险保单中的保额与团体被保险人在 31 天的转换期内将要获得的新的团体寿险保单的保额之间的差额。

（2）当团体寿险保单终止时，根据 NAIC 示范法规定，如果团体被保险人参加团体寿险已达 5 年之久，他可以将团体寿险转换为个人寿险，在 31 天的转换期内购买个人寿险时，团体被保险人无须提供可保证明。个人寿险的保额以 1 万美元或原团体寿险中团体被保险人的保额与被保险人在 31 天转换期内可以获得新的团体寿险保额之差这两项中较低者为准。保险费根据转换时被保险人的性别、年龄对应的标准保险费而定。

美国 NAIC 示范法规定，团体寿险保单必须包含一项展期条款，展期条款通常为团体被保险人在 31 天的转换期内提供展期保险保障，如果团体被保险人在 31 天的转换期内死亡，而且还未获得个人寿险保单，或者被保险人并没有在转换期内行使转换权，保险人必须承担给付死亡保险金的责任。给付金额为被保险人可以转换的最高个人寿险金额。

4. 年龄误告条款

个人寿险保单的年龄误告条款规定，当被保险人年龄误告时，保险人可以根据被保险人的真实年龄调整死亡保险金给付，以反映被保险人的年龄误告。但是在团体寿险保单下，由于团体被保险人的给付金额都是由团体寿险保单中包含的给付表确定的，因此大多数团体寿险保单规定：当团体被保险人因为年龄误告导致实缴保费与应缴保费不一致时，保险人将根据被保险人的真实年龄调整实缴保费，以反映团体被保险人的年龄误告。

5. 保险金给付选择权条款

当团体被保险人死亡时，保险人通常将保险金一次给付指定的受益人。但是，有时团体寿险保单也提供保险金给付方式的选择权，由团体被保险人或受益人任选一种给付方式。但只有当死亡保险金达到约定的最低金额时，团体被保险人或受益人才有权行使保险金给付方式的选择权。

13.3　团体健康保险

13.3.1　团体健康保险的分类及基本费率的厘定

1. 团体健康保险的分类

团体健康保险具有手续简便、费率低、提供的保障项目和范围广泛等特点，在美国和加拿大，大多数由商业保险公司签发的健康保险都是团体健康保险。团体健康保险承保的保险责任包括两大类：一类是由于疾病或意外伤害所支出的医疗费用；另一类是由于疾病或意外伤害而丧失工作能力所致的收入损失。团体健康保险的主要险种有团体医疗保险、团体牙科费用保险、团体残疾收入保险。

1) 团体医疗保险

团体医疗保险是以团体方式投保为团体被保险人提供医疗费用保障的团体保险。团体医疗保险的保险责任范围为被保险人因意外伤害和疾病治疗所发生的各种费用，如药费、手术费、注射费、检查费、输血费、输氧费、住院费等，对上述各项费用，保险人在扣除免赔额后按约定比例赔付。团体医疗保险是团体健康保险最常见的类型，保险责任范围与个人医疗保险基本相同。按保障范围分类，团体医疗保险可分为团体基本医疗保险和团体高额医疗保险，团体基本医疗保险又可分为团体住院医疗保险、团体门诊医疗保险、团体手术医疗保险、团体综合医疗保险。

2) 团体牙科费用保险

牙科费用保险以前不列入团体健康保险计划中，但现在已有1亿多美国人成为此项保险的被保险人，牙科费用保险成为健康保险中发展最快的险种之一。团体牙科费用保险有两种形式：综合保险和表列法。综合保险把所有牙科治疗费用列入保险责任范围；表列法只列出可以报销的牙科治疗费用。保险公司为了控制保险金支出，团体牙科费用保险中普遍使用了免赔额、共同保险、报销限额、等待期、除外责任等限制性条款。

3) 团体残疾收入保险

团体残疾收入保险有短期残疾收入保险和长期残疾收入保险。短期残疾收入保险的给付期一般为13周至2年，在给付之前有3～7天的等待期，给付金额一般为工资的50%～67%。长期残疾收入保险给付期短则2年，长则到被保险人退休或死亡为止，每月给付金额为工资的60%～67%，但要扣除社会保险的给付金额。有些长期残疾收入保险使用生活费用调整条款和免缴公司养老金计划保险费条款。生活费用调整条款是根据生活费用上升幅度增加给付金额，但每年增加金额一般限制在2%～3%的范围内；免缴公司养老金计划保险费条款是在雇员长期丧失工作能力后，由雇主替他缴付公司养老金计划的保险费。

2. 团体健康保险基本费率的厘定

团体健康保险基本费率的厘定不仅要考虑死亡率、疾病发生率、残疾发生率、疾病持续时间、保单失效率、费用率、利息率等因素，还要考虑医疗技术水平、医疗设备和医疗机构的管理、保险公司的理赔原则、承保习惯等因素。由于健康保险的风险变动性和不易预测性，团体健康保险的费率厘定有其自身的规律，通常遵循以下4种计算原则。

(1) 统一费率原则。对团体健康保险中赔付率与年龄关系不大的险种，保险费率的计算不随被保险人的年龄变化而变化，或者在较大的年龄档次间，所有被保险人适用统一的费率。

(2) 均衡保险费率原则。该原则适用于1年以上的重大疾病保险。规定团体每年缴付相同的保险费，通过逐年建立保险责任准备金来支付将来的赔付。

(3) 逐年变动费率原则。对于团体医疗保险，保险公司通常每年按被保险人的年龄、医疗费用水平的变化等因素制定保险费率，收取保险费。

(4) 阶梯费率原则。对团体中的被保险人按年龄划分为不同的年龄段，缴纳不同的保险费，通常保险费率随着年龄的增加而提高。

团体健康保险在承保、内部管理等方面与团体寿险基本一致，团体健康保险的给付内容与个人健康保险的给付内容也差别不大。但是，团体健康保险与个人健康保险还是存在一些差异：①团体健康保险采用经验费率，并定期进行调整；②团体健康保险灵活性强，个人健康保险的标准条款一般在团体健康保险中不适用；③在团体健康保险续保时，保险公司有权拒绝整个团体，但在保单有效期内，对于团体中的每一个人，保险公司不可任意解除。

13.3.2 团体健康保险的特殊条款

团体健康保险中除了包含团体保险的标准条款外，还包括一些特殊的条款，这些特殊条款有既存状况条款、转换权条款、调整保险金给付条款和体检条款。

1. 既存状况条款

为了防止被保险人的逆选择和道德风险，和个人健康保险一样，团体健康保险中也包含了既存状况条款。团体健康保险保单通常将既存状况定义为：个人在保险保障生效前的3个月内就医的某种状态。既存状况条款规定：除非团体被保险人所拥有的团体健康保险保单已达约定的期限，否则对于被保险人的既存状况，保险人不给付保险金。

团体健康保险保单通常规定，对于某一既存状况，如果被保险人已经持续3个月没有为此状况接受治疗，或者被保险人参加的团体健康保险保单已经持续了12个月，则不再视为既存状况，被保险人可以获得保险保障。如果其团体以前获得另一家保险公司签发的团体健康保险的保障，现在团体保单持有人要转换新的保险公司，则新保险公司签发的团体健康保险保单的既存状况条款对以前已获得保险保障的任何团体成员都不适用。

2. 转换权条款

转换权条款主要是针对医疗保险而言的。美国大多数州的法律规定：团体医疗保险中必须包含转换权条款。转换权条款的含义是：当被保险团体成员脱离团体时，保险单赋予被保险人一种有限制的权利，允许其购买个人医疗保险而无须提供可保证明。但是，如果其保障将导致被保险人超额保险时，保险人可以拒绝签发个人医疗保险单。例如，某雇员脱离了原团体，又找了一份新的工作，获得了新雇主提供的团体医疗保险保障。根据保单转换权条款的规定，雇员将原雇主提供的团体医疗保险单转换为个人医疗保险单，就可能出现超额保险，保险人可以拒绝签发个人医疗保险单。

当团体医疗保险转化为个人医疗保险时，一般情况下，个人医疗保险的保险费要高于团体医疗保险的保险费，而且个人医疗保险的保险金给付限制也比团体医疗保险的保险金给付限制更加严格。

3. 协调给付条款

协调给付条款是指当被保险人拥有多份团体健康保险的保障时，通过调整被保险人获得的保险金，使被保险人获得保险金不超过其实际支出的医疗费用。团体健康保险保单中规定协调给付条款的目的是防止被保险人从多份团体健康保险中获得超过其实际支出医疗费用的额外利益。协调给付条款常用于团体医疗保险。

在美国，对享有双重团体医疗保险的被保险团体成员，协调给付条款通过明确定义作为第一给付提供者的团体健康保险和第二给付提供者的团体健康保险。作为第一给付提供者负责支付其保单所承诺的全部保险金；然后被保险人向第二给付提供者索赔，同时说明第一给付提供者所给付的金额，第二给付提供者根据协调给付条款确定应赔付的金额。

协调给付条款通常采用两种方法确定作为第二给付提供者应付的保险金。

第一种方法是第一给付提供者根据保单规定向被保险人支付免赔额和共保分担额以外的所有费用，第二给付提供者将支付第一提供者未给付的那部分医疗费用，也即团体被保险人已支付的免赔额和共保分担额由第二提供者报销。在这种协调给付条款下，团体被保险人通常不支付保险范围内的任何医疗费用。

第二种协调给付条款是不重复给付条款。假如作为第二给付提供者的团体健康保险保单中包含了不重复给付条款，那么如果第一给付提供者已支付的给付金额与第二给付提供者假定作为第一给付提供者执行时应支付的金额之间存在差额，这个差额将由第二给付提供者支付。不重复给付条款要求团体被保险人个人负担一部分保障范围内的医疗费用，这比第一种类型的协调给付条款更加严格地限定了保险金给付额。

例如，玛丽拥有两份团体医疗保险，两份保单中都有协调给付条款，而且两份保单都规定了200元免赔额和20%的共保比例。现在玛丽实际支出了6 200美元的医疗费用。则被指定为第一给付提供的保险人必须支付4 800美元的医疗费用，具体计算如下：

$$(6\ 200-200)-(6\ 200-200)\times 20\%=4\ 800(美元)$$

由于两份保单的免赔额与共保比例相同，第二给付提供者也应向她支付4 800美元医疗费用，但是根据协调给付条款的规定，第二给付提供者只需向被保险人玛丽支付1 400美元医疗费用。结果玛丽本人不负担任何医疗费用。

假如第二给付提供的团体健康保险中包含了不重复给付条款，则第一给付提供者必须支付4 800美元的医疗保险金。根据不重复给付条款的规定，第一给付提供者支付的4 800美元的医疗保险金与玛丽假如被置于第二给付提供的团体健康保险中应得的保险金4 800美元相同，这样第二给付提供者不必给付任何医疗保险金，1 400美元的医疗费用由被保险人自己负担。如果第二给付提供的团体健康保险保单的免赔额为100美元，共保比例为20%，那么将玛丽置于第二给付提供的团体健康保险中应赔的医疗保险金为

$$(6\ 200-100)-(6\ 200-100)\times 20\%=4\ 880(美元)$$

第一给付提供者支付了4 800美元医疗费用保险金，第二给付提供者只需支付80美元，玛丽自己承担1 320美元。如果第二给付提供的团体健康保险保单的免赔额为500元，共保比例为20%，那么将玛丽置于第二给付提供的团体健康保险中应赔的医疗保险金为：

$$(6\ 200-500)-(6\ 200-500)\times 20\% = 4\ 560(美元)$$

第一给付提供者支付了 4 800 美元医疗费用保险金，第二给付提供者不再支付医疗费用，1 400 美元医疗费用由玛丽自己承担。由此可见，不重复给付条款对保险金给付作了更为严格的限制。

大多数协调给付条款包含确定第一给付计划的规则，如果被保险人同时拥有两份团体健康保险，一份团体健康保险中包含了协调给付条款，另一份团体健康保险中不包括协调给付条款，通常将不包括协调给付条款的团体健康保险作为第一给付计划，包含协调给付条款的团体健康保险作为第二给付计划。如果被保险人同时拥有多份团体健康保险，有不止一份团体健康保险中包含了协调给付条款，通常将被保险人以雇员身份而不是受抚养者身份签订的团体健康保险作为第一给付计划。如果一个人作为受抚养者由多份团体健康保险提供保险保障，通常采用两种方法来确定第一给付计划：一种方法是优先生日法，即生日较早的雇员所享有的团体健康保险为受抚养者的第一给付计划；另一种方法是男性优先法，即男性雇员的雇主提供的团体健康保险计划为受抚养者的第一给付计划。不同法律对采用的方法往往有不同的规定。例如，玛丽生于 5 月，她的先生乔治生于 8 月，根据优先生日法，玛丽的雇主提供的团体健康保险为儿子杰克的第一给付计划；根据男性优先法，乔治的雇主提供的团体健康保险将作为儿子杰克的第一给付计划。不过在美国，大多数州都规定，确定第一给付计划必须采用优先生日法。

4. 体检条款

大多数团体残疾收入保险都包含了体检条款。为了帮助保险人证实被保险人索赔的有效性，保险人有权要求已提出残疾收入索赔的被保险人接受保险人指定医生的体检。此外，条款还赋予保险人要求残疾的被保险人定期进行医疗检查的权利，以便证明被保险人是否仍然残疾。

13.4 团体意外伤害保险

13.4.1 团体意外伤害保险的概念

团体意外伤害保险是以团体方式投保的意外伤害保险。由企事业、机关、团体等单位的在职人员作为被保险人，由在职人员所在的单位作为投保人集体投保。

团体意外伤害保险的保险金额相对不是太高，最低保险金额为 1 000 元，最高不超 2 万元。在团体意外伤害保险中，被保险人一旦脱离投保的团体，保单效力对该被保险人即行终止。保险费率按行业、工种类别确定，通常划分为若干类，每一类适用一个费率。对于特殊行业、工种要按危险程度加收保险费甚至可能拒保。

团体意外伤害保险的保险费也有两种负担方式，即全部由被保险人负担或由投保人和被保险人共同负担。团体意外伤害保险多为一年定期保险，保险费通常是一次性缴付。

13.4.2 团体意外伤害保险的种类

1. 按照保险责任分类

团体意外伤害保险可分为意外伤害死亡和残疾保险、意外伤害医疗保险、意外伤害误工保险等。团体意外伤害保险与个人意外伤害保险在保险责任方面并无区别,只是投保手续的不同和保险费率的差别。

2. 按照保险期限分类

团体意外伤害保险可分为一年期意外伤害保险、极短期意外伤害保险和长期意外伤害保险。一年期意外伤害保险是最主要的类型。极短期意外伤害保险,一种是承保被保险人在约定时间内遭受的意外伤害;另一种是以某个特定时间、特定地点或特定活动发生的意外伤害。

3. 按照承保危险分类

团体意外伤害保险可分为普通意外伤害保险和特定意外伤害保险。

13.4.3　团体人身意外伤害保险的保单效力

团体人身意外伤害保险与个人人身意外伤害保险在保单效力上有所区别。在团体人身意外伤害保险中,被保险人一旦脱离投保的团体,保单效力对该被保险人自其脱离该单位之日起即行终止,但对其他被保险人仍然有效。投保团体可以为该被保险人办理退保手续。在保险实务中,如果在保险期间,未发生理赔给付的被保险人离职,投保人可以申请与新加入员工进行更换,无须办理退保和投保手续,也无须增减保费。

13.4.4　团体人身意外伤害保险的费率厘定

对于一年期的团体人身意外伤害保险的保险费率,根据团体所在行业的性质和被保险人的职业分类确定,保险费率按不同职业的危险性设定不同的档次,同时还考虑团体的规模、参保人数。续期保费主要根据上一年的理赔经验对保费进行调整。对于特殊行业、工种按危险程度加收保险费甚至拒保。

对于保险期限不足1年的极短期的团体人身意外伤害保险的费率确定有两种方法:①以1年期团体人身意外伤害保险的费率为基础,按短期费率表计算;②针对保险期限只有几星期、几天、甚至几小时的极短期团体人身意外伤害保险,按被保险人所从事活动的性质分类,如旅游者、飞机旅客、长途汽车旅客、登山者、参加体育比赛者等分别确定保险费率。

案例分析

员工保险期间意外死亡　团体保险索赔遇麻烦

乳山某单位员工杜某在保险期间意外死亡,令其家属没有料到的是,保险公司和杜某所在单位竟分别以不确定赔付对象、杜某家属没有出具委托书为由,一直没有向家属赔付保险金。近日,乳山法院审理这起保险合同纠纷案后,判决保险公司向杜某家属支付意外伤害保险金5万元,杜某所在单位履行协助义务。

2008年1月,杜某所在单位与乳山某保险公司签订了保险合同,被保险人为杜某等224名员工,团体意外伤害的保险金额为1 120万元,每人保险金额为5万元。杜某的保险单和保险单明细原件均放在单位。保险合同生效几天后,2008年1月28日,杜某在工作期间发生交通事故死亡。此后,杜某家属向保险公司索赔,却一直拿不到赔偿款。于是,杜某家属向法院提起诉讼，要求某保险公司赔付保险金，要求杜某所在单位履行协助义务。

对于杜某家属的起诉，保险公司辩称，他们并非拒绝给付保险金，只是不能确定保险金是给杜某所在单位还是杜某家属。杜某所在单位则称，作为团体保险，杜某发生意外应由所在单位理赔，而且，按照保险合同约定，理赔时，杜某家属应出具委托书，委托单位代为理赔。

法院审理后认为，杜某所在单位与保险公司签订的保险合同合法有效。该保险合同没有指定受益人，但杜某作为保险合同中的一名被保险人，其家属作为继承人，有权要求保险公司给付保险金。至于保险合同中关于委托单位代为理赔的条款，法院认为，这一条款具有强制当事人订立委托合同的性质，应为无效约定。法院因此依法作出了判决。

资料来源：中国保险报，http://www.china-insurance.com/anlidaquan/content.asp?id=130966，2009-10-12。

案例分析

女保险员投下3份保险蹊跷离世　保险公司拒绝赔付

保险公司拒赔66万元保险金，"自杀"还是"意外身亡"成焦点。

信诚人寿保险公司一名27岁的女保险员因过量服用治疗癫痫的药，蹊跷离世，她身后留下了66万元保险金。但信诚人寿保险公司以被保险人是自杀为由拒付保险金，于是死者家属将保险公司诉到法院，索要这笔保险金。

东城区法院认定，死者是在保险合同成立起两年内自杀，据此驳回了死者家属的诉求。

1. 事件回放：女保险员身亡　保险公司拒赔

据原告代理律师说，郭小姐是信诚人寿保险公司北京分公司的业务员，她于2005年先后与该公司签订了3份保险合同，按照3份合同的规定，郭小姐在合同规定期限内死亡，她的父母和妹妹将得到总额高达66万元的保险金。2006年12月20日，郭小姐突然死亡。经法医鉴定，郭小姐符合苯巴比妥中毒死亡。郭小姐的家人要求信诚人寿保险公司支付这一大笔保险金。最终，该保险公司以"郭小姐系自杀"为由，拒绝予以理赔。双方为此闹上法庭。

2. 案件焦点：死者是自杀还是意外死亡

在此前的庭审中，原告代理律师说，信诚人寿保险公司方面将"郭小姐符合苯巴比妥中毒死亡"等同于"郭小姐自杀"，是理解上的错误，缺乏事实和法律依据。

被告代理律师反驳说："郭小姐是因与男友发生口角，服药自杀身亡的。保险合同规定，在投保两年内，郭小姐如果自杀，保险公司不承担保险责任。"信诚人寿保险公司方面请求法院驳回对方的诉讼请求。

为了证明自己的主张，信诚人寿保险公司方面向法院申请调取公安机关的案卷。法官当庭宣读了郭小姐男友高某及其妹妹的笔录。据高某陈述，2002年，他与郭小姐相识，但他有妻子，于是，他在通州区买了房，郭小姐与他住在那里。事发前一天，郭小姐提出在圣诞节时去菲律宾游玩，他说自己没有时间，郭小姐很生气，与他吵了起来，还抓起治疗癫痫病的药往他嘴里塞。第二天,他发现郭小姐躺在卧室床上,报了"999",但已经没救了。郭小姐的妹妹则称,40多岁的高某承诺离婚却一直没有离,并且还与其他女人有来往,郭小姐曾用割腕、服药等自杀方式威胁高某。

原告代理律师表示,这些人都没有在第一现场,他们的话不能证明郭小姐的死是自杀。庭审中,保险公司还提供了"999"急救中心的急救医疗记录。在医疗记录中,抢救医生认为郭某病发原因系自杀。而原告代理律师说,在此案中,公安机关没有认定郭小姐系自杀。

3. 宣判结果:法院认定死者系自杀

2009年5月13日15时,死者郭小姐的家人并没有出庭,原告席上只有其家人的代理人。在判决中,法院排除了郭小姐系意外死亡的可能。法院认为,意外伤害或致死的原因必须是外来的,同时必须有侵害的对象,有侵害的事实,而且,只有原因是意外的才能构成意外,结果是意外也不能构成意外。由此可见,郭小姐超剂量地服用苯巴比妥不是外来的、突发的,也不存在侵害对象和侵害事实。原告应对郭小姐属于意外致死负有举证责任,却未能提供足够的证据加以证明。

法官宣读判决书中还提到:"郭小姐生前并未患有癫痫类疾病,没有服用苯巴比妥这类处方药的理由和必要,更没有理由和必要超剂量地服用,且根据被保险人郭小姐的认知程度,其对服药将产生的后果是明知的……郭小姐服药行为的本身可认定存在自杀的意图且实施了自杀的行为。"最终,法院驳回了原告的诉求。

4. 庭后追访:郭小姐家人将提起上诉

庭后,原告代理人说,公安机关介入此案查明,郭小姐是非正常死亡,那么,只能由公安机关、法医鉴定部门确定郭小姐的死因,其他机关没有权力作出结论,法院认定郭小姐系自杀已经超出了自己的审查范围。

据原告代理人介绍,郭小姐的家人已经预料到这个结果,将会提起上诉。

"这个判决将会影响到其他的投保人,不利于商业人寿保险业的发展。"原告代理人说,法院认为举证责任在死者家属,这意味着,每个当事人在投保时将要考虑自己的家人能否鉴定死因,如果其家人无法作出举证,当事人对投保人寿险只能三思而行了。这位代理人认为,举证责任应该由保险公司来承担。

被告保险公司的代理人不同意对方关于举证责任的看法。"被保险人死亡时,家人应当保存好现场,及时通知保险公司和相关部门,做好证据保存。"被告代理人说,这样有利于家人向保险公司要求理赔,也有利于查明被保险人死因。

5. 律师观点:保险单的现金价值不同于保险金

我国《保险法》规定了在一定情况下,以被保险人死亡为给付保险金条件的人身保险合同,保险人免责的制度。法律规定在以下3种情况下,保险人不承担给付保险金的责任:第一种情况就是被保险人自保险合同成立不满两年自杀的;第二种情况是投保人、受益人故意造成被保险人死亡的;第三种情况是被保险人故意犯罪导致其自身死亡的。

对于第一种情况,虽然保险人不承担保险金的给付责任,但应向受益人退还保险单的现金价值;对于第二种及第三种情况,如果已缴足两年以上保险费的,保险人应当向受益人退还保险单的现金价值,但受益人故意造成被保险人死亡的,则丧失受益权。

保险单的现金价值与保险金是完全不同的两个概念。现金价值是指投保人退保或保险公司解除保险合同时，由保险公司向投保人或受益人退还之前多缴保费及其利息的积存金。保险单的现金价值一般都大大低于人身保险合同所约定的保险金。

资料来源：北京晨报，2009-05-14.

本章自测题

一、单项选择题

1. 在人身意外伤害保险合同有效期间，被保险人遭受意外伤害后的一定时期（如180天或90天等）被称为（　　）。
   A. 追溯期限　　　　B. 责任期限　　　　C. 扩展期限　　　　D. 保障期限

2. 保险人厘定人身意外伤害保险费率时考虑的主要因素是（　　）。
   A. 年龄　　　　　　B. 性别　　　　　　C. 职业　　　　　　D. 体格

3. 当意外伤害保险作为附加条款投保时，须附加于主险之上。最为普遍的主险是（　　）。
   A. 人寿保险　　　　　　　　　　　　　B. 医疗费用保险
   C. 建筑安装工程保险　　　　　　　　　D. 机动车第三者责任保险

4. 下列意外伤害保险中，属于普通意外伤害保险的是（　　）。
   A. 建筑工地意外任务保险　　　　　　　B. 学生团体平安保险
   C. 索道游客意外伤害保险　　　　　　　D. 游泳池意外伤害保险

5. 在人身意外伤害保险中，保险人给付保险金的条件是被保险人必须因遭受客观事故而导致某种后果，如（　　）。
   A. 死亡或疾病　　B. 疾病或失业　　C. 退休或残疾　　D. 残废或死亡

6. 在人身意外伤害保险中，意外事故发生的原因必须是意外的、偶然的和（　　）。
   A. 可预知的　　　B. 可测定的　　　C. 多变化的　　　D. 不可预见的

7. 在人身意外伤害保险实务中，对于被保险人因吸毒而导致的"意外伤害"，通常被列为（　　）。
   A. 不可保意外伤害　　　　　　　　　　B. 特约可保意外伤害
   C. 条件可保意外伤害　　　　　　　　　D. 一般可保意外伤害

8. 按照险种结构分类，个人意外伤害保险的种类包括（　　）。
   A. 自愿意外伤害保险和特定意外伤害保险
   B. 自愿意外伤害保险和强制意外伤害保险
   C. 普通意外伤害保险和特定意外伤害保险
   D. 附加意外伤害保险和单纯意外伤害保险

9. 在人身意外伤害保险实务中，对于被保险人由于核爆炸、核辐射或核污染而可能受到的"意外伤害"，通常被列为（　　）。
   A. 不可保意外伤害　　　　　　　　　　B. 一般可保意外伤害
   C. 普通可保意外伤害　　　　　　　　　D. 特约可保意外伤害

10. 王某投保人身意外伤害保险一份，保险期限为2001年1月2日至2002年1月1日，且合同规定的责任期限为180天。假如王某于2001年5月1日遭受意外伤害事故，并于2001年7月1日被鉴定为中度伤残。则保险人对此事故的正确处理意见是（　　）。
    A. 承担全部保险责任　　　　　　　　B. 不承担保险责任
    C. 部分承担保险责任　　　　　　　　D. 有条件承担保险责任

11. 制定团体保险费率时所考虑的主要因素是该团体的理赔记录。这里的"理赔记录"是指（　　）。
    A. 上年度该团体的理赔记录　　　　　B. 上年度该行业的理赔记录
    C. 上年度该地区的理赔记录　　　　　D. 上年度该险种的理赔记录

12. 某人投保意外伤害保险一份，保险金额为20万元。在保险期限内不慎发生扭伤，一月后痊愈，该次事故发生医药费268元。事后，被保险人向保险人提出索赔。那么，保险人对此索赔的正确处理方法是（　　）。
    A. 赔付医药费268元　　　　　　　　B. 赔付保险金20万元
    C. 按伤残程度赔付　　　　　　　　　D. 不予赔付任何款项

13. 投保人和保险人在自愿基础上通过平等协商订立的意外伤害保险合同被称为（　　）。
    A. 自主意外伤害保险　　　　　　　　B. 平等意外伤害保险
    C. 自愿意外伤害保险　　　　　　　　D. 民主意外伤害保险

14. 在团体人寿保险中，受保险合同保障的被保险人是（　　）。
    A. 团体中的在职人员　　　　　　　　B. 团体中的离休人员
    C. 团体中的退休人员　　　　　　　　D. 团体中的病退人员

15. 王某投保人身意外伤害保险一份，保险金额为50万元，保险期限为2001年1月2日至2002年1月1日，且合同规定的责任期限为180天。王某于2001年11月1日遭受意外伤害事故，于2003年3月1日因王某死亡而结束治疗。此前，王某曾于遭受伤害后的第180天作了伤残鉴定，那时的伤残程度为40%。则保险人对此事故的理赔意见是（　　）。
    A. 承担保险责任，给付保险金50万元
    B. 承担保险责任，给付保险金30万元
    C. 承担保险责任，给付保险金20万元
    D. 不承担保险责任，因王某已经死亡

16. 团体长期人寿保险是团体保险的另一重要险种，其投保对象往往是一些小型企业。团体长期人寿保险的主要作用是（　　）。
    A. 为雇员失业提供生活保障　　　　　B. 为雇员退休提供生活保障
    C. 为雇主倒闭提供生活保障　　　　　D. 为雇主退休提供生活保障

17. 在人身意外伤害保险实务中，对于被保险人在运动中受到的"意外伤害"，通常被列为（　　）。
    A. 一般可保意外伤害　　　　　　　　B. 不可保意外伤害
    C. 条件可保意外伤害　　　　　　　　D. 特约可保意外伤害

18. 个人意外伤害保险可以分成单纯意外伤害保险和附加意外伤害保险两类。这种分类的分类标准是（　　）。

A. 保险期限　　　　B. 保险金额　　　　C. 保险危险　　　　D. 险种结构

20. 以小团体作为投保人，对小团体的成员以个人方式予以承保，保险单由被保险人领取的团体健康保险被称为（　　）。
　　A. 普通团体健康保险　　　　　　B. 集团健康保险
　　C. 协会健康保险　　　　　　　　D. 综合健康保险

二、多项选择题

1. 人身意外伤害保险的派生责任包括（　　）等。
　　A. 医疗费用给付　　　　　　　　B. 丧葬费给付
　　C. 误工给付　　　　　　　　　　D. 残废给付
　　E. 遗属生活费给付

2. 按照是否可保分类，意外伤害的种类包括（　　）。
　　A. 一般可保意外伤害　　　　　　B. 强制可保意外伤害
　　C. 特约可保意外伤害　　　　　　D. 绝对可保意外伤害
　　E. 不可保意外伤害保险

3. 意外伤害险的主要保障项目包括（　　）。
　　A. 死亡给付　　　　　　　　　　B. 疾病给付
　　C. 误工补偿　　　　　　　　　　D. 残废给付
　　E. 特殊补偿

4. 在个人人身意外伤害保险中，决定其残废保险金给付的因素包括（　　）。
　　A. 保险责任　　　　　　　　　　B. 保险金额
　　C. 保险费率　　　　　　　　　　D. 残废程度
　　E. 保险期限

5. 意外伤害保险的主要保障项目包括（　　）。
　　A. 死亡给付　　　　　　　　　　B. 疾病给付
　　C. 误工补偿　　　　　　　　　　D. 残废给付
　　E. 特殊补偿

6. 在人身意外伤害保险中，保险人承担给付保险金责任的情况有（　　）。
　　A. 被保险人和受益人为不同的人，被保险人意外死亡的
　　B. 被保险人和受益人为不同的人，受益人意外死亡的
　　C. 投保人和被保险人为不同的人，投保人自杀的
　　D. 被保险人和受益人为不同的人，被保险人意外伤残的
　　E. 被保险人在投保后不满10天自杀的

三、案例分析题

被保险人：王某，男性，19岁，学生　　投保人：李某，王某母亲

投保险种：学生平安意外伤害保险与学生团体疾病住院医疗保险

保单生效日：2010年9月1日

投保/核保信息：家长自愿投保，未体检，保险公司以标准体承保

2010年12月3日，王某在学校被打伤，前往医院治疗，经对症治疗，2010年12月10日好转出院。出院后，2010年12月22日，李某持保险凭证（卡单）等材料向保险公司提

出理赔申请。经过审核，理赔人员发现被保险人多处受伤是在学校参与群殴所致，派出所出具了有当事人签字的询问笔录。保险公司依据保险合同条款规定"被保险人因打架、斗殴造成伤害而发生的医疗费用不属于保险责任"作出拒付决定。李某对拒付决定提出异议，抗辩称其为王某投保时只获得保险凭证，未获得保险合同，且保险凭证上的责任免除中没有上述条款，只有"未尽事宜详见保险合同"，故要求保险公司全额赔偿。

根据以上资料，回答下列问题：

1. 以下关于保险凭证的说法不正确的是（　　）。
   A. 鉴于团体保险的特殊性，通常是在一份团体保险合同下，给每一个参加保险的人签发一张单独的保险凭证
   B. 保险凭证又称小保单，它与保险单一样，是由保险人向被保险人开具的证明保险合同已经有效成立的文件，但它不具有与保险单同样的法律效力
   C. 在保险凭证的内容与保险单的相应内容相矛盾或者相抵触时，如果保险凭证是对保险合同的全面陈述，那么保险凭证应当优于保险单
   D. 凡是保险凭证上没有列明的，均以同类的保险单为准

2. 结合上述案例，以下分析正确的是（　　）。
   A. 保险凭证是保险合同的一部分，在投保人只获得保险凭证的情况下，只能以保险凭证作为理赔依据，因此保险公司应承担全部保险赔偿责任
   B. 尽管投保人只获得了保险凭证，未获得保险合同，但问题不是保险公司单方面原因导致的，因此保险公司只需承担部分保险赔偿责任
   C. 由于保险凭证上明确说明"未尽事宜详见保险合同"字样，因此李某对保险条款的不知情属于自身的疏忽大意，保险公司保险公司不承担保险赔偿责任
   D. 由于保险合同条款规定"被保险人因打架、斗殴造成伤害而发生的医疗费用不属于保险责任"，因此保险公司不承担保险赔偿责任

第14章 人寿与健康保险的新发展

本章重点提示

通过本章的学习,应了解变额寿险、万能寿险、变额万能寿险的基本概念、责任范围及各自特点等相关内容;熟悉人寿与健康保险的新险种。

引言

无论是人寿还是健康保险都是伴随着经济的发展和为满足不同阶层人们的需求而逐步发展起来的,目前已形成较为完整的产品种类体系。

14.1 人寿保险的新发展

随着寿险业竞争的日趋激烈,以及市场风险的加大,出现了一些新的较适应市场需求及规避风险的险种,其中主要有变额寿险、万能寿险及变额万能寿险。

14.1.1 变额寿险

变额寿险是一种保额随其保费分离账户的投资收益的变化而变化的终身寿险,最早于1976年在美国寿险市场上出现。这种产品被认为可以有效抵消通货膨胀给寿险带来的不利影响。一般认为,在股票上的长期投资可随通货膨胀的增长而增值,因此,可以预计,变额寿险的保额将随通货膨胀的升高而增长,而股票成为投资分离账户进行套期保值的手段。在变额寿险保单的管理上,保费减去费用及死亡给付分摊额后,存入一个单独的投资账户。大多数保险公司可提供的投资方式有货币市场基金、普通股票基金、债券基金,以及其他形式的基金,通常保险金额与投资收益直接相连,但无论投资收益如何,保额不能低于某限额。保单现金价值也与投资收益相关,但并无最低值承诺。在任一时点的保单现金价值取决于该时点该险种保费投资资产的市场价值。变额寿险几乎将所有投资风险和利益都转移给保单持有人。

变额寿险保单的死亡给付包括两个部分:第一部分是保单约定的最低死亡给付额,这一部分是固定的;第二部分是可变的死亡给付部分,即随投资收益变化的部分。投资收益超过保单预定利率的部分用来购买一份额外的保险。这份保单通常按纯费率购买,购买时间可以按天、按周、按月、按年进行,如果投资收益低于保单预定的利率,则会相应减少过去已增加了的保额,直至保额的最低限度。

在许多方面,变额寿险与传统的终身寿险都是相类似的。保费缴纳方式为规则的均衡保费，若没有按期续缴保费，保单就会失效。或者按某种方式进行选择，如选择减额的缴清保险，或者保额不变的展期保险。一般情况下，失效的保单可以按复效条款进行复效。

14.1.2 万能寿险

1. 万能寿险概述

万能寿险是一种缴费灵活、保额可调整、非约束性的寿险，首先于1979年在美国寿险市场上出现。当时是为了满足那些要求保费支出较低且方式灵活的寿险消费者的需求而设计的，万能寿险确实为保单持有人选择灵活的缴费方式提供了便利，但保险费的支出与其他寿险险种一样，取决于保险人是如何定价的。

万能寿险的保费缴纳方式灵活，保险金额可以根据规定进行调整。保单持有人在缴纳一定量的首期保费后，可以按照自己的意愿选择任何时候缴纳任何数量的保费，只要保单的现金价值足以支付保单的相关费用，有时甚至可以不再缴费。而且保单持有人可以在具备可保性前提下提高保额，也可以根据自己的需要降低保额。

万能寿险的经营颇具透明度。保单持有人可以了解到该保单的内部经营，也可以得到有关保单的相关因素，如保费、死亡给付、利息率、死亡率、费用率、现金价值之间相互作用的各种预期结果的说明。保单持有人每年都可以得到一份类似的年报。当然，保单经营的透明度并不意味着保单持有人能对保单价值作出精确估计，而是可以了解保险基金的支配情况。万能寿险具有透明度的一个重要因素是其保单的现金价值与纯保险保额是分别计算的，即具有非约束性。保单现金价值每年随保费缴纳情况、费用估计、死亡率及利息率的变化而变化。纯保险保额与现金价值之和就是全部的死亡给付额。

从万能寿险经营的流程上看，首先，保单持有人缴纳一笔首期保费，首期保费有一个最低限额，首期的各种费用支出首先要从保费中扣除。其次，根据被保险人的年龄、保险金额计算相应的死亡给付分摊额，以及一些附加优惠条件（如可变保费）等费用，要从保费中扣除。在进行了这些扣除后，剩余部分就是保单最初的现金价值。这部分价值通常是按新投资利率计息累积到期末，成为期末现金价值。许多万能寿险收取较高的首年退保费用以避免保单过早终止。在保单的第二个周期（通常1个月为1个周期），期初的保单现金价值为上一周期期末的现金价值额。在这一周期，保单持有人可以根据自己的情况缴纳保费，如果首期保费足以支付第二个周期的费用及死亡给付分摊额，第二周期保单持有人就可以不缴纳保费。如果前期的现金价值不足，保单就会由于保费缴纳不足而失效。本期的死亡给付分摊及费用分摊也要从上期期末现金价值余额及本期保费中扣除，剩下的部分就是第二期期初的现金价值余额。这部分余额按照新投资利率累积至本期末，成为第二周期的期末现金价值余额。这一过程不断重复，一旦现金价值不足以支付死亡给付分摊额及费用，又没有新的保费缴纳，该保单就失效了。

2. 万能寿险的特点

万能寿险具有以下特点。

1）死亡给付方式

万能寿险主要提供两种死亡给付方式。这两种方式习惯上称为A方式和B方式。A方式是一种均衡给付的方式，这与传统的给付模式类似；B方式是保额直接随保单现金价值的变化而改变的方式。

在 A 方式中，死亡给付额等于净风险保额加上个人账户的现金价值，而死亡给付额固定，净风险保额每期都进行调整，以使净风险保额与个人账户现金价值之和成为均衡的死亡（或全残）给付额。这样，如果个人账户现金价值增加了，则净风险保额就会相应等额减少。反之，若现金价值减少了，则净风险保额就会等额增加。这种方式与传统的具有现金价值的给付方式保单很类似。

在 B 方式中，规定了死亡（或全残）给付额为均衡的净风险保额与现金价值之和。死亡给付额与现金价值成正比，如果现金价值增加了，不会改变净风险保额，而死亡给付额会等额增加。在 B 方式下，净风险保额是不随时间变化的。

2) 保费缴纳

万能寿险的保单持有人可以在保险公司规定的幅度内选择任何一个数额，在任何时候缴纳保费。尽管大多数投保人缴纳的首期保费超过首期的死亡给付及费用分摊，但保险公司仍要求将这一分摊额作为首期保费的最低限。万能寿险的一个潜在的弊端是由于没有保费缴纳的严格限制，从而使保单持有人轻易退保。因此，为弥补这一缺陷，保险公司按保单签订时投保人的意愿，建立一个目标保费表，这样，保单持有人就可以提前计划其开支，利用银行自动划拨，而保险公司也可以到时通知其缴费。由于保单持有人对保单的未来状况不能很好地预测，许多保险公司引入了基于缴纳最低保费时的不失效承诺。在这一承诺下，即使保单已无现金价值，只要保单持有人缴纳了保单规定的最低保费，保单就会继续有效。

3) 保单附加费

通常有两种等价的保单费用附加方法：预先附加和事后附加。早期的万能寿险主要采用预先附加的方法，而新的万能寿险主要采用事后附加的方法，也称为退保费用。有的万能寿险保单同时采用这两种附加方法，而有的根本不进行附加。万能寿险的费用附加很少能足以支付实际发生的费用。首年的超额费用通常希望通过以后各期的费用附加、退保费用、利差益、死差益，以及这些不同的组合来弥补。事实上，没有或很少的预先附加费不意味着保单没有附加费，保险公司总会通过保单中规定的其他形式的费用来弥补这部分开支。利差益是保险公司弥补额外费用和获得利润的重要来源。

4) 死亡及其他给付费用

死亡给付成本每月从万能寿险的现金价值中扣除，每月死亡给付成本是按照保单的净风险保额计算的。每份保单中都规定了各个年龄 1 000 元保额的最大死亡给付分摊额，死亡给付分摊从不超过规定的最大额度。由于死亡率不同，大多数万能寿险死亡给付分摊额是不确定的，主要是根据被保险人是否吸烟及其性别的不同而不同。有些保险公司根据不同的保额来计算死亡成本。

5) 现金价值

万能寿险保费扣除各种分摊额后的累积价值为其现金价值。保单通常都规定一个最低的现金价值累积利率，这个利率通常为 4% 或 5%，在某些高利率时期这个利率似乎低了些，但它是一种长期承诺，仍会给保单持有人带来较高的收益。有的保险公司向保户提供一种滚动式的利率，保险单的最低利率将不低于外界某一移动平均利率（也可做某些扣除），如 5 年期国债利率。大多数万能寿险的当前利率由保险公司确定，这使得现金价值累积利率稍稍低于外部利率。非指数化的万能寿险保单的利率基于保险公司的投资利率。另外，有的保险公司使用投资组合收益率为其保单利率。

14.1.3 变额万能寿险

变额万能寿险是融合了保费缴纳灵活的万能寿险与投资变额寿险后而形成的新险种。变额万能寿险遵循万能寿险的保费缴纳方式，而且保单持有人可以根据自己的意愿将保额降至保单规定的最低水平，也可以在具备可保性时将保额提高。与万能寿险不同，变额万能寿险的资金保存在一个或几个分离账户中，这一特点与变额寿险相同。其现金价值的变化也与变额寿险现金价值的变化相同，而且，变额万能寿险也没有现金价值的最低承诺，即保单现金价值可能降至零。

通常，变额万能寿险的投资是多种投资基金的组合。保单持有人可以在一定时期将其现金价值从一个账户转至另一个账户，而不用缴纳手续费。变额万能寿险的死亡给付不同于变额寿险，而与万能寿险相同。变额万能寿险的死亡给付只存在 B 方式下，随资产份额价值的改变而变化。而在 A 方式下，死亡给付保持不变，除非保单持有人改变死亡给付额。因此，投资收益的变化只反映在保单现金价值中，而不改变保单的净风险保额。

变额万能寿险保单适合那些将寿险保单现金价值视为投资而非储蓄的人，保单持有人承担了投资风险。其可能的不利结果是，如果分离账户的投资结果不理想，保单的现金价值可能减至零，这时，如果没有另外的保费注入，保单就会失效。这一风险应该受到重视。从历史上看，寿险业的优势之一是其对投资收益的承诺，不管保单持有人是否愿意放弃这种权利，这种投资收益承诺仍存在于许多险种之中。另外，这种保单的分离账户与保险公司的一般账户的资产是分开的，如果保险公司其他业务面临财务困难时，分离账户的变额万能寿险可以增加保单持有人的安全性。

阅读资料

美国某公司变额万能人寿保险产品实例分析

1. 保费

客户可按月、半年或按年缴费，也可以在第一次缴费后改为在任意时间缴费，但每次缴费都不得低于 100 美元。

2. 保单面值

保单发出一年后，客户可要求提高或降低保单面值，但前 5 个保单年度内保单面值不得低于 10 万美元，以后也不得低于 5 万美元。

3. 保单给付

保单给付为死亡给付加上附加条款给付，减去未偿还的保单贷款、利息及其他欠缴费用。死亡给付有 3 种选择：①死亡给付一直等于保单面值；②死亡给付等于保单面值加死亡时的保单现金价值（保单现金价值等于普通账户现金价值、贷款账户现金价值与独立账户现金价值之和）；③死亡给付等于保单面值加客户累计缴纳的保费减去累计提取金额的差额。在符合保险公司的要求后，客户可在购买保单一年后调整自己的选择。为使产品符合美国税法规定的人寿保险的定义，保险公司还规定了"备选死亡给付"，当备选死亡给付大于前述的死亡给付时，就按照其金额支付。

4. 独立账户结构

独立账户下设一个基金，包括18个由公司的附属投资公司管理的投资组合和5个由外部投资公司管理的投资组合。客户最多可在其中17个投资组合中分配资产。独立账户依照纽约州的有关法律设立，该基金则依照《1940年投资公司法》注册为投资公司。

5. 保单贷款

公司规定保单贷款最低为250美元，保单贷款合计最高不得超过解约现金价值的75%。公司将按照普通账户和独立账户现金价值占全部保单现金价值的比例，从各账户中提取现金价值转入"贷款账户"。贷款账户将按贷款利率减去不超过2%的费用率计息，计息利率最低为3%。公司每年至少一次按分配保费的办法，将贷款账户收益分配到普通账户和独立账户中。如每个保单年度末31天后，客户仍未支付利息的，公司将按照发放保单贷款的方式从各账户中提取等于利息数的金额。

6. 公司收取的保单费用

（1）联邦和州政府的营业税。联邦营业税收取的费用为每笔保费的1.2%，州政府营业税收取的费用，最高为每笔保费的2.25%。

（2）销售费用。保单期限在10年以内的，最高收保费的9%；期限超过10年的，最高收3%。每年超过"目标保费"（由投保年龄和保单面值决定）的部分都免缴销售费用。

（3）行政费用。最高为每笔保费的1.05%，超过"目标保费"的部分只收0.05%。

（4）保险费费用。每月收取的金额为月初的保险金额减现金价值，乘以保险费费用率。保险费费用率由被保险人年龄、性别、保费标准等因素确定，最高不超过根据"1980CSOTABLE"计算的保费费率。保险费费用按照保单现金价值在各账户中的比例，从普通账户和独立账户中分别扣缴。

（5）死亡风险和费用风险费。这是保险公司为防止死亡率和费用率超过预定水平而收取的费用。每月按照独立账户现金价值的一定比例收取，每年最高不得超过0.9%。

（6）承保费用。当客户要求提高保单面值时，每提高1000美元收取3美元费用，为一次性收费。

（7）基金转换费。保险公司允许客户在每个保单年度免费转换6次投资组合，超过6次的每次收费25美元。

（8）投资管理费和其他直接费用。这些费用均按独立账户管理的年平均资产或年末资产净值的一定比例扣缴。1998年，前者收取标准为0.2%~0.75%，后者收取标准为0.04%~1%。

7. 基金评估日

保险公司已经能做到资产的每日评估，基金评估日为纽约股票交易所的每个交易日，以及保险公司认为投资组合的资产价值已有较大变化，应予评估的某日。

8. 购买年金收入计划

受益人在领取保险金给付时，可将一次领取保单给付总额改为购买一个终身年金收入计划，其可选择期缴或趸缴的确定期限终身年金，以及趸缴的确定给付终身年金。

资料来源：智库·百科，2009-10-16.

14.2 人寿保险与健康保险的综合险种

人的一生要面临生、老、病、死等多方面的风险,现介绍一款综合险种,它可以提供一揽子风险保障,即集住院收入保障、重大疾病给付、身故保障、理财养老于一体。

14.2.1 身故保障、理财养老保障简介(主险)

1. 可得利益

1)身故保险金

在合同有效期内,被保险人身故,可获得理赔。保险金额为以下两项数值较大者:①保单价值的105%;②基本保险金额。

2)基本保险金额

被保险人在投保时,可以在给定的范围内,选定其需要的基本保险金额,为了满足被保险人不同人生阶段的保障需求,在符合保险公司规定的情况下,还可以申请增加或减少基本保险金额。

3)现金价值

现金价值等于保单价值。账户中的现金价值享受公司分红,每月复利计息。

4)部分领取

若被保险人急需一笔资金,可以向保险公司申请部分领取现金价值以解燃眉之急,而不需承担任何利息,并且只需保单价值足以支付保障成本,被保险人就可以继续享有保险保障,部分领取随时进行,满足被保险人在人生旅程中的多种需求。

5)犹豫期退保

如果投保人在签收合同后10日内,要求解除合同,保险公司将退还投保人缴纳的全部保险费。

6)解约

保险合同签收10日后,如果投保人希望解除合同,可以一次领取其的现金价值。

2. 基本保险金额的变更

下列情形会引起基本保险金额变更。

1)缴纳追加保险费

在保险公司收到被保险人的追加保险费后,基本保险金额按追加保险费等额增加。

2)部分领取现金价值

在保险公司收到被保险人的部分领取申请书后,基本保险金额按领取的现金价值等额减少。如果减少后的基本保险金额低于规定的最低金额,保险公司有权将它调整为该金额。

3)申请变更基本保险金额

本主险合同有效期内,经保险公司同意,被保险人可以变更基本保险金额。

(1)申请增加基本保险金额。被保险人可以向保险公司申请增加基本保险金额,但每个保单年度最多只能申请1次。在申请增加基本保险金额时,必须同时满足以下条件:

① 本主险合同生效满1年;

② 在被保险人 65 周岁的保单周年日之前申请；
③ 以前各期和当期应缴期缴保险费均已缴纳。

在申请增加基本保险金额时，投保人必须按照保险公司的规定提供被保险人的健康声明书、指定医疗机构出具的体检报告书及其他相关证明文件。

经保险公司审核同意后，增加的基本保险金额从下一个结算日的零时起生效。

(2) 申请减少基本保险金额。在本主险合同生效 1 年后，投保人可随时向保险公司申请减少基本保险金额，但每个保单年度最多只能申请 1 次。

经保险公司同意后，减少的基本保险金额从下一个结算日的零时起效力终止。

3. 缴纳保险费

1) 保险费的缴纳

本主险合同的保险费分为期缴保险费和追加保险费。

2) 期缴保险费

被保险人在投保时，可以和保险公司约定每一保单年度缴纳的期缴保险费的金额，并在保险单上载明。约定的金额不得低于 2 000 元，且须符合保险公司当时的投保规定。

投保人应当按照本主险合同约定向保险公司缴纳期缴保险费。投保人在缴纳首期期缴保险费后，应当按约定的缴费日期缴纳其余各期的期缴保险费。

期缴保险费的缴费期间自本主险合同生效日起至被保险人身故时止。

3) 追加保险费

如果下列条件均符合，投保人可以随时缴纳追加保险费。

(1) 约定每一保单年度缴纳的期缴保险费不低于 5 000 元。

(2) 以前各期和当期应缴期缴保险费均已缴纳。

(3) 每次缴纳的追加保险费不低于 1 000 元，并且为 100 元的整倍数。

保险公司有权改变缴纳追加保险费的条件。

4) 期缴保险费缓缴

缴纳首期期缴保险费后，如果保单价值足以支付保障成本，可选择暂缓缴纳期缴保险费，保险公司按约定收取保障成本，本主险合同继续有效。

如果投保人暂缓缴纳期缴保险费，则以后每次缴纳期缴保险费时，须按顺序依次缴纳以前各期缓缴的期缴保险费，最后缴纳当期应缴期缴保险费。所缴的期缴保险费分别归属到相应的保单年度。

5) 初始费用收取

投保人每次缴纳保险费时，保险公司收取保险费的一定比例作为初始费用，扣除初始费用后的保险费按照本条款保单价值的规定计入保单价值。

6) 期缴保险费的初始费用

初始费用占期缴保险费的比例如表 14-1 所示。

表 14-1　初始费用占期缴保险费的比例

每期期缴保险费	归属的保单年度					
	第1保单年度	第2保单年度	第3保单年度	第4至第5保单年度	第6至第10保单年度	第11及以后各保单年度
0～5 000元的部分（年缴方式） 0～2 500元的部分（半年缴方式） 0～1 250元的部分（季缴方式） 0～416元的部分（月缴方式）	60%	40%	15%	10%	3.5%	3.5%
超出5 000元的部分（年缴方式） 超出2 500元的部分（半年缴方式） 超出1 250元的部分（季缴方式） 超出416元的部分（月缴方式）	10%	10%	10%	8%	3.5%	2%

7) 追加保险费的初始费用

第1至第5保单年度，初始费用占追加保险费的比例不超过10%；第6保单年度起，初始费用占追加保险费的比例不超过5%。具体比例按照保险公司当时的规定确定。

8) 持续缴费特别奖励

自第4保单年度起，在投保人缴纳期缴保险费后，如果下列条件均符合，保险公司将发放持续缴费特别奖励，并按条款的规定计入保单价值。

(1) 本主险合同生效日起3年内的每一期应缴期缴保险费，均在其约定的缴费日期或其后的60日内缴纳；

(2) 以前各期期缴保险费已缴纳，并且当期应缴期缴保险费在约定的缴费日期或其后的60日内缴纳。

持续缴费特别奖励等于当期应缴期缴保险费的2%，追加保险费和补缴的以前各期期缴保险费均不享有持续缴费特别奖励。

4. 保单结算

1) 单独账户

为履行万能保险产品的保险责任，保险公司根据保险监管机关的有关规定，为万能保险产品设立单独账户，单独账户中的资产为保险公司所有，账户资产的投资组合及运作方式由保险公司决定。

2) 结算利率

每月第1日为结算日。保险公司每月根据保险监管机关的有关规定，结合万能保险单独账户的实际投资状况，确定上个月的结算利率，并在结算日起6个工作日内公布。结算利率为日利率，保证不低于零。

3) 保单价值

本主险合同有效期内，保单价值按以下方法计算。

(1) 投保时，投保人缴纳保险费后，保单价值等于扣除初始费用后的保险费；在此之后缴纳保险费，保单价值按扣除初始费用后的保险费等额增加。如果享有持续缴费特别奖励，保单价值同时按照持续缴费特别奖励等额增加。

(2) 保险公司每月结算保单利息后,保单价值按结算的保单利息等额增加。
(3) 保险公司结算保证利息后,保单价值按结算的保证利息等额增加。
(4) 保险公司每月收取保障成本后,保单价值按收取的保障成本等额减少。
(5) 如果被保险人部分领取现金价值,在保险公司收到被保险人的部分领取申请书后,保单价值按领取的现金价值等额减少。

4) 保单利息

保单利息在每月结算日零时或本主险合同终止时结算。保险公司按本主险合同每日24时的保单价值与日利率计算当日保单利息,并按计息天数加总得出结算时保单利息。

在结算日零时结算,计息天数为本主险合同上个月的实际经过天数,日利率为公布的结算利率。

在本主险合同终止时结算,计息天数为本主险合同当月的实际经过天数,日利率为本主险合同规定的保证利率对应的日利率。

5) 保证利息

自第2保单年度起,保证利息在每个保单年度的第1个结算日零时结算。如果本主险合同终止,保证利息在本主险合同终止时结算。

在保证利息结算时,如果保证保单价值大于实际保单价值,保证利息等于两者之差,否则保证利息等于零。

6) 保证保单价值的计算方法

第1次结算保证利息时,保险公司假设合同生效后结算利率均等于本主险合同规定的保证利率对应的日利率,在这种情况下计算得到的保单价值就是当时的保证保单价值。

以后结算保证利息时,保险公司从上一次结算保证利息后的实际保单价值开始,假设结算利率均等于本主险合同规定的保证利率(年利率1.75%)对应的日利率,在这种情况下计算得到的保单价值就是当时的保证保单价值。

7) 保障成本

保险公司对本主险合同承担的保险责任收取相应的保障成本。每日的保障成本为年保障成本的1/365。年保障成本根据被保险人的年龄、性别、危险保额及风险程度决定。每千元危险保额应收取的年保障成本,举例如表14-2所示。如果根据被保险人的风险程度需要增加年保障成本的,将会在保险单上批注。

表14-2 《平安智富人生终身寿险(万能型,A,2004)》年保障成本表

(每千元危险保额) 人民币元

保单年度初年龄	男性	女性	保单年度初年龄	男性	女性
0	3.04	2.77	7	0.59	0.38
1	2.16	1.86	8	0.52	0.31
2	1.61	1.31	9	0.47	0.27
3	1.25	0.97	10	0.44	0.25
4	1.00	0.73	11	0.43	0.24
5	0.82	0.57	12	0.46	0.25
6	0.69	0.46	13	0.52	0.27

续表

保单年度初年龄	男性	女性	保单年度初年龄	男性	女性
14	0.60	0.30	50	5.26	3.28
15	0.71	0.34	51	5.78	3.63
16	0.81	0.38	52	6.36	4.01
17	0.91	0.42	53	6.99	4.44
18	0.98	0.45	54	7.69	4.92
19	1.03	0.48	55	8.45	5.44
20	1.05	0.50	56	9.29	6.02
21	1.05	0.51	57	10.21	6.66
22	1.03	0.52	58	11.22	7.37
23	1.00	0.52	59	12.33	8.15
24	0.97	0.52	60	13.55	9.02
25	0.94	0.52	61	14.89	9.98
26	0.92	0.52	62	16.36	11.04
27	0.92	0.52	63	17.97	12.21
28	0.92	0.53	64	19.74	13.50
29	0.93	0.55	65	21.68	14.93
30	0.96	0.57	66	23.80	16.50
31	1.01	0.59	67	26.13	18.24
32	1.06	0.63	68	28.67	20.16
33	1.14	0.67	69	31.46	22.28
34	1.22	0.71	70	34.50	24.61
35	1.32	0.77	71	37.83	27.18
36	1.44	0.84	72	41.47	30.01
37	1.56	0.91	73	45.45	33.12
38	1.71	1.00	74	49.78	36.55
39	1.87	1.10	75	54.50	40.31
40	2.05	1.21	76	59.64	44.45
41	2.25	1.33	77	65.24	48.98
42	2.47	1.47	78	71.32	53.96
43	2.71	1.62	79	77.92	59.41
44	2.98	1.79	80	85.07	65.36
45	3.28	1.98	81	92.81	71.88
46	3.60	2.19	82	101.18	78.98
47	3.96	2.42	83	110.22	86.72
48	4.35	2.68	84	119.95	95.15
49	4.78	2.96	85	130.42	104.29

续表

保单年度初年龄	男性	女性	保单年度初年龄	男性	女性
86	141.65	114.21	96	300.39	263.29
87	153.68	124.93	97	320.86	283.53
88	166.54	136.51	98	342.11	304.70
89	180.23	148.98	99	363.86	326.69
90	194.80	162.37	100	386.35	349.51
91	210.23	176.72	101	409.17	373.09
92	226.55	192.05	102	432.30	397.18
93	243.74	208.36	103	455.90	421.74
94	261.79	225.67	104	479.45	446.69
95	280.72	244.00	105 及以上	1 000	1 000

注：保单年度初年龄指保单年度第一天被保险人当时的年龄。

在每月结算日零时，保险公司按照该月的实际天数收取保障成本。如果有欠缴的保障成本，保险公司也同时收取。

注：危险保额是：指结算日零时的保险金额减去保单价值后的数值。

13.2.2　重大疾病保障简介（附加险）

1. 保险责任

在本附加险合同有效期内，保险公司承担以下保险责任。

1) 等待期

从本附加险合同生效（或最后复效）之日起90天内，被保险人因疾病发生下列情形之一的：①"重大疾病"；②因导致"重大疾病"的相关疾病就诊，保险公司不承担保险责任，本附加险合同终止，保险公司将已收取的本附加险合同终止日之后的保障成本退还至主险合同保单价值，主险合同保单价值按退还的金额等额增加。这90天的时间称为等待期；被保险人因意外伤害发生上述两项情形之一的，无等待期。

如果在等待期后发生保险事故，保险公司按照下列方式给付保险金。

2) 重大疾病保险金

被保险人经医院诊断初次发生"重大疾病"，保险公司按照收到重大疾病保险金给付申请书当时的保险金额给付"重大疾病保险金"。

如被保险人在年满3周岁前初次发生"重大疾病"，上述"重大疾病保险金"将乘以下表所对应的比例给付：

被保险人初次发生"重大疾病"的年龄给付比例

0~1周岁　　　　　　　　　25%
1~2周岁（含1周岁）　　　50%
2~3周岁（含2周岁）　　　75%

保险公司给付"重大疾病保险金"后，本附加险合同终止，主险合同基本保险金额、主险合同保单价值均按给付的重大疾病保险金与主险合同保险金额的比例相应减少，如果主险合同基本保险金额减少至零,主险合同终止。

3) 重大疾病种类

重大疾病种类:急性心肌梗死、恶性肿瘤、慢性肾衰竭(尿毒症期)、重要器官移植手术、瘫痪、脑中风、多发性硬化、严重烧伤、暴发性肝炎、冠状动脉搭桥手术、主动脉手术、失明、失聪、失语、肢体缺失、深度昏迷、再生障碍性贫血、乙脑、原发性肺动脉高血压症、帕金森病、良性脑肿瘤……急性坏死性胰腺炎。

2. 领取保险金

1) 受益人

除另有约定外,重大疾病保险金的受益人为被保险人本人。

2) 保险金申请

在申请保险金时,请按照下列方式办理。

重大疾病保险金申请由重大疾病保险金受益人填写保险金给付申请书,并须提供下列证明和资料:

① 保险合同;

② 受益人户籍证明或身份证明;

③ 医院出具的附有病理显微镜检查、血液检验及其他科学方法检验报告的疾病诊断证明书;

④ 受益人所能提供的与确认保险事故的性质、原因等有关的其他证明和资料。

3) 保险金的给付

保险公司在收到受益人的保险金给付申请书及上述有关证明和资料后,对确定属于保险责任的,在与受益人达成有关给付保险金数额的协议后10天内,履行给付保险金责任。对不属于保险责任的,向受益人发出拒绝给付保险金通知书。

保险公司在收到受益人的保险金给付申请书及上述有关证明和资料之日起60天内,对属于保险责任而给付保险金的数额不能确定的,根据已有证明和资料,按可以确定的最低数额先予以支付,待最终确定给付保险金的数额后,给付相应的差额。

4) 保险金申请时效

受益人对保险公司申请给付保险金的权利,自其知道保险事故发生之日起2年不行使而消灭。

3. 保障成本的收取

1) 保障成本的收取

保险公司对本附加险合同承担的保险责任收取相应的保障成本,本附加险合同的保障成本必须随主险合同的保障成本一起收取。每日的保障成本为年保障成本的1/365。本附加险合同年保障成本根据被保险人的年龄、性别、风险程度及危险保额决定。每千元危险保额的年保障成本,举例如表14-3所示。如果根据被保险人的风险程度需要增加年保障成本的,将会在保险单上批注。

表 14-3　《平安附加智富人生提前给付重大疾病保险（A）》年保障成本表

（每千元危险保额）　　　　　　　　　　　　　　　　　　人民币元

保单年度初年龄	男性	女性	保单年度初年龄	男性	女性
0	1.68	1.59	35	2.24	2.38
1	0.90	0.95	36	2.38	2.57
2	0.86	0.92	37	2.59	2.81
3	0.84	0.89	38	2.81	3.06
4	0.81	0.87	39	3.02	3.29
5	0.80	0.84	40	3.30	3.56
6	0.77	0.83	41	3.60	3.87
7	0.75	0.81	42	3.97	4.17
8	0.74	0.81	43	4.40	4.53
9	0.74	0.80	44	4.88	4.93
10	0.74	0.80	45	5.42	5.35
11	0.74	0.81	46	6.03	5.79
12	0.75	0.81	47	6.69	6.23
13	0.78	0.83	48	7.50	6.78
14	0.80	0.86	49	8.32	7.30
15	0.83	0.87	50	9.31	7.91
16	0.86	0.90	51	10.26	8.43
17	0.90	0.93	52	11.39	9.04
18	0.95	0.96	53	12.45	9.58
19	1.00	1.01	54	13.81	10.27
20	1.05	1.04	55	15.10	10.89
21	1.09	1.07	56	16.65	11.63
22	1.13	1.10	57	18.06	12.26
23	1.19	1.13	58	19.80	13.15
24	1.25	1.17	59	21.99	14.48
25	1.31	1.22	60	24.37	15.95
26	1.38	1.26	61	26.65	17.28
27	1.45	1.32	62	28.19	18.02
28	1.52	1.40	63	29.40	18.46
29	1.59	1.51	64	31.02	19.07
30	1.69	1.63	65	32.16	19.48
31	1.78	1.75	66	33.77	20.09
32	1.87	1.90	67	35.35	20.70
33	1.98	2.05	68	37.36	21.77
34	2.12	2.23	69	39.96	23.48

续表

保单年度初年龄	男性	女性	保单年度初年龄	男性	女性
70	42.71	25.41	85	65.02	44.46
71	45.21	27.11	86	65.02	44.67
72	47.04	28.18	87	65.02	44.86
73	48.40	28.82	88	65.70	45.62
74	49.73	29.53	89	66.37	46.40
75	50.96	30.25	90	68.49	47.18
76	52.19	30.98	91	70.74	47.98
77	53.31	31.65	92	73.15	48.80
78	54.20	32.87	93	75.72	49.66
79	57.30	35.79	94	78.40	50.54
80	60.70	39.13	95	81.21	51.46
81	63.47	41.96	96	84.15	52.42
82	64.76	43.40	97	87.22	53.42
83	64.92	43.81	98	90.43	54.46
84	65.01	44.17	99及以上	93.76	55.54

在每月结算日零时，保险公司按照该月的实际天数收取本附加险的保障成本。如果有欠缴的保障成本，保险公司也同时收取。保险公司每月收取保障成本后，主险合同的保单价值按收取的保障成本等额减少。

2）保障成本调整

保险公司保留提高或降低每千元危险保额年保障成本的权利。

保险公司将根据本附加险合同制定每千元危险保额年保障成本所用的重大疾病发生率与实际情况的偏差程度，决定年保障成本是否调整，并向保险监管机关备案。本附加险合同年保障成本的调整针对所有被保险人或同一投保年龄的所有被保险人。

保险公司进行年保障成本的调整后，每月收取的保障成本将按调整后的年保障成本计算，年保障成本调整前保险公司已经收取的保障成本不受影响。

14.2.3 住院收入保障（附加险）

1. 保险期间和续保

本附加险合同的保险期间为1年。投保人可于保险期间届满时，按续保时年龄对应的费率向保险公司缴纳续期保险费，则本附加险合同将延续有效1年。

投保人连续投保（包括续保）每满5年，保险公司会审核被保险人是否符合续保条件。

如果保险公司审核同意，在此后5年的期间内，投保人按时向保险公司缴纳续期保险费，则本附加险合同将延续有效；审核后如果保险公司不接受续保，将会以书面形式通知投保人。

若于每一保险期间届满时发生下列情形之一的，保险公司也将不再接受续保：

(1) 被保险人续保时的年龄超过本附加险合同约定的最高续保年龄;
(2) 主险合同缴费期满。

2. 提供的保障

1) 保险金额

本附加险合同的日额保险金为每份每天人民币 10 元。投保份数由投保人和保险公司约定并于保险单上载明。投保份数一经确定,在该保单年度内将不能变更。

2) 保险责任

在本附加险合同有效期内,保险公司承担以下保险责任。

3) 等待期

投保人首次投保或非连续投保本保险时,被保险人在本附加险合同生效之日起 30 天内发生疾病,由此而导致的住院治疗,保险公司不承担给付"住院日额保险金"的责任。这 30 天的时间称为疾病住院等待期。

投保人首次投保或非连续投保本保险时,被保险人在本附加险合同生效之日起 90 天内因疾病发生下列情形之一而导致住院治疗的:①"重大疾病";②因导致"重大疾病"的相关疾病就诊,保险公司不承担给付"重大疾病住院日额保险金"的责任。这 90 天的时间称为重大疾病住院等待期。

续保或因意外伤害住院治疗无等待期。

如果在等待期后发生保险事故,保险公司按照下列方式给付保险金。

4) 住院日额保险金

被保险人因疾病经医院诊断必须住院治疗,保险公司从被保险人每次住院的第 4 天开始按日额保险金给付"住院日额保险金"。

$$每次疾病住院日额保险金给付天数 = 实际住院天数 - 3 天$$

被保险人因意外伤害经医院诊断必须住院治疗,保险公司从被保险人每次住院的第 1 天开始按日额保险金给付"住院日额保险金"。

$$每次意外伤害住院日额保险金给付天数 = 实际住院天数$$

在每一保单年度内,"住院日额保险金"给付天数最多可达 180 天。

5) 重大疾病住院日额保险金

被保险人因疾病或意外伤害,经医院诊断初次发生"重大疾病"且必须住院治疗,保险公司按日额保险金给付"重大疾病住院日额保险金"。

$$每次重大疾病住院日额保险金给付天数 = 因重大疾病实际住院天数$$

在每一保单年度内,"重大疾病住院日额保险金"给付天数最多可达 90 天。

6) 责任的延续

对等待期后本附加险合同到期日前发生的且延续至本附加险合同到期日后 30 天内的住院治疗,保险公司仍然承担给付保险金的责任。

3. 保险金的给付

保险公司在收到受益人的保险金给付申请书及上述有关证明和资料后,对确定属于保险责任的,在与受益人达成有关给付保险金数额的协议后 10 天内,履行给付保险金责任;对不属于保险责任的,向受益人发出拒绝给付保险金通知书。

4. 保险费的缴纳

本附加险合同的费率按照被保险人年龄和投保份数确定，如表 14-4 所示。保险公司若调整费率，投保人应当按照续保当时的费率缴纳续期保险费。

表 14-4 附加住院收入保障保险费率表（每份）

投保年龄	保险费/元	投保年龄	保险费/元
0~2	54	30~39	26
3~4	39	40~49	38
5~9	20	50~54	53
10~19	10	55~59	68
20~29	17	60~64	109

注：①月缴保费＝0.1×年缴保费，季缴保费＝0.3×年缴保费，半年缴保费＝0.6×年缴保费；②51~64 周岁的费率仅适用于续保。

本附加险合同的保险费必须随主险合同保险费一同支付，不能单独缴纳。

阅读资料

保险规划

1. 基本情况

小佳，27 岁，2006 年硕士毕业后供职于北京某外资私企，已晋升为公司初级管理人员。她目前年收入 5 万多元，加薪潜力较大。小佳希望趁年轻多学点知识，近几年有出国留学的打算。

小佳和男友计划年内结婚。扣除租房（2 300 元）、日常花销、培训费等，两人每月结余 3 000 元。父母为小佳准备了一定金额的购房首付款，因买房事宜尚未决定，这笔资金被她投资于银行打新股理财产品。除此之外，她和男友共有 2 万元存款。无任何负债。小佳的户口在外地，但单位在北京为她提供了四险一金。除此之外，她没有购买任何商业保险。

2. 保险需求分析

小佳的保险需求如下。

（1）希望购买的保险主要针对个人健康保障的重大疾病保险、女性健康保险，以及在发生医保外的医疗费用时可以报销的保险，并倾向于能保障到终身。

（2）不要求保险产品具有理财功能。

（3）缴费方式为期缴（能按月缴费最好）。可承受的缴费额在 2 000 元/年左右。小佳的家庭结构和经济状况，以及自述的保险需求，是很多先安家后立业的小夫妻的代表，非常具有普遍性。小佳在事业和家庭方面都处于起步阶段，需要尽快积累资金。在保障上，虽然单位有基本的医疗保障，但如果发生严重的意外和患上重大疾病，尤其是女性的重大疾病，会出现高额的医疗支出，并对后续的收入产生极大影响。小佳目前的抗风险能力非常弱，为了确保未来能过上高品质生活，小佳需要为自己构筑合适又实惠的商业保险防线。

从小佳自述的保险需求可以看出，她对商业保险的认识比较正确，利用商业保险弥补社保的不足，对社保不保的部分、自费的部分和重大疾病（包含女性重大疾病）可能带来的财务空缺起到有效补充。

但在保障范围、期限、保险产品形态方面，结合小佳自身所处的状态及保费承受能力，她的需求还存在一些偏差，需要进行一些调整。小佳希望能一步到位，为自己选择终身型保险产品，此需求值得商榷。一方面，从目前保险产品的费用来看，终身型的保险产品，因都带有身故给付功能（变相的返还），保费较高，会超过小佳的预算；另一方面，出国留学等很多不确定的因素也不适合投保期限过长的产品。因此，在保障期上建议小佳先着重于发病率最高阶段的保障，锁定消费型险种，在自己的经济状况稳定增长、在国内定居后再补充保障至终身的产品。作为80后，小佳同男友在强制储蓄方面可能与同龄人一样缺乏坚定的信念，因此，选择一款期缴投连险产品，既有寿险功能，又可以较低价格获得重大疾病保障，同时还兼顾了投资储蓄。而且选择月缴方式，每月几百元，对小佳来说可以承受。

提示：户口问题不影响投保特殊处理，位置可以灵活选择。在北京等大城市有很多和小佳一样的年轻人，户口和工作地不在一起。但不必担心，户口所在地并不会影响在工作所在地投保。对于需要通过确诊理赔的情况（重大疾病、身故、残疾比例鉴定）是不受地域限制的，理赔时提供医院的确诊证明和其他材料（如身份证明、保单原件等）就行；需要住院治疗的时候，在工作所在地（投保地）就医，只要提供保险公司要求的费用收据等即可。另外，急诊也不受地域影响，只要及时与保险公司取得联系协商处理，一般是不影响理赔的。

3. 保险规划

小佳目前处于起步期，这个年龄段的年轻人的保障方案需要突出3个特点：范围广、费用低、保障高。

1) 保障尽量完善

除了重大疾病保险、针对癌症的保险产品外，小佳需要购买一份费率低、保障高的意外险（含意外医疗费用报销功能）。父母步入退休阶段，作为子女者应承担起赡养义务、反哺父母，而且组建了家庭之后，也应担负起家庭责任，因此，一份寿险产品也是不可少的。

2) 主打消费型产品

小佳希望突出女性保险产品，但由于针对女性的重大疾病保险产品都属于返还型，价格不菲，而对于女性常见的大病尤其以各类妇科癌症最为常见，所以专项防癌险种结合普通重大疾病险种为最佳组合。该组合均锁定为定期消费型险种。需要说明的是，选择月缴费400元的投连险附加重大疾病保险，保费为自然费率，以小佳现在的年龄来看非常便宜，两项保障加起来每月仅需缴纳25.4元。之后，随着小佳收入的提高，保费的增加也在承受范围之内。

3) 保额适度

从目前北京市重大疾病医疗费用，以及小佳现有社保报销情况（报销上限为19万元）看，小佳的重大疾病保额选择20万元比较合适。针对女性患癌症的风险较高的情况，在此基础上可以补充专项防癌险，获得在手术、放化疗、疗养费用等方面的报销和补贴。再加上10万元保额的住院及手术津贴保险，作为社保的补充，可以弥补在发生普通疾病住院治疗时，社保不保和自费部分的费用。

小佳的保险方案如表14-5所示。

表 14-5 小佳的保险方案

保障项目	保额/元	保障期	缴费期	年缴保费/元	保险利益说明
定期重大疾病险	10万	30年	30年	590	31种重大疾病保障
住院及手术津贴	最高10万	1年（保证续保）	1年	247	住院津贴、重症监护津贴、手术津贴、额外保障保险金，免赔3天
专项防癌险	最高22.65万	至65岁	同保障期	419	首次罹患癌症、癌症疗养、骨髓移植保险金，癌症住院津贴、癌症手术费、癌症门诊放化疗费用报销、身故保险金
投连险/附加重大疾病险	寿险20万 重大疾病10万	主险终身/附加险同保障期	月缴，同保障期	4 800元（其中保障成本为：寿险8.8元/月、重疾险16.6元/月）	主险为投连险，附加险为自然费率，随年龄增长和风险的变化调整
意外伤害与意外医疗卡单	10万	1年	1年	100元	意外身故10万元，意外残疾20万元，意外医疗1万元/年（100元免赔额），意外住院津贴60元/天（最长180元）
年缴保费合计				6 156元	

年缴合计保费超出了小佳的预算，是因为方案中月缴400元的投连产品。虽然可以全部选择定期消费型产品，将年缴保费控制在2 000元以内。但采用本保险方案有以下理由。

(1) 本产品前期可以用很少的保费，获得较高的保障，且非常灵活。

(2) 中国人现在的理财观念非常淡薄，尤其是年轻人，很多都是"月光族"，通过这种产品进行一个强制储蓄，做一个长期投资，未来可以获得可观的投资收益，轻松地进行子女教育金或养老金规划。这笔每月400元的投连产品，并非是单纯传统意义上的保险费用支出，还是一个很好的理财工具，如果去掉这笔钱，客户的实际支出仅1 356元/年。

资料来源：武汉平安保险，http://www.whpa18.cn/show.php?contentid-1072.html，2009-06-04.

本章自测题

一、单项选择题

1. 当万能寿险的被保险人遭受保险事故死亡时，保险人支付的全部死亡给付额是（　　）。

　　A. 现金价值与纯保险金额之和　　B. 现金价值与纯保险金额之差

　　C. 现金价值和纯保险金额两者中较大的　　D. 现金价值和纯保险金额两者中较小的

2. 在万能寿险中，其保险单的现金价值与纯保险金额是分别计算的。这种做法所体现的万能寿险的特征之一是（　　）。

　　A. 具有被约束性　　B. 具有强约束性　　C. 具有弱约束性　　D. 具有非约束性

3. 在万能寿险的经营过程中，保险人定期给保单持有人寄去类似年报一样的报告。通常,这种报告的寄送周期为( )。

　　A. 一月　　　　B. 一季　　　　C. 半年　　　　D. 一年

4. 在万能寿险中,保单持有人要求提高保险金额的前提条件是( )。

　　A. 保单持有人具备可信性　　　　B. 保单持有人具备可靠性
　　C. 保单持有人具备可知性　　　　D. 保单持有人具备可保性

5. 与传统人寿保险相比,万能寿险在经营管理方面所具有的特征是( )。

　　A. 封闭性　　　B. 透明性　　　C. 可靠性　　　D. 单一性

6. 万能寿险是最早出现于美国寿险市场上。这出现的大概时间是( )。

　　A. 20世纪30年代　　　　B. 20世纪50年代
　　C. 20世纪70年代　　　　D. 20世纪90年代

7. 从变额寿险的运行原理来看,一国开发变额人寿保险应该具备的最基本条件是( )。

　　A. 健全的资本市场　　　　B. 初步的货币市场
　　C. 安全的存款制度　　　　D. 开放的汇率制度

8. 在万能寿险中,保单持有人在缴纳了一定量的首期保险费后,可以按照自己的意愿选择任何时候缴纳任何数量的保险费。那么,保单持有人享有这种权利的前提条件是( )。

　　A. 保单的现金价值足以支付保单的相关费用
　　B. 保单的现金价值足以支付保单的相关给付
　　C. 保险人的保险基金足以支付保单相关费用
　　D. 保险人的保险基金足以支付保单相关给付

9. 在我国,新开发的人寿保险条款( )。

　　A. 由保险行业制定,报保险监管部门备案
　　B. 由保险公司自行制定,报保险监管部门备案
　　C. 由保险公司制定,报保险监管部门审批
　　D. 由保险经纪公司制定,报保险监管部门备案

10. 按照中国保监会《个人万能保险精算规定》,在万能保险合同有效期内,其风险保额应该( )。

　　A. 大于零　　　B. 等于零　　　C. 大于现金价值　　　D. 等于现金价值

11. 在订有自动垫缴保险费条款的长期人寿保险合同中,经过两次自动垫缴保费之后,其保单现金价值的变化是( )。

　　A. 保单现金价值比垫缴之前增加了　　　　B. 保单现金价值比垫缴之前减少了
　　C. 保单现金价值与垫缴之前一样多　　　　D. 保单现金价值与垫缴前无可比性

12. 从保险公司财务管理的角度看,保险基金的主要存在形式是( )。

　　A. 保险费　　　B. 资本金　　　C. 准备金　　　D. 保证金

13. 在市场经济条件下,保险职能在具体实践中所表现出的效果被称为( )。

　　A. 保险的效益　　B. 保险的本质　　C. 保险的功能　　D. 保险的作用

14. 在国外,判定投保人对他人的生命或身体是否具有保险利益,有不同的理论主张。若主张债权人对债务人具有保险利益,则属于( )。

A. 利害关系论　　B. 告知关系论　　C. 债权关系论　　D. 同意或承认论

15. 在保险活动中，被保险人违反保证义务，但保证的事实是非重要的事实，则保险人的正确处理方式是（　　）。

　　A. 全部承担赔偿或给付保险金的责任
　　B. 部分承担赔偿或给付保险金的责任
　　C. 不承担赔偿或给付保险金的责任
　　D. 不承担赔偿或给付保险金的责任，但可退还保险费

16. 保险人在收到被保险人或受益人的赔偿或者给付保险金的请求后，对属于保险责任的，在与被保险人或受益人达成有关赔偿或者给付保险金的协议后（　　）内，履行赔偿或给付义务。

　　A. 10 日　　B. 15 日　　C. 30 日　　D. 60 日

17. 保险人对其赔偿或者给付保险金的数额不能确定的，保险人自收到赔偿或给付请求和有关证明、资料之日起（　　）内，确定最低数额先予支付。

　　A. 10 日　　B. 15 日　　C. 30 日　　D. 60 日

18. 人寿保险中，被保险人或受益人对保险人请求给付保险金的权利，自其知道保险事故发生之日起（　　）不行使而自动消灭。

　　A. 1 年　　B. 2 年　　C. 3 年　　D. 5 年

19. 非人寿保险中，被保险人或受益人对保险人请求给付保险金的权利，自其知道保险事故发生之日起（　　）不行使而自动消灭。

　　A. 1 年　　B. 2 年　　C. 3 年　　D. 5 年

20. 投保人为订立保险合同而向保险人提出的书面邀约是（　　）。

　　A. 保险单　　B. 暂保单　　C. 投保单　　D. 保险凭证

二、多项选择题

1. 万能保险的保单附加费的附加方法包括（　　）。
　　A. 期首附加　　　　　　B. 期末附加
　　C. 预先附加　　　　　　D. 事后附加
　　E. 任意附加

2. 在万能寿险中，影响保单现金价值积累情况的主要因素包括（　　）等。
　　A. 保费缴纳情况　　　　B. 费用估计结果
　　C. 死亡率的变化　　　　D. 利息率的变化
　　E. 净风险的变化

3. 保险人的主要合同义务包括（　　）。
　　A. 赔偿或给付保险金　　B. 支付管理费用
　　C. 通知义务　　　　　　D. 保密义务
　　E. 对保险条款的说明义务

4. 保险人替投保人安排保险计划时确定的内容包括（　　）等。
　　A. 保险标的情况　　　　B. 保险金额的多寡
　　C. 保险费率的高低　　　D. 保险期限的长短
　　E. 保险责任的范围

三、判断题

1. 根据我国《保险法》的规定，保险公司未按照《保险法》规定提取或者结转各项准备金，由保险监督管理机构责令该保险公司依法提取或者结转各项准备金。（　）

2. 根据我国《保险法》的规定，保险公司提存的保险保障基金管理使用的具体办法由财政部制定。（　）

3. 根据我国《保险法》的规定，投保人、被保险人或者受益人故意造成被保险人死亡、伤残或者疾病等人身保险事故，骗取保险金，进行保险欺诈活动，构成犯罪的，依法追究合同责任。（　）

4. 根据我国《保险法》的规定，设立保险公司，其注册资本的最低限额为人民币一亿元。（　）

附录 A 部分习题参考答案

第 1 章 人身保险概述

一、单项选择题
1. C 2. C 3. C 4. D 5. B 6. A 7. C 8. C 9. A 10. B 11. A 12. D 13. D
14. A 15. C 16. D 17. B 18. C 19. B 20. D

二、多项选择题
1. ABCD 2. ABCD 3. ABD 4. BCD 5. CE

三、判断题
1. √ 2. √ 3. × 4. √

第 2 章 保险的基本原则

一、单项选择题
1. D 2. A 3. C 4. A 5. C 6. A 7. A 8. B 9. C 10. D 11. C 12. A 13. C
14. B 15. A 16. B 17. B 18. D 19. A 20. A

二、多项选择题
1. ABCD 2. ABD 3. ABCD 4. ABCD 5. ABCD 6. BCD 7. CD 8. AC 9. CD
10. ABCD 11. ABCD 12. ABCD 13. AD 14. ABD 15. ABD 16. ABCD 17. ABC
18. ABC 19. ACD 20. AC 21. BCD 22. ABCD 23. CD 24. ABCD 25. AB 26. AD
27. ABCD 28. ABCD 29. ABD 30. ABCD

三、案例分析题
1. C 2. D 3. A

第 3 章 人身保险合同

一、单项选择题
1. C 2. D 3. D 4. A 5. C 6. D 7. C 8. A 9. C 10. D 11. C 12. A 13. C
14. B 15. A 16. A 17. D 18. C 19. B 20. A

二、多项选择题
1. ABD 2. ABCD 3. BC 4. AC 5. AC 6. AB 7. ABC 8. ABCD 9. AC
10. ABD 11. ABCD 12. ABCD 13. ACD 14. ABCD 15. AB 16. ABCD 17. ABCD
18. ABC 19. CD 20. ACD 21. ABCD 22. ABCD 23. ABCD 24. ABCD 25. ABCD
26. AD 27. ABCD 28. ABC 29. BCD 30. ACD 31. AC 32. ABCD 33. BC 34. ABC
35. ABCD 36. ABCD 37. ABCD 38. ABC

三、案例分析题
1. B　2. ABC

第4章　人　寿　保　险

一、单项选择题
1. B　2. A　3. C　4. B　5. B　6. A　7. C　8. A　9. C　10. B　11. C　12. A　13. D　14. A　15. B

二、多项选择题
1. BC　2. ABCD　3. ACE　4. ABCDE　5. ACD　6. AB

三、案例分析题
1. C　2. A　3. D

第5章　人寿保险实务之一——传统型险种

一、单项选择题
1. A　2. A　3. D　4. D　5. C　6. B　7. A　8. B　9. A　10. B　11. A　12. A　13. D　14. B　15. A　16. A　17. C　18. A　19. A　20. A

二、多项选择题
1. ABCDE　2. AB　3. AD

三、案例分析题
1. BCD　2. CD

第6章　人寿保险实务之二——投资型险种

一、单项选择题
1. D　2. C　3. B　4. B　5. B　6. C　7. B　8. B　9. C　10. A　11. A　12. A　13. B　14. B　15. B　16. B　17. A　18. B

二、多项选择题
1. BC　2. ABCDE　3. BC　4. AC

三、案例分析题
1. C　2. C　3. C　4. B

第7章　人寿保险实务之三——养老年金保险

一、单项选择题
1. A　2. B　3. D　4. C　5. B　6. B　7. A　8. C　9. A　10. A　11. B　12. B　13. D　14. C　15. B　16. B　17. D　18. A　19. C

二、多项选择题
1. ABCDE　2. BCD　3. CE　4. ABC

三、判断题
1. ×　2. ×　3. ×　4. ×

第8章 人身意外伤害保险

二、单项选择题
1. D   2. C   3. B   4. A   5. B

第9章 健康保险

一、单项选择题
1. C   2. A   3. D   4. C   5. C   6. D   7. B   8. C   9. C   10. C   11. A   12. C   13. B   14. A   15. A   16. A   17. B

二、多项选择题
1. ABD   2. CE   3. ABDE

三、案例分析题
1. D   2. B   3. C   4. D

第10章 健康保险实务之一——医疗保险

一、单项选择题
1. A   2. C   3. D   4. C   5. C   6. C   7. D   8. D   9. C   10. A   11. A   12. A   13. D   14. C   15. C   16. A   17. B   18. A   19. C

二、多项选择题
1. ABDE   2. ABE   3. ABCD   4. ABCE

三、案例分析题
1. D   2. C   3. A

第11章 健康保险实务之二——重大疾病商业保险

一、单项选择题
1. B   2. C   3. B   4. C   5. A   6. C   7. D   8. D   9. D   10. B   11. A   12. D   13. D   14. C   15. A   16. C   17. C   18. A   19. D

二、多项选择题
1. ABCDE   2. ADE   3. AD   4. BD

三、案例分析题
1. D   2. A   3. B

第12章 健康保险实务之三——失能收入损失保险

一、单项选择题
1. B   2. B   3. C   4. A   5. A   6. A   7. D   8. C   9. B   10. C   11. A   12. C   13. A   14. D   15. A   16. C   17. B   18. D   19. C   20. D

二、多项选择题
1. BD   2. ABD   3. ABC   4. AE

三、案例分析题
1. AC 2. ABC 3. CD 4. ABC

第13章 团体人身保险

一、单项选择题
1. B 2. C 3. A 4. B 5. D 6. D 7. D 8. D 9. D 10. C 11. C 12. D 13. C 14. A 15. C 16. B 17. D 18. D 19. B

二、多项选择题
1. CD 2. BC 3. AD 4. BD 5. AD 6. AD

三、案例分析题
1. B 2. A

第14章 人寿与健康保险的新发展

一、单项选择题
1. A 2. D 3. D 4. D 5. B 6. C 7. A 8. A 9. C 10. A 11. B 12. C 13. D 14. A 15. C 16. A 17. D 18. D 19. B 20. C

二、多项选择题
1. CD 2. ABCD 3. ADE 4. ABCDE

三、判断题
1. √ 2. × 3. × 4. ×

参 考 文 献

[1] 刘金章. 保险学教程. 北京：中国金融出版社，2003.
[2] 许谨良. 保险学. 上海：上海财经大学出版社，2003.
[3] 宋明哲. 保险学. 台北：五南图书出版公司，1994.
[4] 刘金章. 保险学原理综论. 北京：中国金融出版社，1993.
[5] 陈朝先. 保险学. 成都：西南财经大学出版社，2000.
[6] 刘金章. 保险学基础. 2版. 北京：高等教育出版社，2007.
[7] 刘金章. 财产与人身保险. 北京：中国财政经济出版社，2005.
[8] 刘金章. 现代保险理论与实务. 北京：北京交通大学出版社，2009.
[9] 全国经济专业技术资格考试辅导教材编写组. 保险专业知识与实务. 北京：经济日报出版社，2009.